W0300135

L'ÉQUIPE

LUNDI 13 JUILLET 1998 | LE QUOTIDIEN DU SPORT ET DE L'AUTOMOBILE | ★53e ANNÉE — N° 16 229 — 6 F

POUR L'ÉTERNITÉ

La France a conquis hier soir la 16e Coupe du monde de football en battant nettement le Brésil (3-0) grâce à deux buts de Zinedine Zidane et à un but d'Emmanuel Petit. Succès historique qui fait des Bleus d'Aimé Jacquet les derniers champions du monde du siècle.

(Pages 2 à 18)

PLUS rien ne sera jamais comme avant. Car la France est entrée hier soir de manière éblouissante dans le cercle le plus fermé du monde, le cercle des nations qui ont gagné la Coupe du monde de football, en battant le Brésil au terme d'un match superbement maîtrisé par les Bleus, et illuminé par le génie de Zinedine Zidane. Plus rien ne sera jamais comme avant. Pour le football français, devenu monumental, comme pour la France, qui s'est découvert, en une semaine, une passion pour ses Bleus qui balaye tout sur son passage, toutes les rivalités, toutes les polémiques, toutes les différences.

Ainsi, aussi sincère avait été notre défiance il y a quelques semaines, tant les mois précédant la Coupe du monde nous avaient inquiétés, et tant nous avons alors craint que les Bleus ne soient pas à ce rendez-vous du 12 juillet, aussi sincère est aujourd'hui notre envie de féliciter Aimé Jacquet pour le travail accompli. Puisse-t-il l'entendre ainsi. Il y a quelques semaines nous avions de bonnes raisons d'avoir des craintes (et nous étions loin d'être les seuls), aujourd'hui nous avons de formidablement belles raisons de reconnaître que la méthode Jacquet a payé. Et ce football que nous appelions de nos vœux, les Bleus nous l'ont offert hier soir, au plus beau moment, en finale de la Coupe du monde, au cours d'un match d'anthologie.

De cette journée historique, il reste des images que nous n'oublierons jamais et qui, espérons-le, promettent des lendemains enchanteurs pour la passion sportive dans ce pays.

L'image du bus des joueurs français, en partance vers le match, qui se fraye difficilement un chemin dans les rues de Clairefontaine, tant la foule venue leur souhaiter bonne chance y était nombreuse.

L'image des Champs-Élysées, déjà envahis par la foule bien avant le coup de sifflet final.

L'image d'une tribune officielle où, pour la première fois de notre histoire, tout un gouvernement s'intéressait au sport.

Puissent ces ministres s'en souvenir lorsqu'ils fixeront, dans quelques semaines, le maigre budget du sport, puissent tous ceux qui ont découvert la magie du foot ne plus jamais l'oublier, puissent tous les Français continuer à se passionner longtemps encore pour ce sport. Et pour tous les autres aussi.

Jérôme BUREAU

STADE DE FRANCE. — Extraordinaire Zinedine Zidane, qui, par deux coups de tête de génie, a propulsé la France vers la victoire, avant qu'Emmanuel Petit, que l'on voit ici derrière Djorkaeff, ne vienne parachever le triomphe. (Photo Alain de MARTIGNAC)

NOS DEUX ÉTOILES

1998★★2018

Les champions du monde racontent

SOLAR
www.solar.fr

SOMMAIRE

VINGT ANS, L'ÂGE D'OR

De 1998 à 2018, l'équipe de France a accroché deux étoiles à son maillot en prenant des chemins parfois semblables, parfois différents. Elle est arrivée au même endroit : sur le toit du monde.

Cela remonte comme un étonnement bien plus que comme une habitude : depuis vingt ans, ensemble, rendus inséparables par l'ampleur du bonheur collectif, nous sommes en finale de la Coupe du monde une fois sur deux. Nous portons aujourd'hui sur nos maillots, sur les terrains du monde et dans la rue, deux étoiles séparées par vingt ans, et à peu près autant d'années de lumière que de ténèbres. Nous sommes, pour longtemps,l'une des plus grandes nations du jeu en matière de football de sélection.

« L'EXPRESSION "LES CHAMPIONS DU MONDE" A CESSÉ DE RECOUVRIR UN SEUL ÉTÉ : IL FAUDRA, DÉSORMAIS, PRÉCISER L'ANNÉE, ET POUR DIDIER DESCHAMPS, PRÉCISER LA FONCTION. »

Ce n'est pas exactement la trace que la France s'attendait à laisser à l'approche de la fin du XXe siècle, alors qu'elle se drapait de fierté dans ses déceptions historiques, traversées de panache et de malédiction. La deuxième étoile, dessine une œuvre globale qui fait glisser dans un trou noir les Coupes du monde 2002 et 2010, et ramène à sa tiédeur originelle une Coupe du monde 2014 ni vraiment joyeuse, ni vraiment décevante, mais qui sera à jamais le début de l'histoire, de la deuxième grande histoire.

Voilà l'équipe de France avec deux étoiles, et avec ces questions éternelles, sitôt qu'il s'agit de soupeser, de comparer, de se souvenir, ou d'imaginer notre regard sur cet été-là, plus tard. Est-ce que c'est toujours mieux, la première fois ? Est-ce que le 15 juillet laissera la même trace que le 12 juillet ? Est-ce que l'on ira visiter, un par un, dans vingt ans, les vingt-trois champions du monde 2018 avec reconnaissance et nostalgie ? Est-ce que, à présent que deux générations ont été couronnées, tous les champions du monde se valent, quarante-cinq Bleus pareillement étoilés, qu'importe l'année de la conquête, qu'importe le temps de jeu ?

L'été 2018 a bouleversé un ordre des choses que l'on imaginait immuable, figé dans le marbre des statues, ou la cire des musées. L'expression « les champions du monde » a cessé de recouvrir un seul été : il faudra, désormais, préciser l'année, et pour Didier Deschamps, préciser la fonction.

Mais il faudra, surtout, considérer ces deux équipes de France d'un même élan, se souvenir que comme pour nos enfants, l'amour ne se divise pas, il se multiplie. Cela n'empêchera pas de souligner leurs singularités : l'une a été sacrée au Stade de France, sur le palier, l'autre est allée conquérir le monde en Russie, devant une poignée de supporters bleus ; l'une était portée par sa solidité défensive, et par le brio de Zidane en finale ; l'autre a découvert sa solidité défensive collective au dernier moment, après avoir à peu près exploré toutes les autres pistes, et elle aura été portée par plus de talent offensif, plus de vitesse, plus de fulgurances. De l'une, Didier Deschamps était le capitaine. De l'autre, Didier Deschamps était l'entraîneur.

Il est le lien le plus évident d'une équipe à l'autre, d'une couronne à l'autre ; il l'avait concrétisé en conviant Aimé Jacquet à donner le coup d'envoi du dernier match amical avant de partir, face aux USA, à Lyon. L'accolade avait été vue comme un passage de témoin, ou comme la transmission d'un fluide. Tout aura fonctionné, et s'il faut souligner les singularités, ce sont souvent les ressemblances qui s'imposent, comme cette étrange statistique faisant de l'avant-centre titulaire un champion du monde sans but, Olivier Giroud après Stéphane Guivarc'h, de même que ce salut venu des buts des défenseurs. Mais la nouvelle génération, qui était trop petite pour vraiment grandir avec le souvenir de Lilian Thuram en 1998 contre la Croatie (2-1) en demi-finale, aura développé le concept : Benjamin Pavard a carrément renversé la Coupe du monde des Bleus face à l'Argentine (4-3) en huitième de finale, Raphaël Varane a ouvert la voie contre l'Uruguay (2-0), et Samuel Umtiti a envoyé la France en finale d'un but et d'une danse, face à la Belgique (1-0).

Cette équipe qui avait plus de talent offensif a été sauvée par ses défenseurs, mais ce n'est qu'un paradoxe apparent, parce que ce qui l'a portée sur le toit du monde aura été exactement le même ressort que vingt ans plus tôt : sous l'urgence, et face à l'évidence que toutes les tentatives de jouer autrement seraient vaines, elle a décidé d'être un peu plus une équipe que les autres, de renoncer partiellement à la lumière, de défendre pour deux, ou alors pour onze, comme elle ne l'avait jamais fait au cours des dernières années.

Les champions du monde 1998 avaient un peu d'Italie dans leurs veines, c'était l'influence qui touchait ou avait touché les joueurs majeurs (Zidane, Deschamps, Desailly, Djorkaeff, Thuram, Blanc, Karembeu, notamment) ; vingt ans après, les Bleus ont eu dans le sang un peu de la passion, du vice et de la résilience de l'Atlético de Madrid, parce que Antoine Griezmann aura progressivement tout fait pour en étendre la contagion, pendant que l'exemple d'un guerrier comme Lucas Hernandez achevait la démonstration.

Les deux équipes auront rendu un pays fou de joie, sans forcément capter toute l'admiration du monde. Vingt ans après que tout débat stylistique a été interdit, ou presque, les champions du monde 2018 n'ont pas cette chance : les débats modernes posent les questions que la victoire faisait taire, il y a vingt ans. Mais si la question est simplement de savoir si le plus fort a gagné, à défaut du plus beau ou de celui qui jouait le mieux, il n'y a pas vraiment de débat. Le principe est éternel : le champion du monde restera le plus fort pour les quatre années qui suivent. Et parfois, cela dure vingt ans, à peine moins que l'éternité promise aux deux générations bleues.

Vincent Duluc

COUPE DU MONDE 1998

ZINEDINE ZIDANE

UN ÉTÉ 1998

Les héros entrent en piste. Casting de rêve. Les Brésiliens se tiennent par la main mais, quatre-vingt-dix minutes plus tard, ce sont les Bleus qui lèveront les bras pour l'éternité.

Qu'avons-nous fait de ces vingt ans? Nous avons recherché la trace du bonheur, nous sommes à nouveau descendus dans la rue pour voir s'il s'y trouvait encore, pendant la Coupe du monde 2006, puis pendant l'Euro 2016, mais sans nous séparer de la conscience qu'il n'y aurait qu'une première fois, un seul été 1998. Vingt ans après, c'est cette émotion qui remonte à la surface de nos souvenirs collectifs, pas la stratégie, pas les choix de joueurs, pas les matches eux-mêmes, ou alors pas vraiment, ou alors pas toujours: l'été 1998 restera à jamais l'été d'un bonheur français, l'été où la France a envahi la rue, amoureuse de la victoire et de sa propre joie, l'été d'un déferlement populaire qui portait l'illusion d'un futur différent. Si l'on aimait tous la même chose, au même moment, c'était peut-être que l'on s'aimait aussi, un peu, quand même, et que l'espoir existait de mieux vivre ensemble, dès lors que l'on s'identifiait tous à cette équipe de France multiple. Nous savons, aujourd'hui, l'illusion déçue: ce n'est pas toujours cette France multiple que l'on a célébrée, c'est la victoire. Ainsi sommes-nous nostalgiques, aujourd'hui, à la fois de cette joie et de cette illusion, mais cet été 1998, lui, est resté intact. Nous savons tous, pour ceux qui ont soufflé assez de bougies pour avoir vécu l'un et l'autre, où nous étions lorsque l'homme a marché sur la Lune et lorsque la France est devenue championne du monde de football.

Nous avons vécu ces vingt ans avec des souvenirs comme des petits cailloux laissés en chemin. La première parution de *L'Équipe* un dimanche, un jour où il y avait l'ouverture de la Coupe du monde à célébrer, mais aussi deux grands disparus à saluer, Éric Tabarly et Fernand Sastre. L'enchaînement des sifflets pour ses premiers ballons manqués et le vacarme libéré du Vélodrome pour le premier but de Christophe Dugarry, à Marseille, face à l'Afrique du Sud. La montée de la ferveur, au jour le jour, l'organisation de la vie sociale, soudain, selon le prochain match de l'équipe de France. Le but en or de Laurent Blanc sous le soleil étouffant de Lens, face au Paraguay en huitièmes. Le cœur accroché des mômes Henry et Trezeguet, partis qualifier les Bleus aux tirs au but contre l'Italie en quarts, quand de grands anciens aux pieds fragiles se faisaient porter pâles. Le sentiment que le monde se donnait rendez-vous, désormais, en forêt de Rambouillet, pour rendre visite aux Bleus. La demi-finale mystique de Lilian Thuram, sonné par l'incompréhension, comme dépassé par ses deux buts. Les jours et les nuits de plus en plus indifférenciés, à l'approche de la finale. Paris en juillet. La finale comme un rêve d'enfant. *« Zizou président »*, dans la nuit du 12 au 13 juillet, sur le fronton de l'Arc de triomphe: le message dépassait l'opération publicitaire de son équipementier, résumait les frontières qui avaient été renversées, cette nuit-là, pour quelque temps ou pour toujours.

> « NOS SOUVENIRS ENGLOBENT CES CHAMPIONS DU MONDE D'UNE TENDRESSE ET D'UNE RECONNAISSANCE PARTAGÉES. ILS SONT CHAMPIONS DU MONDE, TOUS, QUEL QUE SOIT LE TEMPS PASSÉ. »

Vingt ans après, ces champions du monde sont des personnages familiers qui continuent de passer au salon. Certains d'entre eux ont été moins égaux que d'autres dans la vie d'après, et c'est l'un des aspects fascinants du remarquable travail conduit par Rémy Fière dans ce hors-série, ce supplément d'âme. Mais nos souvenirs les englobent d'une tendresse et d'une reconnaissance partagées. Ils sont champions du monde, tous, quel que soit le temps passé, une expression qui vaut à la fois pour leur temps de jeu pendant la Coupe du monde et pour la vraie vie, après.

Les vingt-deux champions du monde, tous, ont accepté d'évoquer longuement leur été 1998 pour *« L'Équipe »*. Aimé Jacquet ne l'a pas fait. On pourrait se réfugier derrière le constat qu'il ne l'a fait pour personne, sinon pour TF1, mais on ne le fera pas: le sélectionneur n'a jamais pardonné à ce journal ses critiques, et parfois son agressivité, dans ce qui était l'aube des débats ordinaires appliqués au football en général et à l'équipe de France en particulier, mais qu'il aura portées comme un fardeau, et une blessure.

Le sélectionneur des champions du monde n'en est pas moins présent dans chaque page, chaque conversation. Il restera à jamais, avec Zinédine Zidane, le héros de ces jours de France, l'homme qui a fait triompher une conviction intime. Bien sûr, il n'aura pas tout fait bien: la gestion des listes par ses successeurs qui étaient là, cette nuit-là, dit le traumatisme causé par son choix de renvoyer six joueurs à la maison à la fin du mois de mai, tout près du but, après qu'ils eurent longtemps espéré; la manière dont les matches ont basculé, à partir des huitièmes de finale, dit les limites du *« nous avions tout prévu »* et de la stratégie offensive; de même, sur le long terme, la manière dont les Bleus sont devenus les rois du monde, défense d'airain et attaquants discrets, a malheureusement beaucoup influencé la Ligue 1 dans les dix ou quinze années qui ont suivi. Mais on ne débat ni avec une émotion, ni avec l'accomplissement d'un rêve d'enfant.

Ce sacre mondial, cette manière si peu française de monter sur le toit du monde au moment même où un pays l'espère le plus, c'est Jacquet qui l'a construit, pas à pas, et même au prix de quelques surplaces en passant, après son accession au poste de sélectionneur en décembre 1993. C'est lui qui a effectué des choix qui ont fait débat, comme la mise à l'écart d'Éric Cantona avant l'Euro 1996 et de David Ginola peu après, des choix qui ont participé à la construction d'une force collective, quitte à ce que le talent offensif soit moins profond. C'est lui qui a choisi Fabien Barthez plutôt que Bernard Lama, et si l'on ignore qui, du sélectionneur et de ses joueurs majeurs, dont Didier Deschamps, a milité pour le passage à trois milieux défensifs en cours de compétition, tout lui a ressemblé, jusqu'au bout, jusqu'au moment où il a été couronné, quasi béatifié, pour une vie de foot. C'était la récompense d'une vie d'artisanat et d'obsession, à se souvenir de la méticulosité de Jean Snella et du talent d'orateur d'Albert Batteux, ses deux

« NOUS NOUS SOUVENONS, ET TOUT EST CONFORME À LA RÉALITÉ, QU'AIMÉ JACQUET EST CENTRAL DANS CETTE CONQUÊTE, DANS LA PLACE LAISSÉE À L'ÉCLOSION DE ZINÉDINE ZIDANE, DANS LE RELAIS CONFIÉ À DIDIER DESCHAMPS, DANS LA CONSTRUCTION D'UNE DÉFENSE HISTORIQUE. »

plus grands maîtres stéphanois, à apprendre le métier à Lyon, de 1976 à 1980, puis à l'exercer à Bordeaux où, déjà, il dirait son incompréhension et sa volonté de ne rien pardonner, de ne rien oublier des traits médiatiques, après un sacre en Coupe de France, dans une interview télévisée écorchée.

Aimé Jacquet est entré dans une gloire éternelle par cette victoire de juillet, par l'amour du peuple qui se sentait coupable de l'avoir moqué et d'avoir douté, et par le film *Les Yeux dans les Bleus*, sur lequel il avait eu un droit de regard. *Les Yeux dans les Bleus* fait l'effet d'un film de famille. À force, nous ne savons plus si nous nous souvenons d'avoir vécu la scène ou si nous nous souvenons des images. Mais nous nous souvenons, et tout est conforme à la réalité, qu'Aimé Jacquet est central dans cette conquête, dans la place laissée à l'éclosion programmée de Zinédine Zidane, dans le relais confié à Didier Deschamps, dans la construction d'une défense historique : en un peu plus de quarante sélections communes, Barthez, Thuram, Desailly, Blanc et Lizarazu n'ont jamais perdu.

En juillet 1998, Aimé Jacquet avait cinquante-six ans. C'était encore jeune, pour un entraîneur. Pourtant, il ne le serait plus jamais, et c'est un autre aspect vertigineux des vingt années qui viennent de s'écouler : le sélectionneur des champions du monde ne trouverait plus vraiment sa place dans le football, ni comme DTN – trop de dossiers – ni comme consultant télévisé – trop d'onomatopées. C'est comme s'il avait été statufié sur l'instant, empêché de tout mouvement ultérieur. Il a croulé sous les propositions, n'en a relevé aucune, a conservé son influence à l'intérieur, étant directement à l'origine de la nomination de Raymond Domenech au poste de sélectionneur en 2004. Mais sans être tenté de remettre son titre en jeu, sans s'asseoir à nouveau sur un banc. Quand il l'a fait, depuis, c'était pour regarder la vie qui passe, dans les montagnes où il s'est retiré, il y a de longues années maintenant.

Dans les pas de ce groupe né pour le bonheur, le sien et celui des autres, et que rien n'avait complètement préparé à ces sommets, ni à ce basculement dans cette dimension parallèle, nous continuerons, tous, de nous souvenir qu'il faut être une équipe pour réussir pareille conquête. Une équipe, c'est au-delà de l'esthétisme, au-delà des débats légitimes sur un style et une organisation. Une équipe, c'est une force qui s'avance et qui franchit les obstacles un à un, portée par ce qui réunit les joueurs. Et si elle semble avoir de la chance c'est souvent une impression, parce que les équipes qui n'ont pas de chance, généralement, savent confusément pourquoi.

Cet été 1998, tellement célébré, rappelle que nous n'en avons pas connu d'autres. Les Brésiliens, les Allemands et les Italiens sont encombrés d'un peu plus d'anniversaires. Il rappelle, aussi, le gouffre qui existe entre une finale gagnée, comme cette année-là, et une finale perdue sur presque rien, un coup de tête, un tir au but, en 2006, après un parcours infiniment plus haut perché (Espagne, Brésil, Portugal) que huit ans plus tôt (Paraguay, Italie, Croatie). Il rappelle, du coup, que le rêve est de gagner, pas de battre les plus grands en chemin, et que seule la victoire peut laisser une trace que rien ne surpasse, même dans un pays qui garde de Séville le souvenir d'un sommet absolu, d'un monument indépassable du jeu et d'émotions contradictoires.

Mais, tant qu'il nous restera un peu de mémoire, nous connaîtrons par cœur les noms des vingt-deux champions du monde. Nous aurons de la compassion pour le destin de Stéphane Guivarc'h, qui a manqué en finale les deux occasions qui auraient changé sa vie. Nous combattrons le malentendu Bernard Diomède, associé à la condition de remplaçant, alors qu'il avait été titulaire lors de trois des quatre premiers matches. Nous frétillerons encore, dans nos vieux jours, en entendant Gloria Gaynor. Nous nous souviendrons des premiers galops de Thierry Henry et de David Trezeguet, et de leurs vingt ans. Nous rappellerons à ceux qui réclament de moins défendre et de jouer dans l'axe, en regard de leur immense talent, le sacrifice de Youri Djorkaeff.

Mais il fallait que les vainqueurs continuent d'écrire leur histoire, vingt ans après. Ils l'entourent d'une autre lumière, où la lucidité le dispute à la nostalgie, les regrets aux souvenirs des jours de joie. Leur manière de raconter cet été 1998 et de s'y replonger, comme s'il était encore là, tout proche, si chaud, donne aux pages qui suivent une patine qui n'a pas de prix. Une poussière d'or.

Vincent Duluc

LES MATCHES

FRANCE - AFRIQUE DU SUD : 3-0
Des garçons dans le vent
Emmenés par Christophe Dugarry, entré avant la demi-heure de jeu et auteur de l'ouverture du score, les Bleus ont parfaitement négocié leurs débuts dans la compétition.

FRANCE-DANEMARK : 2-1
Un banc à la hauteur
Les Bleus « bis » sont venus à bout du Danemark. Un match pour du beurre mais qui confirme que l'équipe de France a des ressources pour aller loin.

FRANCE - ARABIE SAOUDITE : 4-0
La lumière et une ombre
Déjà assurés de leur qualification en huitièmes après leur large succès face aux Saoudiens, les Bleus devront faire sans Zidane, expulsé bêtement pour une semelle.

FRANCE-PARAGUAY : 1-0 b.e.o.
Blanc les a libérés
Il a fallu un but en or du libéro des Bleus pour que se dénoue ce huitième de finale stérile et très tendu face au Paraguay.

FRANCE-BRÉSIL : 3-0
Comme dans un rêve
Grâce à un doublé de la tête de Zidane, l'équipe de France n'a fait qu'une bouchée des ogres brésiliens en finale. Petit a parachevé ce succès, qui fait entrer les Bleus dans l'histoire du Mondial.

FRANCE-ITALIE : 0-0 (4-3 aux t.a.b.)
Tout au bout du suspense
L'équipe de France, après avoir beaucoup souffert, est venue à bout de la Nazionale au terme d'une séance de tirs au but oppressante.

FRANCE-CROATIE : 2-1
Il ne peut plus rien leur arriver
Lilian Thuram, en inscrivant les deux seuls buts de sa carrière juste après l'ouverture du score croate, a propulsé les Bleus vers leur toute première finale de Coupe du monde. Mais Blanc, expulsé, n'en sera pas.

22 POUR UN TITRE

Le 22 mai 1998, Aimé Jacquet rend publique sa liste des 22. Elle comporte trois gardiens, six défenseurs, neuf milieux et quatre attaquants. Douze étaient déjà à l'Euro 96 et neuf n'ont jamais participé à une phase finale de compétition (Championnat d'Europe ou Coupe du monde). C'est ce groupe qui a pour mission de remporter sa première Coupe du monde, la deuxième disputée sur son sol.

1 Philippe Bergeroo
entraîneur des gardiens

2 Lilian THURAM
arrière droit
Club : Parme.
26 ans, 1,82 m, 75 kg.
31 sélections.
1re sélection : le 17 août 1994
contre la République tchèque (2-2).

3 Fabien BARTHEZ
gardien
Club : Monaco.
26 ans, 1,83 m, 78 kg.
11 sélections.
1re sélection : le 26 mai 1994 contre l'Australie (1-0).

4 Stéphane GUIVARC'H
attaquant
Club : Auxerre.
27 ans, 1,84 m, 78 kg.
5 sélections. 1 but.
1re sélection : le 11 octobre 1997
contre l'Afrique du Sud (2-1).

5 Roger Lemerre
Adjoint

6 Zinédine ZIDANE
milieu offensif
Club : Juventus de Turin.
25 ans, 1,85 m, 78 kg.
31 sélections, 8 buts.
1re sélection : le 17 août 1994
contre la République tchèque (2-2).

7 Laurent BLANC
défenseur central
Club : Marseille.
32 ans, 1,92 m, 88 kg.
66 sélections, 12 buts.
1re sélection : le 7 février 1989 contre l'Eire (0-0).

8 Bernard LAMA
gardien
Club : West Ham
(Paris-SG en 1998-99).
35 ans, 1,83 m, 76 kg.
36 sélections.
1re sélection : le 17 février 1993
contre Israël (4-0).

9 Patrick VIEIRA
milieu défensif
Club : Arsenal.
21 ans, 1,91 m, 82 kg.
6 sélections.
1re sélection : le 26 février 1997
contre les Pays-Bas (2-1).

10 Christian KAREMBEU
milieu défensif ou relayeur
Club : Real Madrid.
27 ans, 1,78 m, 73 kg.
30 sélections, 1 but.
1re sélection : le 14 novembre 1992
contre la Finlande (2-1).

11 Emmanuel PETIT
milieu défensif ou relayeur
Club : Arsenal.
27 ans, 1,85 m, 79 kg.
18 sélections.
1re sélection : le 15 août 1990
contre la Pologne (0-0).

12 Thierry HENRY
attaquant
Club : Monaco.
20 ans, 1,88 m, 83 kg.
1 sélection.
1re sélection : le 11 octobre 1997
contre l'Afrique du Sud (2-1).

13 Aimé Jacquet
sélectionneur

14 Robert PIRÈS
milieu offensif
Club : Metz (Marseille en 1998-99).
24 ans, 1,85 m, 75 kg.
11 sélections, 2 buts.
1re sélection : le 31 août 1996
contre le Mexique (2-0).

15 David TREZEGUET
attaquant
Club : Monaco.
20 ans, 1,86 m, 77 kg.
3 sélections.
1re sélection : le 28 janvier 1998
contre l'Espagne (1-0).

16 Vincent CANDELA
arrière gauche
Club : AS Roma.
24 ans, 1,79 m, 76 kg.
9 sélections.
1re sélection : 9 octobre 1996
contre la Turquie (4-0).

17 Youri DJORKAEFF
attaquant ou milieu offensif
Club : Inter Milan.
30 ans, 1,79 m, 70 kg.
35 sélections, 16 buts.
1re sélection : le 13 octobre 1993 contre Israël (2-3).

18 Henri Émile
Intendant

19 Bernard DIOMÈDE
ailier gauche
Club : Auxerre.
24 ans, 1,70 m, 70 kg.
3 sélections.
1re sélection : le 28 janvier 1998 contre l'Espagne (1-0).

20 Christophe DUGARRY
attaquant
Club : Marseille.
26 ans, 1,88 m, 78 kg.
21 sélections, 2 buts
1re sélection : le 26 mai 1994 contre l'Australie (1-0).

21 Marcel DESAILLY
défenseur central
Club : Milan AC.
29 ans, 1,83 m, 80 kg.
40 sélections, 2 buts.
1re sélection : le 22 août 1993
contre la Suède (1-1).

22 Lionel CHARBONNIER
gardien
Club : Auxerre.
31 ans, 1,81 m, 75 kg.
1 sélection.
1re sélection : le 11 juin 1997
contre l'Italie (2-2).

23 Alain BOGHOSSIAN
Milieu défensif
Club : Sampdoria de Gênes
27 ans, 1,85m, 81 kg
5 sélections
1re sélection : le 11 octobre 1997
contre l'Afrique du Sud (2-1).

24 Frank LEBŒUF
défenseur central
Club : Chelsea.
30 ans, 1,83 m, 72 kg.
12 sélections, 2 buts.
1re sélection : le 22 juillet 1995
contre la Norvège (0-0).

25 Bixente LIZARAZU
arrière gauche
Club : Bayern Munich.
28 ans, 1,69 m, 70 kg.
31 sélections, 1 but.
1re sélection : le 14 novembre 1992
contre la Finlande (2-1).

26 Didier DESCHAMPS
milieu défensif
Club : Juventus Turin.
29 ans, 1,74 m, 68 kg.
67 sélections, 4 buts.
1re sélection : le 29 avril 1989
contre la Yougoslavie (0-0).

10
8
18
10
19

COUPE DU MONDE FIFA
FRANCE 98
BRESIL-FRANCE
FINALE
STADE DE FRANCE
FILM

Didier Deschamps

« ON S'EST DIT QUE C'ÉTAIT NOTRE JOUR »

À quoi vous attendiez-vous avant que le Mondial commence ?
On avait la ferme intention – je ne sais pas si c'était de la conviction – de tout faire pour que ce soit réussi. On partait de deux ans de matches amicaux, de réglages, d'essais. Et on savait que la seule vérité, c'était la compétition.
Un peu d'inquiétude, peut-être, devant la tâche à accomplir ?
Non, pas en interne. Sans doute plus en externe. Pas de lourdeur non plus, sauf peut-être pour Aimé. Respectueux et attachés à lui, tant son discours avec nous était clair et limpide, nous trouvions d'ailleurs cela bien injuste. Mais nous aussi on y croyait, même si entre y penser fort et le faire, la route a été longue…
Et vous, le capitaine, dans quel état êtes-vous quand tout débute ?
Il m'avait fallu digérer le dernier grand rendez-vous de la saison avec la Juventus. Et j'avais pris trois ou quatre jours pour couper avec ma famille, après notre finale de Ligue des champions perdue face au Real *(0-1, avec Zidane, et contre Karembeu)*. Quand tu perds le dernier match de ta saison, comme l'année précédente *(face à Dortmund, 1-3)*, il te faut un peu de temps pour digérer. Mais comme l'équipe de France a toujours été au-dessus de tout, l'événement qui m'attendait était le plus important. Pour en avoir reparlé avec Aimé, c'est vrai que, lui, il n'était pas inquiet. Mais le fait de nous voir arriver, Zizou et moi, après une défaite en finale de Ligue des champions, il se demandait si on allait être dans les meilleurs dispositions psychologiques…
D'autant que votre rôle de capitaine était prépondérant pour Aimé Jacquet ?
Avant l'Euro 96, le capitanat avait tourné, et puis Aimé était venu me voir à Turin pour me dire à la fois qu'il m'avait choisi et surtout ce qu'il attendait de moi. J'y avais vu une relation de confiance. Ensuite, ce furent des échanges, nombreux, je lui disais ce que je pensais, j'argumentais, mais c'était toujours lui le décisionnaire.
Votre poids, votre parole étaient importants…
Il faudra lui demander. Mon souci était le bien collectif… Mais je n'ai sans doute pas dû lui dire que des bêtises.
Est-ce que cela allait jusqu'à lui demander, par exemple, de faire jouer untel plutôt qu'untel ?
Non, ça, c'est dans le mythe, je ne suis jamais entré dans ce jeu-là, ç'aurait voulu dire que je n'étais pas avec les joueurs, or, en tant que capitaine, je suis forcément de leur côté. On a pu en discuter avec Aimé, il a pu me demander mon avis, mais à aucun moment je ne me serais permis de lui dire : *"Lui, il faudrait qu'il joue"*… Non, non.
C'est un rôle que vous aimiez, non ?
Avoir le brassard, c'est quelque chose que j'aimais naturellement, c'était en moi, on ne m'a pas poussé. Je ne me suis pas réveillé un jour en me disant : *"Tiens, je vais devenir capitaine."* Il faut une légitimité en interne, et que ce soit naturel, crédible…
Quelles étaient vos qualités, justement ?
Parler de moi, je n'aime pas…
Un don pour mener les hommes, au moins ?
Le leadership, oui, c'est dans les gènes, ça se développe ensuite. La vie est faite comme ça… Il y a des leaders et des suiveurs, avoir des responsabilités ne plaît pas forcément à tout le monde. Moi, j'ai toujours été expressif, capable de parler à l'un comme à l'autre.
Comment cela se passait-il durant le Mondial ?
Je m'exprimais, à l'échauffement, avant d'entrer sur le terrain, à la mi-temps, sur le terrain. Quand j'ai débuté en équipe de France, d'autres parlaient, j'ai fait pareil. Parler, c'est corriger l'un, encourager l'autre, c'était mon rôle. Et puis, quand je disais quelque chose, il y avait aussi une écoute.
Comment avez-vous réagi au carton rouge de Zidane face à l'Arabie saoudite (4-0) ?
Sur le moment, je pense à l'instantané, à ce que cela implique, à ce qu'il va falloir faire pour les prochains matches car je savais qu'on allait le perdre pour une ou deux rencontres *(deux, finalement)*… Il faut très vite penser à l'après.
Et vous aviez notamment dit : "C'est impardonnable, c'est un joueur impulsif qui a eu une réaction stupide."
Je me suis médiatiquement lâché, je n'aurais pas dû… Le moins qu'on puisse dire, c'est que c'était une maladresse. En revenant à Clairefontaine, Zizou avait été alerté de mes propos. Je lui ai alors dit clairement : *"Je m'excuse, j'ai fait une erreur."* Il est intelligent, nous avions une relation privilégiée, et ça s'est arrêté là. Mais jamais je n'aurais dû faire ça…
Cela vous pénalisait beaucoup.
Oui, ç'aurait pu avoir une incidence énorme, notamment lors du huitième de finale contre le Paraguay *(1-0, b.e.o.)*, celui qui nous fera basculer. Ce jour-là, Zizou semblait déambuler, comme s'il ne savait pas quoi faire. Peut-être avait-il de l'inquiétude, de l'anxiété… Dans sa tête, c'était *"faites-le"*, il avait envie de rejouer en Coupe du monde. Si, contre le Paraguay, on l'avait eu avec nous, c'est sûr que ç'aurait été mieux… Ce jour-là, il n'était pas à la place où on avait le plus besoin de lui. La qualification a dû être un soulagement pour lui.
Car ce match fut rude, même pour vous.
Oui, j'étais à la rue, je faisais partie de ceux qu'Aimé avait fait souffler contre le Danemark *(2-1)*, car nous étions qualifiés. Seulement, la période fut assez longue, une dizaine de jours. J'en avais profité pour faire du spécifique, mais je suis arrivé carbo à Lens, sans jus. Il faisait chaud, je n'avais pas de bonnes sensations. Et ils avaient un gardien qui prenait tellement de place *(Chilavert)* qu'on ne voyait plus les filets…

« J'AI DIT À ZIDANE : "JE M'EXCUSE, J'AI FAIT UNE ERREUR." MAIS JAMAIS JE N'AURAIS DÛ FAIRE ÇA. »

Didier Deschamps, alors premier relai sur le terrain du sélectionneur.

« Fils spirituel d'Aimé ? C'est un compliment »

Ce qu'on a vécu avec Aimé Jacquet me sert évidemment aujourd'hui dans mes réflexions de sélectionneur. Mais je ne suis pas là pour faire un copier-coller, même si cette expérience m'est utile. J'y puise, sans forcément y faire référence avec les joueurs. Parce qu'ils sont d'une autre génération. Certains n'étaient pas nés en 1998 (le plus jeune des 23 sélectionnés pour la Coupe du monde en Russie, KylianMbappé, est né le 20 décembre 1998) et parce qu'il faut vivre avec son temps. Dire que je suis le fils spirituel d'Aimé, c'est un compliment pour moi, mais il a de vrais enfants... On s'apprécie, on se parle souvent, on se voit. Aimé, aujourd'hui, est déconnecté du monde médiatique et du monde du football, mais il regarde et reste profondément attaché à ce que nous avons tous fait ensemble...

Capitaine de l'équipe de France depuis quatre ans en 1998, Didier Deschamps est le premier à entrer sur le terrain, ici lors du huitième de finale contre le Paraguay (1-0, but en or).

Une élimination aurait été mal reçue.
Si on se faisait éliminer chez nous, face à cette équipe, on se faisait découper à la tronçonneuse. On était dans l'obligation de se qualifier. Et être *"dans l'obligation de"*, ce n'est jamais facile. Et on n'aurait pas eu la même tête aujourd'hui. Enfin si, peut-être, mais ça n'aurait pas été la même histoire.

Et puis vient l'Italie, en quarts...
On était nombreux à jouer ou à avoir joué là-bas... Les Italiens se foutaient de nous : *"Les Français, vous êtes bons, mais vous n'avez jamais rien gagné."* Ils sont pas mal pour chambrer, eux aussi. C'était des partenaires, des potes, des adversaires, on les connaissait par cœur... Il y a eu des échanges entre nous, avec les défenseurs, même si Aimé avait toutes les infos, toutes les vidéos. Tout avait été décortiqué. J'ai dû parler de Roberto Baggio, forcément, puisque j'avais joué avec lui à la Juve. Psychologiquement, en tout cas, c'était une affiche. Et c'est là que tout bascule vraiment, que tout devient plus palpable, l'enjeu, l'environnement, la ferveur...

Et arrive la séance de tirs au but
Je n'ai jamais raté de penalty car je n'en ai jamais tiré. Ce n'est pas un exercice que j'aime, et cela n'a rien à voir avec une question de responsabilité. Heureusement, il y a les deux gamins qui assurent, et puis Lolo, qui marque le cinquième, avant que Di Biagio rate. Ça se terminait bien parce que, s'il avait fallu un sixième tireur, ç'aurait été compliqué... J'avais les jambes si lourdes, avec pas mal d'acide... Pas des crampes, mais presque. Et au bout de quelques tirs, Marcel était venu vers moi, on s'est mis à discuter, presque en souriant : *«"Dédé, tu es capitaine, c'est à toi de faire le sixième... -Mais, Marcel, tu sais bien, je ne sais pas les tirer. Je n'ai plus les jambes. Toi tu es plus à l'aise."* Je me demande encore comment ça se serait fini si Di Biagio n'avait pas mis une mine sur la barre, si Fabien n'avait pas fait ce qu'il avait à faire. Tout tient à si peu de choses, ça devait passer, c'est passé.

« JE N'AI JAMAIS RATÉ DE PENALTY CAR JE N'EN AI JAMAIS TIRÉ. »

Du stress quand même ?
Non, pas vraiment, de l'adrénaline.
Et ça se joue à quoi, une victoire ? À rien.

Puis c'est la demi-finale, encore un match où vous avez votre rôle à jouer.
Non, contre la Croatie *(2-1)*, il faut relativiser mon rôle... Mais c'est comme face au Paraguay, personne n'aurait compris qu'on se fasse sortir. On se devait d'être en finale, ce n'était pas possible qu'il en soit autrement. Or, les Croates n'étaient pas là par hasard, et ils nous ont bien endormis, comme Aimé l'avait prédit. On ne fait pas une première mi-temps de bon niveau. Moi, j'avais la particularité d'avoir reçu un carton jaune et, si j'en prenais un second, j'étais privé de finale. Forcément, tu y penses quand même. Je passe donc un peu à côté de ma première mi-temps. Leur but en début de seconde période *(Suker, 46e)* a tout déclenché. Là, on était dos au mur et on a su inverser la tendance. J'ai énormément de respect pour Lilian, et j'en aurai toujours, mais quand tu vois que c'est lui qui nous met les deux buts, tu penses que plus rien ne peut t'arriver.

Et gagner la finale ?
Une finale de Coupe du monde, il n'y a rien au-dessus aujourd'hui dans le foot, c'est le toit du monde, sachant que c'était face au Brésil, avec son palmarès et ses noms ronflants. On ne faisait pas partie des favoris. Récupérer, se projeter, pas de pression, je n'aime pas ce mot. Il y a de l'attente, oui, de l'adrénaline aussi, mais surtout, un objectif. Il y avait de la sérénité, beaucoup de force, et ces expériences individuelles que chacun mettait au service du collectif...

Et le jour du match ?
Quand on est partis de Clairefontaine, quand on a vu la route, les gens au bord de la chaussée, la folie, on s'est dit que c'était notre jour, que ça allait le faire. Déjà, on était remontés comme des... mais tranquilles. Il nous paraissait impossible de passer à côté. Les alentours du Stade de France, la préparation, la première puis la deuxième feuille de match, avec et sans Ronaldo (*). On le voit, on le voit pas, on se dit qu'ils se foutent de nous. On ne savait rien mais on était prêts.

Vous y allez de votre petit speech ?
Certainement, comme d'habitude, mais sans doute pas le même que d'habitude. On pensait qu'on allait le faire, les secouer, leur rentrer dedans. Et puis, à la fin de la première période, on se retrouve avec deux buts d'avance...

Là encore vous prenez la parole ?
Oui, je leur rappelle qu'il faut repartir comme s'il y avait 0-0, que rien n'est fait. Nous connaissant, c'était une façon pour moi de lutter contre le fait qu'on avait déjà... Enfin, ce serait presque prétentieux de le dire, mais on avait la certitude que nous allions gagner. Il fallait relativiser tout ça. Parce que tu ne peux pas t'empêcher, consciemment ou inconsciemment, de penser que tu es en train de gagner.

Et puis, effectivement, vous l'emportez...
C'est étrange car, dans l'euphorie de l'instant, tu en as conscience sans en avoir conscience. C'est le graal enfin atteint, mais ce n'est vraiment que le lendemain que les gars ont compris...

Propos recueillis par Rémy Fière

(*) Pris de convulsions le jour de la finale, le Brésilien était encore à l'hôpital quelques heures avant le coup d'envoi.

Christophe Dugarry

« JE VOULAIS MARQUER LE DERNIER BUT... »

Vous vous souvenez de cette lettre (ci-contre) ?
Non, mais c'est mon écriture... *(Il lit, semble ému.)*
Vous vouliez vous expliquer sur votre jeu...
C'était une façon d'appeler à l'aide. De dire aussi : *«Laissez-moi tranquille ! »* et *«Écoutez-moi »*. Faut quand même dire qu'à cette époque, je me suis fait défoncer. Je fais cette lettre pour me raccrocher aux branches, pour demander de ne pas être trop dur avec moi. Je sais bien que je suis capable de faire des choses extraordinaires, mes coéquipiers me l'ont dit, mais je ne l'ai pas fait assez *(il rit)*. Jusqu'à l'annonce de la liste *(28 noms sont donnés le 5 mai, ramenés à 22, le 22 mai)*, je comprenais que des gens ne veuillent pas que je sois retenu. Je ne marquais pas assez de buts – c'est une réalité –, certains en marquaient plus que moi, c'était aussi une réalité. Mais je pensais qu'on me laisserait tranquille une fois la liste donnée. Et, en fait, dès qu'elle est tombée, ç'a été pire. Là, tu cherches quoi ? Les mecs qui sont à la maison sont à la maison, les mecs qui sont choisis, ils sont là. Et tu fonces... Mais cela relevait de l'acharnement.
Il y avait deux sortes de critiques : sur votre inefficacité et sur votre relation privilégiée avec Zidane. Vous vous en souvenez...
Forcément, c'était le pire moment de ma carrière. Avant ou après le Mondial, je ne sais plus, je me souviens d'avoir croisé Jamel Debbouze au *Barfly (un ancien bar très couru, proche des Champs-Élysées)*. Il avait fait un sketch dans *Nulle part ailleurs*, où il était entré en plateau avec le maillot d'Anelka sur le dos et une mitraillette en disant : *"Il est où Dugarry, il est où Dugarry ?"* Quand il m'a vu, il était un peu gêné, s'est excusé et m'a dit : *"Ça fait partie du sketch"*. Je lui ai dit : *"Je ne t'en veux pas, c'est ton pote"*... Mais tout ça, c'était trop. Tu ne pouvais pas allumer une télé, une radio, ouvrir un journal sans qu'on parle de moi...
Au tournoi Hassan-II, avant le Mondial, Zidane avait déclaré n'être pour rien dans votre sélection. Vous le lui aviez demandé ?
Certainement pas. C'est lui qui a pris les choses en main. Il était gêné et vexé aussi, autant pour moi que pour lui, qu'on pense qu'il puisse être un manipulateur. Et puis, s'il avait dit : *"Je veux Dugarry"*, ç'aurait pu être au détriment d'Anelka. Et même si Zizou est mon ami, il n'aurait pas aimé recroiser Anelka, qui aurait pu lui dire : *"T'es un enfoiré, t'as choisi Duga..."* Zizou, il n'est pas comme ça. Et je n'aurais pas aimé le mettre en porte-à-faux.
Le dimanche qui suit Finlande-France, nous avions eu une longue conversation au téléphone. Vous étiez meurtri et envisagiez de partir. Même votre maman, que vous aviez appelée pour la Fête des mères, se demandait ce qui se passait...
Il y a quelques jours, elle m'a dit : *"Mais comment ça se passe avec Larqué ?" (tous deux sont consultants sur RMC)*. Je lui ai dit que tout allait bien. Alors, elle m'a répondu : *"Je l'aime pas, je me rappelle ce qu'il avait dit. Il avait mal parlé de mon fils."* Moi, je suis pas du tout rancunier, et heureusement... Mais ma maman, elle n'y connaît rien au foot, elle ne suivait que mes matches à moi – et encore –, mais elle entendait le bruit de fond au bar-tabac-PMU et ça lui a fait beaucoup de mal... Moi, j'avais le sentiment de ne pas pouvoir relever la tête. Tous les jours, j'entendais que j'étais nul, alors je me disais qu'à un moment, ces gens finiraient par avoir raison. Mais la force me venait de mes coéquipiers et d'Aimé Jacquet. Rire, sourire avec Candela, Zizou, Lolo Blanc, me faisait beaucoup de bien. Mais c'était dur, je dormais très mal. Tout était toujours remis en question. Pourtant, je sortais d'une période compliquée : mon passage à Milan puis à Barcelone, un mauvais choix où Van Gaal *(alors entraîneur du Barça)* me fait jouer n°6. J'arrive à l'OM pour avoir du temps de jeu, j'ai plusieurs blessures et on en rajoute encore...
Avant le Mondial, on sent une colère monter et une souffrance.
Forcément. Je me dis que si ça dure, je ne peux pas tenir jusqu'en finale. Les matches de préparation que je fais, les sifflets, ça devient presque insupportable pour mes partenaires. Je suis la tête de Turc, et Aimé aussi... Mais je libère tout cela avec mon but contre l'Afrique du Sud *(35e, le premier pour la France dans cette Coupe du monde)*...

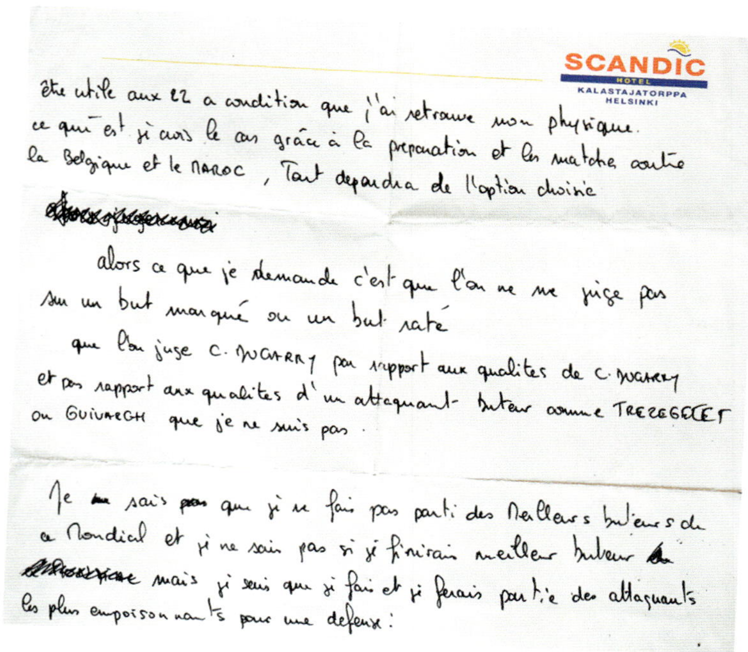
SCANDIC HOTEL KALASTAJATORPPA HELSINKI

être utile aux 22 a condition que j'ai retrouve mon physique ce qui est je crois le cas grâce à la preparation et les matche contre la Belgique et le MAROC, Tout dependra de l'option choisie

alors ce que je demande c'est que l'on ne me juge pas sur un but marqué ou un but raté
que l'on juge C. DUGARRY par rapport aux qualites de C. DUGARRY et pas rapport aux qualites d'un attaquant buteur comme TREZEGUET ou GUIVARCH que je ne suis pas.

Je sais que je ne fais pas parti des meilleurs buteurs du Mondial et je ne sais pas si je finirais meilleur buteur mais je sais que je fais et je ferais partie des attaquants les plus empoisonnants pour une defense :

Dans cette lettre d'une page et demie dont voici un extrait, écrite sur le papier à lettre de l'hôtel des Bleus à Helsinki, le 5 juin 1998, une semaine avant le Mondial, Christophe Dugarry exprime son mal-être : « Ce que je demande, c'est que l'on ne me juge pas sur un but marqué ou un but raté. Que l'on juge Dugarry par rapport aux qualités de Dugarry, pas par rapport aux qualités d'un attaquant buteur comme Trezeguet ou Guivarc'h, que je ne suis pas. »

On passe d'une émotion à une autre. Je suis à Marseille, en plus, alors que je n'imagine jamais une seconde qu'Aimé va me faire entrer *(Guivarc'h se blesse à la 26e minute)*. Jamais, jamais, pas moi avant-centre...
Quand vous entrez...
(Il coupe) Bien sûr, il y a les sifflets, les deux ou trois ratés... Tout est horrible. Même l'occase que j'ai, plutôt bien jouée, le ballon en profondeur de Zizou sur mon bon pied... J'ouvre le pied, le gardien sort bien. Ce n'est pas un raté, juste un face-à-face que le gardien anticipe. Mais ça siffle. J'avais l'impression que tout ce que je faisais, c'était nul. Même mon père, après, m'a demandé comment j'avais fait pour résister. Je ne sais pas.
Face à l'Arabie saoudite, il y a la blessure... Elle était inéluctable ?
En fait, je déjouais, je surjouais. Je ne jouais plus avec mes qualités techniques, créatives. Je m'étais

« TOUS LES JOURS, J'ENTENDAIS QUE J'ÉTAIS NUL, ALORS JE ME DISAIS QU'À UN MOMENT CES GENS FINIRAIENT PAR AVOIR RAISON. »

mis un truc en tête : *"Au moins, pour qu'on ne te reproche rien, bats-toi sur tous les ballons."* Et je vais chercher ce ballon d'une manière complètement ridicule, un geste nul... Je lève la jambe, je n'ai aucune chance de l'avoir, mais je veux qu'on dise que je me suis battu, qu'il y a de l'engagement. Je savais qu'au moins, ça, on ne pourrait pas me le reprocher.

Vous vous souvenez de cette blessure ?

C'est presque un soulagement. Je me dis que je ne sors pas "par la petite porte". J'ai marqué, je me blesse, voilà... Parfois, la colère motive, mais là quand il y a autant de rage, tu transportes de mauvaises choses, même des toxines dans ton corps. Et tu te blesses. Pourtant dès le lendemain, je reprends espoir, même si j'ai une déchirure de huit centimètres à la fesse, à l'insertion du muscle. Je vis bien en équipe de France, je suis avec mes potes et je suis important pour eux dans l'ambiance, l'atmosphère. Aimé me demande : *"Tu fais quoi, Duga ? Tu restes avec nous ou pas ?"*, mais derrière le *"Tu restes avec nous ?"*, il y avait aussi le *"T'es pas là pour déconner, faut rester focus. Tu es dans le truc"*. Je lui dis que je reste. J'entame les soins, tous les jours, les appareils, les piqûres...

Et jusqu'à la fin, vous ne vous interrogez pas sur votre présence ?

On m'aurait dit, après, que j'avais un ulcère, ça ne m'aurait pas étonné... (*Il soupire.*) Il n'y a pas un jour où je ne me suis pas interrogé sur ma présence en équipe de France. J'ai 55 sélections et j'ai toujours eu ce doute. Et on m'a aussi toujours fait douter.

Quand sentez-vous que vous pouvez reprendre ?

Je ne sens rien du tout. Après la demie, quand je me réentraîne avec Roger Lemerre, en mode commando, ça me remet sur les rails. J'ai des douleurs, que je cache, évidemment...

C'est vrai ?

Ben oui... Je ne dois jamais jouer la finale. Je me suis fait infiltrer trois fois entre la veille et le jour du match, pour ne plus avoir de douleur. Mais dès que je lève un peu la jambe, j'ai mal.

À qui en parlez-vous ?

À personne, ni à Zizou ni à ma famille. Je me persuade que ça va aller, que je n'ai pas mal. Aimé vient me voir, je dis : *"Ça va nickel"*. Le médecin me demande : *"Ça va ?"*, *"Ouais, ça va"*... J'ai été égoïste. Imagine que Guivarc'h se blesse au bout d'une dizaine de minutes et que je doive rentrer ! C'est impossible, je ne peux pas jouer tout le match. Je peux faire illusion un quart d'heure, vingt minutes, avoir une occasion, mais pas aller au combat.

Le contraire de ce que vous pensiez en début de compétition ?

Ouais, mais là, je n'en avais rien à foutre, j'aurais joué avec une jambe dans le plâtre. Une finale de Coupe du monde, après ce que j'avais vécu... Je m'accrochais au fait d'avoir marqué le premier but, je voulais marquer le dernier. J'y croyais, sur une tête, un corner. Je me disais qu'être à 50 ou 60 % était suffisant pour avoir le geste juste au bon moment. Mais je ne l'ai pas eu, finalement. Je dois marquer (*81e minute*)... J'ai le ballon, je fais un extérieur du pied avec Zizou, une passe aveugle, il me la remet instantanément. Une action magnifique avec les yeux derrière la tête. Après, j'hésite, je veux lober, je ne veux pas lober. Si je lobe, je dois lever ma cuisse, c'est compliqué, même pas possible... J'attends (*il tire à ras de terre, à côté*). L'histoire aurait été magnifique (*ses yeux brillent d'émotion*).

Vous la regrettez, cette occasion ?

Ben oui. Si j'avais marqué le dernier, après avoir marqué le premier... J'en ai rêvé. Mais dans mes rêves, j'ai des jambes de plomb et je ne peux pas bouger, alors que le ballon arrive. Mon histoire avec les Bleus a été dure, trop dure. La seule compétition où j'ai eu l'impression d'être enfin heureux et apaisé, c'est l'Euro 2000. Je joue mon jeu, je suis ce que je suis.

Que vous reste-t-il aujourd'hui de 1998 ?

Ma fierté, malgré tout. J'en suis sorti plus grand, plus fort. Avec Bordeaux-Milan en 1996 (*deux buts en quarts de finale retour de la Coupe de l'UEFA, 0-2, 3-0*), c'est l'un des deux moments importants de ma carrière, qui ont montré que j'étais au moins un garçon courageux.

Et s'il fallait revivre tout cela ?

Je ne vois pas comment je pourrais faire autrement. Cette période m'a forgé. Il y avait mes parents, ma famille, je ne pouvais pas lâcher. Et j'avais gardé cinq ou six courriers de fans, qui me soutenaient. Je les relisais à chaque fois, soit dans le vestiaire, soit dans le car pour me redonner confiance. Ils croyaient en moi. J'ai tout donné en fonction de ce que j'avais, avec un niveau de confiance proche de zéro, mais je me suis accroché. Et1998 reste un moment de joie très égoïste avec mes copains. Je l'ai toujours dit : je préfère gagner une Coupe de la Ligue avec mes potes que trois Ligues des champions avec des mecs avec qui je ne partage rien. Ma vie de footballeur a toujours tourné autour de ça. J'aime l'échange, les copains. Toutes ces rigolades, ces parties de ping-pong, ces chambrages. Après, on avait presque envie d'arrêter le foot, on était devenu les Beatles.

Propos recueillis par Frédérique Galametz

Dugarry, rejoint par Desailly, Lizarazu et Deschamps (de g. à dr.) vient d'ouvrir le score, de la tête, face à l'Afrique du Sud et tire la langue en regardant la tribune de presse. Délivrance après des semaines de doutes.

Youri Djorkaeff

« ÇA PARAISSAIT ÉCRIT »

Un fils qui suit son père, et son grand-père… Sera-t-il aussi bon que les deux générations qui l'ont précédé ?
Oan a signé au FC Nantes, il a vingt et un ans, il est bien. Je préfère dire *"bien"* que très bon, parce qu'une carrière, ça ne se décrète pas.
La vôtre pourrait lui servir d'exemple. Il est né environ un an avant le Mondial 98. Ses souvenirs sont sans doute fugaces, mais vous, que vous reste-t-il vingt ans après ?
Ce qui reste, c'est, comment dire, le présent. Pas dans ma tête, mais dans l'approche des gens. Quand je suis arrivé à la gare du Nord, tout à l'heure, un jeune homme est venu vers moi et m'a dit : *"Merci pour 98 !"* Quel âge avait-il ? Quand nous avons soulevé la Coupe du monde, peut-être ne marchait-il pas encore, mais il a sans doute entendu autour de lui des parents, des proches crier leur joie. Parce que l'impression qui reste aujourd'hui, c'est que même des générations qui ne nous ont pas vus jouer ont été touchées par ce qu'on a fait.

Zidane, Dugarry et Henry (masqué, les bras levés) félicitent Youri Djorkaeff.

Et vous, êtes-vous surpris par ce qui vous est arrivé entre juin et juillet 1998 ?
Je suis devenu champion du monde à un âge assez agréable, j'avais trente ans. Je ne vais pas dire que c'était plus facile mais je suis très admiratif de ce qu'ont pu faire David *(Trezeguet)* et Titi *(Henry)*, qui ont su mener leur carrière alors qu'ils se sont retrouvés sur le toit du monde à vingt ans à peine. Eux ont eu beaucoup de courage de construire quelque chose à partir de ça. Ils ont un mérite immense, supérieur au mien, sans doute.
Pourquoi ?
Quand j'avais programmé ma vie, comme dans le plus fou des rêves, je voyais d'abord des étapes à franchir, suivies peut-être d'une apothéose… Et c'est ce qui s'est produit. Eux, c'est le contraire qui leur est arrivé, et personne ne pourra le leur enlever…
Quel regard portez-vous aujourd'hui sur ce qui vous est arrivé ?
Tu peux mettre toutes les sauces que tu veux, tu ne changeras jamais le goût des choses. Malgré ce qu'on en disait à l'extérieur, je pense que ce qui est apparu, finalement, c'était à la fois la masse de travail, l'humilité, l'obsession de l'objectif commun, la soif de gagner et, oui, l'honnêteté dans le travail. Je crois que ce que les gens ont ressenti, c'est qu'on était naturels, sans mise en scène, qu'il n'y avait pas de décalage dans nos réactions, et que cela donnait une idée juste de qui nous étions. On était comme ça en vrai.
D'où cet élan populaire qui a grandi au fil des rencontres ?
L'amour progressif du public n'était que le résultat final de quelque chose qui, pour nous, paraissait écrit. Rien n'a été enlevé à l'œil du public, et je parle du public de masse, qui mélangeait ceux qui suivaient notre sport et ceux qui l'ont découvert. Ceux qui ont dit : *"Whaou, c'est quoi cette équipe ? Elle ne ressemble pas à ce qu'on raconte partout, ils sont super, ces gars, et ils ne correspondent pas à l'image que je m'étais faite d'eux"*.
Vous, pendant toute votre carrière de buteur, vous avez mené un combat contre cet "ennemi intime" que pourrait être le gardien de but…
Attention, les gardiens de but n'ont jamais été mes ennemis, même si j'ai toujours cherché à les mettre en infériorité par rapport à moi. Et pour ça, oui je travaillais. Parce que le un contre un, c'est d'abord une question de domination psychologique. Avant chaque match, je me préparais à engager un rapport de force. Ni empathie, ni sympathie, j'étudiais et j'utilisais les faiblesses que je pensais déceler chez chacun. Cela n'empêchait évidemment pas que certains soient des amis… Je les observais beaucoup, j'ai toujours aimé les regarder s'entraîner.

« J'AI TIRÉ COMME MON PÈRE, CÔTÉ DROIT. »

Revenons sur trois moments où vous vous êtes retrouvé en face de vos responsabilités et en face d'un gardien de but. Le premier, c'est le penalty contre le Danemark (2-1), lors du troisième match de groupes.
Oui, face à Peter Schmeichel, un penalty pour ouvrir le score (12e). C'était moi face à lui et c'était compliqué. Il fallait appréhender un type de 1,98 m *(en fait, 1,93 m)* qui allait très vite au sol malgré sa grande taille, comme Van der Sar, Buffon. C'était le début d'une ère nouvelle, celle des grands gardiens capables de se projeter très vite au sol. Il était convenu que c'était moi qui tirais les penalties. Souvent, je me demandais : *"Si demain, il y a penalty, je le mets où ?"* À l'Inter, j'alternais, un coup à droite, un coup à gauche. Là, ce qui est bizarre, c'est qu'à la veille du match, j'avais vu un reportage à la télé, c'était un sujet sur "les générations Djorkaeff" je crois, et on voyait mon père Jean tirer un penalty. Il l'avait mis sur le côté droit. Je l'ai pris comme un signe, j'ai tiré comme lui, côté droit, Schmeichel a touché le ballon… Mais pas assez pour l'empêcher de rentrer.
Votre seul et unique but de ce Mondial, d'ailleurs.
Oui, et c'est très étrange parce que marquer en Coupe du monde était tout sauf mon objectif principal. Il y a encore des gens qui me disent : *"À l'époque, tu étais le meilleur buteur mais tu n'as marqué qu'un but !"* Je leur réponds : *"Oui, mais c'était amplement suffisant pour moi"*. Finir meilleur buteur d'une Coupe du monde ne veut rien dire, l'important en Coupe du monde, pour un petit pays, c'est de se qualifier, et pour un grand, c'est de gagner. Là je marque, mais sincèrement, l'ambiance à Gerland était mille fois plus forte, le public qui scandait mon prénom, Lyon, ma ville, devant ma famille…
Marquer est pourtant une sensation inoubliable…
Effectivement, et j'ai toujours en tête les deux cents et quelques buts que j'ai marqués, c'est un exercice que chaque buteur fait, ou devrait faire. Fermer les yeux et tout revisualiser. Je ne me remettais

Youri Djorkaeff tente de déborder le milieu de terrain sud-africain Quinton fortune lors du premier match des Bleus dans la Coupe du monde. Un de ses tirs, cadré, sera détourné dans son propre but par Pierre issa.

« À l'atterrissage, turbulences et émotion »

L'après-Coupe du monde a été tout sauf un truc normal. Aujourd'hui, je l'ai digéré, mais c'était inimaginable. Un tsunami émotionnel qui emportait tout, les Champs-Élysées, la visite à l'Élysée, le président de la République… Encore aujourd'hui, il me remonte parfois des flots de cette émotion collective. Et, en même temps, j'avais besoin de me taire… Parler pour dire quoi ? L'épreuve avait déjà été émotionnellement difficile à jouer, et on avait quand même pas mal réussi ! Je pense que la Coupe du monde, son intensité tellement forte, il m'était impossible d'en parler. On avait tout dit sur le terrain…

en mémoire que les buts, pas les occasions ratées. Je les ressens encore dans ma chair. C'est un tout, un enchaînement de détails qui m'ont amené à marquer, un regard, une frappe, une trajectoire, tout un process qui se mettait en place avant de prendre LA décision. Et une fois cette décision prise, plus rien ne pouvait m'arrêter, c'est pour ça que j'ai marqué de plein de manières différentes.

Deuxième "moment", avec José Luis Chilavert, le capitaine du Paraguay, en huitièmes de finale (1-0, but en or). Que vous auriez injurié pendant la rencontre…

L'injurier, oui, ça m'est arrivé. Là, c'était un moyen de le déstabiliser, de tenter de dominer psychologiquement l'adversaire. Il n'y avait rien de gratuit, c'était pour le faire sortir de sa zone de confiance et, sans doute aussi, pour activer ma propre révolte. À un moment, trop c'était trop. Il était trop fort, trop grand, trop sûr de lui. Alors je l'ai injurié en espagnol, mais je ne sais plus ce que je lui ai dit, ni s'il m'a compris d'ailleurs. Il s'est peut-être juste dit : *"Mais qui c'est celui-là, qu'est-ce qu'il me veut ?"* Je l'ai fait car, dans cette équipe, c'était le seul qui pouvait nous éliminer. Il était tout à la fois son équipe, son pays, au-dessus de tous les gardiens. Jusqu'au but en or (114e)…

Enfin troisième coup de loupe : en quarts de finale, Gianluca Pagliuca et la séance de tirs au but contre l'Italie (0-0, 4-3 aux t.a.b.).

Pagliuca, c'était mon copain. À Milan, on n'habitait pas loin l'un de l'autre, et parfois il venait me chercher en voiture. Je l'appréciais beaucoup et pas seulement parce qu'il m'a souvent porté chance. J'ai marqué deux fois contre lui en match international. Je le connaissais par cœur et c'était réciproque. À l'entraînement, nous avions développé des gestes où nous étions, l'un comme l'autre, dans une forme d'anticipation. Le problème, c'est qu'ensuite, chacun se disait : *"Je sais qu'il va anticiper, donc je vais anticiper autre chose"*. Ça devenait

« INJURIER CHILAVERT ? OUI, ÇA M'EST ARRIVÉ. C'ÉTAIT UN MOYEN DE LE DÉSTABILISER, DE LE FAIRE SORTIR DE SA ZONE DE CONFIANCE. »

très compliqué, trop sans doute au moment où il a fallu désigner les cinq tireurs. J'étais, en effet, pratiquement sûr à 200 % que Pagliuca aurait arrêté mon tir. Je le savais parce que, à l'Inter, lors des deux derniers mois avant que débute la préparation de la Coupe du monde, toutes nos séances se terminaient par une série de tirs au but, entre Ronaldo et moi. On se disait, allez, c'est la finale de la Coupe du monde… Ronaldo était le Brésil, et moi la France… À cette période-là, Pagliuca arrêtait tous mes tirs. Il avait pris un ascendant psychologique sur moi. Je le savais, c'est pourquoi j'ai décidé de ne pas tirer. Il avait la confiance et la maîtrise de lui-même…

Pas vous ?

C'est comme quand tu joues au poker. À un moment si tu bats trop les cartes, tu ne sais plus où sont les as, et tu perds la notion du jeu. Tu te retrouves soudain avec un 2 alors que tu espérais un roi… Normalement, j'aurais dû être le deuxième tireur, mais je suis allé voir Aimé Jacquet pour lui dire que je ne voulais pas être dans la série. Je ne voulais pas tricher. Il était O.K.

Cela veut-il dire que Pagliuca avait pris l'ascendant sur vous ?

Non, c'était juste un fait de jeu à l'instant T, cela n'a en rien altéré mon mental, ni empêché de faire le job jusqu'à la finale.

Pas un accès de faiblesse, alors ?

Les faiblesses, je me suis toujours mis dans les meilleures conditions pour ne pas en avoir, c'est pour ça que je donnais souvent l'impression d'être dans ma bulle, sans jamais m'épancher sur rien. Tout ça car je n'avais qu'un objectif depuis le premier jour : me préparer pour la finale. Tout ce qui pouvait polluer ma vie, même dans le bon sens, je l'ai empêché. Les copains, la famille, les billets pour les matches… J'ai fermé les portes, j'ai cloisonné.

Une forme d'individualisme forcé ?

Pas individualiste, solitaire. J'aime être seul à certains moments, et là je n'avais pas envie de perdre mon temps à expliquer aux gens le pourquoi du comment. Dès qu'ils ne comprennent pas quelque chose, ils te critiquent. Mais rassurez-vous, je ne suis pas lunatique du tout, j'étais même un leader et je le suis resté.

Justement, un titre de champion du monde peut-il changer un homme ?

À la maison, quand je regarde toutes les coupes que j'ai remportées, ce que je vois avant tout, c'est le travail accompli, les heures d'entraînement, de discussions, de voyages, de mises au vert… Ça me rappelle aussi tout ce que j'ai fait, notamment pendant la Coupe du monde, jusqu'à cette reconnaissance ultime. Mais est-ce que cela fait de moi une meilleure personne qu'il y a vingt ans ? Oui, j'espère… J'ai toujours une même soif, celle d'apprendre, d'être étonné par la vie, celle d'aimer les gens, celle de réagir. Si Aimé Jacquet entrait tout d'un coup dans cette pièce et me disait quelque chose, je serais encore capable d'argumenter. Disons que je suis toujours le même, avec un peu d'expérience en plus. Un être humain comme les autres, sauf que, il y a vingt ans, je ne doutais ni de moi, ni de l'équipe de France…

Propos recueillis par Rémy Fière

Youri Djorkaeff lors du deuxième match
de groupes contre l'Afrique du Sud.

ZIDAN

Thierry Henry

« UNE FORME D'APOTHÉOSE »

1998, est-ce une période dont vous aimez parler ?
Ce n'est pas une question d'aimer en parler ou pas. C'est d'abord et avant tout une étape de ma carrière, ainsi que mes premiers vrais débuts avec l'équipe de France... C'est une période où le groupe a confirmé ce que les gens n'espéraient même pas, et où nous, les jeunes, avons démontré que, d'une certaine manière, Aimé Jacquet avait eu raison de nous faire confiance... Après, pour revenir à votre question, vivre dans le passé quand tu es joueur, c'est quelque chose d'impossible.
Vous aviez tout juste vingt ans. Quelle image aviez-vous de vous à cet âge ?
Je dirais que, quand on est jeune, on ne mesure pas la portée d'un événement comme celui-ci, ou son échéance, de la même manière qu'un joueur plus âgé. Jeune, tu n'es pas en mode : *"Et si on perd, quel souvenir vais-je laisser"* ? ou *"Si je rate un but, alors que c'est ma dernière grande compétition, tout le pays va se souvenir de mon échec"*. Non, quand tu arrives à l'âge que nous avions, même si mon objectif était de tout casser, rater un but, une action ou un match n'allait pas briser ma carrière, car elle commençait tout juste. Quand tu es jeune, la seule chose à faire, c'est de répondre présent. Et de répondre vite, parce que le côté "il est jeune, il a le temps", ça n'existe pas. Non, tu n'as pas le temps, si tu veux prendre le temps, reste chez toi...
Avez-vous douté d'être retenu parmi les vingt-deux ?
J'ai toujours pensé que je venais là pour rester. Bien sûr que, quelque part, n'étant ni Deschamps ni Blanc, je n'étais pas dans la liste des "certains", mais j'ai tout fait pendant les quelques semaines de préparation pour qu'il n'y ait pas de doute dans l'esprit d'Aimé Jacquet.
Comment se sent-on au milieu des anciens. Et comment se comporte-t-on ?
En fait, c'est assez facile quand, comme moi, vous avez reçu une éducation classique. Les anciens, ce sont eux qui gèrent, il faut les respecter. Alors, on restait dans le rang, on obéissait : *"Jeune, tais-toi ; petit, prends la balle"*... Après, il suffit de montrer que tu peux aller à la guerre avec eux. C'est-à-dire être là, se battre, ne pas faire n'importe quoi et, sur le terrain, être un bonhomme. Ce n'est pas toujours évident, à vingt ans, quand tu es face à un Desailly, patron au Milan, un Deschamps ou un Zidane, patrons à la Juve, un Thuram, considéré comme le meilleur défenseur du monde, ou un Liza. Tous étaient des monuments du foot.

« IL SUFFIT DE MONTRER QUE TU PEUX ALLER À LA GUERRE AVEC EUX ET, SUR LE TERRAIN, ÊTRE UN BONHOMME [...]. TOUS ÉTAIENT DES MONUMENTS DU FOOT. »

Vous voilà, un peu à la surprise générale, titulaire contre l'Afrique du Sud (3-0) pour le premier match.
Oui, je l'avais su la veille quand Didier Deschamps était venu dans ma chambre pour m'annoncer la nouvelle. Il me dit : *"Je voulais te le dire pour que tu sois prêt : tu joues demain. Dors bien"* !
Et vous avez bien dormi ?
Oui, j'avais bien dormi parce que c'était aussi pour ça que je m'étais retrouvé dans ce groupe. Je ne me suis pas posé de question, je ne me suis pas dit ouh là, Thierry, tu as vingt ans, tu vas commencer demain, alors que c'était le début d'un Mondial où tout le monde pensait que nous ne serions pas à la hauteur.
Et vous avez marqué le dernier des trois buts de la victoire...
Mon premier but en Coupe du monde *(90e+1)*, ça reste un moment formidable. À Marseille, devant ma famille... Je ne le disais pas trop, même si maintenant je suis un supporter d'Arsenal, mais, enfant, je supportais Marseille. Pendant les grandes vacances, j'allais soit aux Antilles, soit à Marseille où vivait une partie de ma famille. Et, en général, l'été, j'allais au Vélodrome voir les premiers matches avec mon père et mon frère. Donc marquer ici représentait quelque chose.
Vous aviez déjà une forme de confiance en vous ?
J'ai toujours été confiant en mes capacités, mais cela n'a rien à voir avec de l'arrogance, je me disais que si on faisait appel à moi, c'était parce que je pouvais apporter quelque chose.
Vous marquez ensuite deux buts contre l'Arabie saoudite (4-0), vous entrez contre le Danemark (2-1), contre le Paraguay (1-0, b.e.o .), puis on vous retrouve décisif lors de la séance de tirs au but contre l'Italie (0-0, 4-3 aux t.a.b.) ?
Au moment des penalties, Aimé vient vers moi.
"– Thierry, t'es quatrième ? me demande-t-il

Thierry Henry et David Trezeguet, la classe biberon de cette Coupe du monde.

Déjà buteur face à l'Afrique du Sud, Thierry Henry marque deux fois contre les Saoudiens. Ici, après son deuxième but de la soirée, consécutif à un dégagement de Barthez, mal négocié par Al-Dossari.

Clairefontaine, retour aux sources

Pour des joueurs de la génération de Thierry Henry, séjourner à Clairefontaine n'avait absolument rien de dépaysant, bien au contraire. *« J'y avais déjà passé quelques années, comme pensionnaire au Centre de formation, donc je connaissais bien, raconte-t-il. On peut même dire que, d'une certaine manière, je revenais à la maison, donc je n'ai eu aucun problème d'acclimatation. Parfois même, j'allais rendre visite à des anciens coaches ou à M. Dusseau* (Claude Dusseau, directeur de l'Institut national du football), *qui en était alors le patron...Après, je me retrouvais souvent avec David* (Trezeguet), *Robert* (Pirès) *ou Pat'* (Vieira). *On vivait bien ensemble, on aimait les mêmes trucs, on n'était pas dans le mode "femmes et enfants" par exemple. Ce n'était pas tout à fait notre délire. Même si j'avais une copine à l'époque, qui était venue me rendre visite... »*

– Je réponds ouais...
– Ouais ou oui ?
– Oui !"
Mon "ouais" était-il un "oui" trop vague ? Il a dû se dire : *"C'est bizarre comme réponse, je vais lui reposer la question"*. Et moi mon "ouais", qui n'était surtout pas un manque de respect, c'était juste ma réponse à "tu m'envoies un challenge, je ne vais pas le refuser, parce que je suis là pour ça". Bien sûr, j'aurais pu le mettre à côté ou au-dessus.

Mais, contrairement à d'autres, impossible de dire non...

Si je dis non, qu'est-ce qu'il va penser, le coach ? *"Mais qu'est-ce qu'il fait parmi nous celui-là ?"* Ce n'est même pas une question d'âge, oublions-le encore une fois, j'étais juste là pour ça.

Devant une partie de votre famille, présente dans les tribunes...

Oui, mon père était là. Évidemment, il ne connaissait pas la liste des tireurs car il était à l'intérieur du stade. Mais quand je me suis levé pour aller tirer, il a quitté sa place, il ne voulait pas voir ça. Après il m'a dit : *"Tu te rends compte, si tu l'avais raté, ce serait resté éternellement sur les vidéos"* ! Mais moi je pensais à marquer, pas à rater. Même si ça reste un moment très dur.

Pourquoi ?

Il faut savoir qu'en foot, contrairement au tennis, au golf, voire au rugby quand il y a une pénalité à taper, un stade ne reste jamais silencieux. Or un penalty, comme un coup franc ou même comme un corner, c'est un geste très spécifique. Les gens oublient de voir ça, les injures, les cris qui n'existent pas dans les autres sports, où personne ne bouge, où tout le monde se tait. Là, tu prends sur toi, il faut rester dans une pure concentration, faire une sorte de bloc fermé avec ton corps pour ne plus rien entendre... Lorsque j'ai fait mes premiers pas, j'ai entendu mon nom, ensuite je me suis renfermé et je n'ai plus rien entendu. Jusqu'à ce que je réussisse mon tir.

Ce fut facile ?

De toute façon, j'avais pris ma décision, côté droit, à ras de terre, plat du pied, ouvert pour plus de sécurité. Si le gardien allait la chercher, c'est qu'il était fort.

Et la fin de la série, comment la vivez-vous ?

Une fois qu'on a réussi, on peut faire un peu plus le fanfaron, mais, en même temps, reste cette image, qui n'était pas préparée, où je me cache derrière David et où je mets la tête dans son maillot quand Laurent tire le cinquième. Je savais qu'il allait frapper au milieu. C'est ce qu'il faisait toujours à l'entraînement. Il a marqué et, ensuite, il a suffi d'attendre l'erreur de l'Italien *(Di Biagio)*...

Vous avez été titulaire ou êtes entré en cours de match lors des six premières rencontres, mais pas en finale. Cela laisse-t-il des regrets dans une carrière comme la vôtre ?

À la mi-temps de France-Brésil, Aimé me dit que je vais entrer, qu'il faut que j'aille m'échauffer. Et puis Marcel se fait expulser et, tout d'un coup, la donne change. Il choisit de faire entrer Duga, plutôt très bon dos au but, peut-être plus capable de garder le ballon que moi...

Une déception ?

Non, pas de déception, pas de regret, il y a juste une fraction de seconde où tu penses entrer et où tu comprends que non, c'est tout. Mais j'aurais pensé la même chose si ça s'était passé dans un match entre potes. Pour moi, il n'y avait pas de différence. L'essentiel, c'était que nous avions tous tenu notre rôle et, quelques minutes plus tard, nous étions tous champions du monde...

Où le placez-vous, ce titre ?

Déjà, c'est difficile de comparer un titre en sélection à un titre en club, simplement parce qu'une victoire en Coupe du monde, ça ne peut arriver que tous les quatre ans. Et qu'avant il faut se qualifier, être dans l'équipe, être bon, aller au bout et la gagner... Je ne dis pas que le reste est moins bien, mais là, c'est une forme d'apothéose.

Que vous a-t-il apporté, ce titre ?

Il a surtout montré à tout le monde, après les demi-finales perdues de 1982 et de 1986, qu'il n'était plus possible de dire que les Français ne pouvaient pas gagner un Mondial.

On a toujours l'impression qu'il y a un fossé gigantesque entre ce que vous avez vécu de l'intérieur et ce qu'ont vécu les Français pendant ce Mondial...

C'est parce qu'en tant que joueurs on a essayé de faire ce qu'on avait à faire et nous y sommes parvenus. Quand tu es acteur de quelque chose, tu ne le perçois pas de la même façon que le spectateur. Comment tu fais, tu ne sais pas, mais tu entres en mode joueur.

Un titre de champion du monde, ça donne confiance pour l'avenir ou ça place la barre très haut ?

Il ne faut pas oublier qu'immédiatement après j'ai été reconvoqué pendant deux ans en Espoirs. Devenir champion du monde ne t'octroie pas de droits. Je n'étais pas vraiment surpris, car j'avais toujours pensé que, le lendemain d'un titre, on devait tous repartir sur la même ligne. Pour moi, c'était super important, ça permettait de ne pas se reposer sur ses lauriers...

Le décalage doit être énorme, cela dit.

Effectivement, tu passes de stades remplis par 80 000 spectateurs à une rencontre en Ukraine devant 100 personnes. Le changement a été terrible, mais c'était simplement ma génération, celle avec laquelle je jouais depuis quelques années, celle qui m'avait permis d'être appelé en équipe de France. Pour moi, il aurait été illogique de ne pas y retourner. Et quand je suis revenu, tous me regardaient avec de grands yeux, du genre raconte, c'était comment ?

Propos recueillis par Rémy Fière

« À LA MI-TEMPS DE FRANCE-BRÉSIL, AIMÉ ME DIT QUE JE VAIS ENTRER. ET PUIS MARCEL SE FAIT EXPULSER. ET LA DONNE CHANGE... »

Bixente Lizarazu

« J'EN AVAIS ASSEZ BAVÉ, JE DEVAIS BIEN AVOIR UNE PETITE ÉTOILE »

France-Brésil, le coup de sifflet final. Qu'est-ce que cela vous évoque aujourd'hui ?
Je me suis dit : putain, on l'a fait. Et je suis passé par une phase de sidération. Anesthésié, comme s'il y avait trop de trucs tout d'un coup. Quand tu gagnes, tu es submergé, tu te prends un tsunami dans la gueule. Ça part dans tous les sens, tu ne t'appartiens plus.
Et aujourd'hui, vingt ans plus tard ?
Aujourd'hui, ça m'apporte une forme de sérénité, je ne suis plus envahi par les émotions. C'est une saveur douce, régulière et constante. Une forme d'accomplissement total. Un truc mythique, comme un bon, non, un très bon, non, un très très bon verre de vin, un château-petrus… Bien sûr, on sera à jamais les premiers. On ne pourra jamais nous l'enlever, nous ne serons jamais des "ex-champions du monde", on l'est à vie. Ce n'est pas juste un grand match, le dernier, qu'il faut remporter, c'est au moins trois grands matches, où il faut jouer le football de ta vie. Ce n'est pas rien, surtout pour moi, avec mon histoire de pubalgie qui m'avait emmerdé pendant des mois. Passer d'une douleur intense à ce tsunami émotionnel, c'était une sorte d'Everest à grimper.
Racontez-nous votre ascension…
Avant le Mondial, je me suis retrouvé dans un passage très particulier, pénible même, de ma carrière. Cette Coupe du monde fut donc une forme de renaissance…
Pourquoi ?
Jusqu'alors, je n'avais jamais connu de vrais soucis physiques, peut-être une entorse de la cheville quand j'étais plus jeune. Et là, à vingt-sept ans, une pubalgie me tombe dessus. Une merde, une saloperie… Pour la première fois, me voilà confronté à une blessure, alors que je jouais à Bilbao. Tout s'était enchaîné trop vite. J'étais arrivé après une saison où j'avais trop forcé, l'Euro 96 en Angleterre, une finale de Coupe de l'UEFA *(avec Bordeaux)*, bref une saison très chargée… Je sentais qu'il se passait des trucs dans mon corps, mais je n'écoutais pas les signaux, j'étais un bourricot. Les premières grosses douleurs sont arrivées, j'ai donc subi une première opération là-bas, au Pays basque. Pour la saison 97-98, je suis parti au Bayern où, là encore, je vais vivre un début de saison tronqué par ces mêmes douleurs.
Une histoire sans fin ?
Pour certaines blessures, le doc te dit : tu en as pour trois semaines, et, au bout de trois semaines, tu reprends. Moi, ça a traîné, avec des hauts et des bas pendant un an et demi. Usant. Mon combat, mon défi personnel était là… Revenir. Alors je suis allé au plus profond. Je suis allé voir un ostéo, un acupuncteur, j'ai fait des étirements à n'en plus finir, du yoga. J'ai même travaillé psychologiquement sur les cicatrices de l'opération, j'étais obnubilé par mon corps. C'est une expérience de vie dont je suis sorti mentalement plus fort, mais que je ne souhaite à personne.

Bixente Lizarazu, en position très inhabituelle pour lui, face au but, entre les Saoudiens Zebermaoui (4) et Al-Dossari (16). Grâce à une passe de Djorkaeff, il marque ici l'un des deux buts de sa carrière en bleu.

« DANS MA CARRIÈRE, J'AVAIS TIRÉ UNE QUINZAINE DE PENALTIES, J'AVAIS TOUJOURS ASSUMÉ… »

Lizarazu, au duel avec son vis-à-vis du jour, le milieu droit saoudien Al-Shahrani.

Parce que le temps pressait…
Je n'ai repris les matches qu'en janvier 98. Et, pour moi, a commencé une course contre la montre. Où tu doutes tout le temps, où tu peux même perdre confiance en tes moyens physiques. Avant, physiquement, j'en gardais toujours sous le pied. À Bordeaux, par exemple, je m'entraînais et, sans le dire, j'allais surfer ou faire du ski. Là, je n'avais qu'une obsession, combattre ma douleur et travailler mon mental car tout se mélangeait.
Vous revoilà néanmoins en équipe de France.
Au fil des mois et des sensations retrouvées, je me devais d'être prêt pour le grand rendez-vous. C'était une aventure intérieure, dont j'ignorais l'issue : tant que tu n'es pas au bout, tu ne sais pas si tu pourras revenir. Et Aimé Jacquet a fait appel à moi.
Et puis, tout de même, un souci est apparu pendant la compétition…
Le lendemain du match contre l'Arabie saoudite *(4-0)*, alors qu'on faisait un toro, ou un tennis ballon, j'ai senti soudain une petite tension derrière la cuisse… Pendant deux heures, le doc, le kiné ont regardé, palpé, étudié, mais il n'y avait rien, les fibres n'étaient pas touchées. On a géré tranquillement… Ce n'était ni une déchirure, ni une élongation, ni une contracture, juste une tension. Suffisante pourtant pour me rappeler que tout pouvait à nouveau s'arrêter.
De quoi stresser ?
Oui, j'ai eu un coup de flip, qui m'a un peu refroidi. Et je me suis dit que je n'avais pas fait tout ça pour ça, et que cette légère douleur, comparée aux précédentes, était gérable. Heureusement, j'ai vite rejoué, et pas sur la réserve.
Dans un livre, Frank Lebœuf raconte qu'il a eu l'impression qu'a ce moment-là vous vous refermiez sur vous-même…
Dans l'attitude, peut-être, mais sans m'en rendre compte, je me suis peut-être replié. Ce truc-là m'a obligé à puiser au plus profond de mes réserves. J'étais toujours le même, mais avec une image différente de celle que j'avais de moi. Je conçois qu'il m'était alors plus difficile de m'ouvrir aux autres.
Avec quelle conséquence ?
Pas grand-chose, hormis peut-être le tir au but contre l'Italie *(deuxième tireur, il bute sur Pagliuca)*. Mon sentiment, c'est que je le frappe mollement, trop cool, un peu du genre *"impossible que je le rate, parce que j'en ai trop chié"*. En fait, je n'étais pas assez déterminé, trop passif. C'est assez paradoxal, car dans ma carrière j'avais déjà dû en tirer une quinzaine, j'avais toujours assumé ; parce qu'il y a ceux qui assument, et les autres.
Comment vit-on un tel échec à l'instant où il se produit ?
Par rapport à mon histoire, j'avais à la fois confiance en mes partenaires, et donc une forme de déception personnelle, mais, au fond de moi, je me disais que ça ne pouvait pas s'arrêter là. J'en avais assez bavé comme ça, je devais bien avoir une petite étoile quelque part.

Mais ce penalty vous est resté en travers de la gorge.
Après, je n'en ai plus tiré. Et puis, en 2001, nous sommes en finale de la Ligue des champions *(avec le Bayern face au Valence CF, 1-1, 5-4 aux t.a.b.)*. Depuis le penalty raté, j'appréhendais un peu l'exercice : je n'en tirais plus, ni à l'entraînement ni en match. Mais là, les cinq premiers avaient tiré, on était à égalité. Il fallait en désigner cinq autres. Je raconte l'histoire du Mondial à Hoeness *(alors manager du club bavarois)*, qui me dit : *"Ce n'est pas un problème, celui-là tu vas le marquer."* Je l'ai placé sur la gauche, en force, et j'ai pris Canizares à contrepied. Je l'ai tiré pour le Bayern, bien sûr, mais aussi pour celui que j'avais raté en 1998.
Une manière d'effacer le traumatisme…
Oui, comme j'ai le sens des responsabilités, ça m'avait foutu les boules. Un penalty réussi, ce n'est pas une émotion suprême, il faut simplement le marquer. Une reprise de volée, tu la rates ou tu la mets, c'est du domaine du miracle. Là, tu as la pression parce que, putain, tu ne peux pas le rater. Donc échouer contre l'Italie a été un moment désagréable, mais qui a duré très peu puisque, tout de suite après, Fabien a remis les compteurs à zéro en repoussant le tir d'Albertini…
Parlez-nous du rôle d'Aimé Jacquet, pour qui vous avez une sorte de vénération…
Dès 1996, Aimé avait été très très précis, très très clair sur sa façon de voir les choses et sur la manière d'y arriver. Ensuite, il nous a protégés et montré la voie. Jusqu'à ces deux premiers buts contre le Brésil, et cette faiblesse qu'il avait remarquée, en nous indiquant que, sur les corners, les Brésiliens mettaient soit un petit au premier poteau, soit un mec qui ne sautait pas. C'est ton coach qui te le dit, et on marque deux fois… Et c'est juste un exemple.
Et plus on se rapprochait de la finale, plus il semblait véhément, lui le calme…
À la mi-temps de la demi-finale *(à 0-0)*, il nous a sacrément bougés. Contre la Croatie pourtant, je n'avais pas eu l'impression qu'on était passés à côté de notre mi-temps… La Croatie, c'était de grands joueurs, avec un putain de niveau et donc des putains de duels. Je peux vous certifier que ce n'était pas "que la Croatie". Si tu t'y connais, tu regardes la liste des joueurs, tu vois, c'est une sacrée équipe. Sans doute qu'on n'avait pas fait assez bouger les choses. Et Aimé nous l'a fait comprendre.

Pourtant, chez vous, se dégageait une immense sérénité défensive.
On avait l'impression d'être impassables. Je l'ai senti monter en puissance dès l'Euro 96. Avec Lilian, Lolo, Marcel et moi, je crois qu'on n'a jamais perdu ensemble. On avait des automatismes et des habitudes qui s'étaient créées petit à petit. La force défensive et collective, la mentalité de cette équipe, c'était inimaginable. Un mur. On était comme un pack de rugby : forts et performants ensemble, pas seulement individuellement. Si tu te faisais passer, tu savais que ton partenaire viendrait tacler derrière toi, qu'il te protégerait, qu'il était ton libéro comme, le coup d'après, tu serais le sien. De toute façon, chaque mec était habité par son poste. L'équipe n'était constituée que de leaders, de capitaines, de mecs en place, qui savaient pourquoi ils étaient là. Lilian et moi, les deux latéraux, nous n'étions pas des petits garçons à qui on devait expliquer la vie.
Parce que dans la gestion humaine, là aussi, il y eut peu d'erreurs…
Globalement ça roulait, parce que quand tu pars pour six semaines, il faut que tout le monde arrive à vivre ensemble. Ceux qui jouent, mais aussi ceux qui ne jouent pas. Il leur fallait rester concentrés, positifs… Tout en étant frustrés. Tous les paramètres que tu penses maîtriser, toute la construction peuvent être perturbés par trois ou quatre mecs qui viennent foutre le truc en l'air. Ça ne nous est pas arrivé…
Jusqu'à la fin.
Oui, mais pourquoi le Brésil fut-il l'adversaire le plus facile? Parce qu'à la fin, on avait le bon dosage de concentration et de décontraction. On les a agressés comme il fallait, en début de match, et on les a déstabilisés. C'est simplement nous qui leur avons donné le tempo. Notre tempo.

Propos recueillis par Rémy Fière

« LILIAN ET MOI, LES DEUX LATÉRAUX, NOUS N'ÉTIONS PAS DES PETITS GARÇONS À QUI ON DEVAIT EXPLIQUER LA VIE. »

Quand Thuram « gueulait comme un veau »

Le quart de finale contre l'Italie ne fut pas un match « comme les autres ». Derrière l'enjeu de la compétition, qui offrait une place en demi-finales aux Bleus pour la quatrième fois de leur histoire, se cachait une affaire d'orgueil. Lizarazu : « *Je me souviens que, contre l'Italie, il ne fallait pas perdre, c'était une mission. Pour ceux qui jouaient là-bas, et ils étaient nombreux* (sept, et pas des moindres : Zidane, Deschamps, Desailly, Thuram, Djorkaeff, Boghossian, Candela), *il ne fallait pas rentrer en vaincus. Hors de question de se faire chambrer. Tous étaient donc extrêmement motivés par ce match, et j'entends encore Lilian qui, dans le couloir, gueulait toujours comme un veau. Mais là, c'était incroyable. Beaucoup, beaucoup plus fort que d'habitude… Moi, je voyais ça un peu différemment, c'était moins personnel. Je m'en foutais même un peu. En revanche, si on avait dû jouer contre l'Allemagne plutôt que contre l'Italie, je crois que j'aurais été pareil…* »

Lionel Charbonnier

« JE NE ME SOUVIENS PLUS ÊTRE DESCENDU DU BUS...»

Quelle est la première image qui revient lorsqu'on évoque 1998 ?
En fait, j'en ai deux... La première, ce sont tous ceux qui, aujourd'hui encore, viennent vers moi pour me serrer la main et me remercier. Serrer la main, regarder dans les yeux. C'est sacré, pour moi. La main, c'est le cœur, le regard, c'est la franchise. Avant de mourir, mon grand-père m'avait serré la main, c'était une façon de me dire : *"Tu es un homme maintenant"*. C'est resté profondément ancré. Le mec qui nous serrera la main remplacera toujours les 100 00 qui nous jalousent. Parce qu'il faut faire avec les critiques, les aigris qui te disent : *"Tu n'as pas joué, tu n'es pas champion."*
Et la seconde image ?
C'est la remontée des Champs-Élysées. Encore aujourd'hui je remercie Dieu d'avoir pu connaître ça. Rendre et donner tant de bonheur à tant de personnes... C'est toujours inscrit dans mon cerveau, dans mon sang. Vous ne pouvez pas vous rendre compte ! D'ailleurs, je ne me souviens plus être descendu du bus (*à impériale)*, peut-être y suis-je encore...
Ce que vous avez réalisé avec vos vingt et un comparses vous a-t-il surpris ?
Non, parce que j'ai eu conscience très tôt que ce groupe était hors du commun. Tout s'emboîtait comme au Tetris... La clé, elle était là. Nous étions une bombe humaine de bonheur. Même quand on se chambrait, il y avait du respect.
Revenons sur votre rôle...
Pour être deuxième ou troisième gardien, il faut quand même le mériter techniquement, et avoir un tempérament spécial : la probabilité de ne pas jouer est infiniment plus grande que celle de jouer. Il ne faut pas être effacé non plus, pour que le titulaire ait envie de se dépouiller.
Les gardiens, c'est aussi un ménage à trois ?
J'étais très proche de Fabien, plus que de Bernard, parce qu'entre les deux, il y avait un peu de tension, ce qui était normal. Je me suis demandé ce que je devais faire. J'ai choisi de me mettre plutôt du côté de Fabien, j'ai un peu laissé tomber Bernard. Mais c'était compréhensible, il ne fallait pas que je me trompe de côté. Le gardien est un cérébral, il doit tout analyser. Devenir un personnage différent de ce qu'il est dans son club...
Et cela permet d'accepter de rester dans l'ombre ?
Oui, le remplaçant ne doit pas être plus leader qu'un leader, il ne faut pas que les joueurs disent : *"Qu'est-ce qu'il a, pourquoi il ouvre sa gueule ?"* Un remplaçant qui ouvre sa gueule, c'est toujours très compliqué. Quelqu'un comme Stéphane Ruffier *(Saint-Étienne)* a eu le courage de dire : *"Non, je ne peux pas me contenter d'un rôle de remplaçant, parce que j'ai une âme de leader, que je suis plus leader que le leader."* Moi, je l'ai accepté. Et le leader, où doit-il se situer ? Devant pour donner le rythme aux premiers ou derrière pour pousser les derniers ? Doit-il ralentir ou presser le pas ? Ma force, c'est que j'ai toujours su me situer, trouver ma place.
Elle était où, en équipe de France ?
Au milieu, ni le meilleur, ni le moins bon.
Et qu'est-ce que cela signifiait concrètement ?
Ne pas faire d'esclandre, se tenir prêt. S'entraîner parfois deux fois plus, sachant qu'on est un simple faire-valoir. Quand Guivarc'h te demandait de rester dans le but à la fin de l'entraînement, il était peut-être en mal de confiance. Alors, il ne fallait pas arrêter tous ses tirs, pour lui remonter le moral, 80 % des buts devaient passer.
C'est presque un jeu de rôle !
Oui, mais toujours pour valoriser le copain, que ce soit "Guitchoune" *(Guivarc'h)*, Zizou, Djorkaeff, Desailly ou Thuram, que ce soit pour tenter des reprises de volée ou tirer des penalties. Il fallait rester concentré sur l'arrêt à faire, mais parfois accepter de ne pas le faire. Être à 200 % ou à 50 %...
Et avec Barthez ?
Mes meilleurs souvenirs, c'est quand il avait envie de bosser et qu'on devait le mettre minable. Souvent, Philippe Bergeroo *(l'entraîneur des gardiens)* nous appelait : *"Lio, Bernard, je ne m'en sors pas, venez m'aider, mettez-lui des frappes."* On pouvait faire genre 300 frappes !
Là aussi vous deviez frapper habilement ?
Oui, tu mettais parfois des frappes pour qu'il les arrête. Tu dois connaître ton copain par cœur, soit pour qu'il fasse l'arrêt, soit pour qu'il sente qu'il était mal placé et qu'il rectifie son geste ou son positionnement.
Sans aucun regret ?
Après chaque match, j'avais des regrets oui, mais personnels. Je regrettais de ne pas avoir été aussi fort que Fabien. Je vivais par lui, j'essayais de m'effacer et d'être présent, d'avoir le moral tout le temps, tout en le laissant faire.
Vous souvenez-vous d'un moment précis ?
La meilleure anecdote, c'est au moment des tirs au but contre l'Italie *(0-0, 4-3 aux t.a.b.)*. Fabien n'avait jamais trop de pression, alors que Bergeroo pouvait, lui, en avoir pas mal. Quand c'était le cas, Fabien lui disait souvent : *"Philippe, tu as la gigite !"* Sans que je sache ce que ça voulait dire. On arrive à la séance. Bergeroo me dit : *"Regarde Lio, ça fait deux ans que je travaille pour noter où les joueurs italiens ont tiré. Deux ans de recherche... Regarde comme il va m'envoyer chier."* Il s'approche de Fabien pour lui montrer ses stats. Fabien lui répond, en rigolant : *"Eh, me casse pas les couilles"*. Il s'assoit et, toujours en riant : *"Je crois que c'est moi qui ai la gigite maintenant."* Pendant tout le mois, je n'ai jamais osé leur demander ce que ça voulait dire. Et puis, avant la demie, je leur ai demandé. Ils m'ont répondu en se marrant : *"La gigite, c'est quand t'as les poils de cul qui s'agitent."* Ils étaient de connivence, ils attendaient que je leur demande ! Je me suis senti un peu con...
Mais comme les autres, vous êtes devenu quelqu'un d'exceptionnel...
Pour être un champion, il faut avoir accepté les critiques, le travail, la jeunesse sacrifiée... Et pour le devenir, il faut que les planètes soient alignées. Elles m'ont permis de vivre un truc exceptionnel car, autour de moi, il n'y avait que des gens d'exception.

Propos recueillis par Rémy Fière

Sans jouer une seule minute, Lionel Charbonnier a dû se tenir prêt en permanence. Et créer du lien avec tous ses coéquipiers (ici Laurent Blanc).

VENT DE FOLIE SUR MARSEILLE

LES SUDAF METTENT L'AMBIANCE
Malgré l'optimisme et l'enthousiame des supporters des Bafana-Bafana (ci-dessus), ce sont bien les Bleus qui vont s'imposer dans ce premier match du groupe, soutenus par un Vélodrome de toutes les couleurs.

PIRÈS, BIENTÔT CHEZ LUI
Avant la rencontre, qu'il ne disputera pas, Robert Pirès, alors messin, multiplie les autographes. Ces jeunes supporters marseillais le reverront dès la fin de l'été sous le maillot de l'OM, avec lequel il vient de... signer.

PRÉMONITION
La banderole « champions du monde » de ces supporters peinturlurés en bleu-blanc-rouge (ci-dessous) est un peu prématurée mais annonciatrice de l'issue, heureuse pour l'équipe de France, de ce mois de Coupe du monde. Même si le chien (ci-dessus) n'a pas l'air d'y croire.

Bernard Diomède

« LA COUPE, J'AURAIS AIMÉ L'EMBRASSER PLUS »

On se souvient de vous comme d'un joueur plutôt discret…
Liza m'a fait un petit mot pour la prochaine édition de la Cup que j'organise depuis huit ans : *"Diodio, toujours discret dans son petit coin, discret, travailleur, mais il était là avec nous…"*
Oui, vous étiez bien là, mais, lors du premier match, vous n'êtes pas titulaire…
Tu as envie de jouer, mais tu comprends qu'il ne faut pas se louper, qu'il faut donc des gars d'expérience. La pression était forte : Aimé nous protégeait mais les journaux arrivaient, les familles nous tenaient au courant. On savait… En revanche, je joue le deuxième contre l'Arabie saoudite *(4-0)*, l'émotion est forte, je suis titulaire en Coupe du monde. Je joue pour gagner ma place et pour la conserver…
Qu'en reste-t-il ?
Je revois l'expulsion de Zizou, je suis sur le banc car j'ai déjà été remplacé, j'ai l'impression que c'est long pour lui. Tu te dis : *"Mince, c'est quand même ton meilleur joueur et tu le perds dès le deuxième match."* Tout le monde compatit, se demande ce que va dire le coach, mais le coach ne le regarde pas sortir et ne dit rien. Il doit penser à la suite…
Et vous enchaînez.
Oui, contre le Danemark, tout le monde était concentré, motivé, je savais que certains mis au repos allaient revenir. Mais je savais aussi qu'il y avait une carte à jouer… D'autant qu'au cours de ce match, j'ai failli marquer.

Bernard Diomède tente d'échapper aux Danois Thomas Helveg et Marc Rieper.

Marquer, c'était si important ?
Non, mais ça compte. Je ne me suis jamais dit : *"Je marque, je suis un héros."* Pour moi, le plus beau geste n'était pas le ciseau retourné, c'était dribbler quatre ou cinq joueurs avant de faire la passe décisive. En tant que joueur de couloir, je voulais voir combien de fois j'allais faire reculer mon adversaire. C'était une lutte de pouvoir, un combat qu'il fallait gagner. Plus on me mettait de coups, plus ça me motivait.
Puis arrive le fameux France-Paraguay (1-0, b.e.o.) où, là encore, vous êtes titulaire…
À Lens, Aimé demande à me voir. C'était toujours quelque chose d'être convoqué par le coach, dans son bureau ou dans sa chambre. Tu n'osais pas trop y aller… En général, tu faisais même un détour pour ne pas passer devant. Après, quand il t'appelle, tu te dis : *"Mais qu'est-ce que j'ai fait comme connerie ?"*
Et donc ?
Là, il me dit : *"Tu as des qualités, techniquement tu possèdes un profil de joueur que je n'ai pas, lâche-toi et dis-toi que si tu es ici, c'est que tu le mérites."* Cela m'a procuré une forme de sérénité, c'était des mots forts. Aimé, c'était une distance physique, mais une proximité dans les mots, tu avais envie de tout donner pour lui.
Et commence se déroule la rencontre ?
Avant le match, je croise Guy Roux sur le terrain. Il me dit un truc en rapport avec mon épouse et une mutation qu'elle allait obtenir… En gros, ça voulait dire que je ne partirais pas d'Auxerre alors que, comme d'autres joueurs, j'espérais bien signer un contrat ailleurs. Sans doute à cause de ça, sur le terrain, j'ai eu un peu de mauvais stress et de tension, je n'ai pas su faire abstraction. Après, on gagne, oui, mais sur un tir que Chilavert détourne de deux doigts, je m'étais dit : *"Merde, là j'aurais aimé marquer…"*
Ensuite, on ne vous voit plus.
Non, contre l'Italie *(0-0, 4-3 aux t.a.b.)*, Aimé densifie son milieu et change son système à trois attaquants. Pareil contre la Croatie *(2-1)*. Le soir, je me retrouve avec Lilian, dans la chambre. Il est couché, le drap rabattu sur la tête… *"Qu'est-ce que tu fais, Lilian?" "Essaye de dormir, Dio !" "Mais merde, tu viens de marquer deux buts, essaye de profiter !" "Oui, mais si on perd en finale, ça n'aura servi à rien, ça voudra dire qu'on a fait ça pour rien !"* Il avait peut-être raison. Il était 3 heures du matin, j'avais mon casque sur les oreilles. On vivait le même événement, mais pas

« JUSTE AVANT FRANCE-PARGUAY, GUY ROUX ME DIT UN TRUC. ÇA VOULAIT DIRE QUE JE NE PARTIRAIS PAS D'AUXERRE (…). SUR LE TERRAIN, J'AI EU UN PEU DE MAUVAIS STRESS. »

de la même façon. J'ai senti qu'on n'était plus dans le soulagement, qu'on n'était plus dans l'euphorie, il fallait qu'on soit dans *"il y a quelque chose à faire"*…
Et vous l'avez fait…
Le jour de la finale, dans la chambre, avec Lilian, on a entendu un hélico venu filmer le château. C'était fou, on voyait l'hélicoptère dans le ciel et les images filmées en direct à la télé. Lilian m'a dit : *"On est obligés de gagner ! Tu te rends compte, ils sont venus jusqu'à Clairefontaine, avec un hélico."* On est arrivés au stade, on est allés voir le terrain, on a découvert la coupe. On disait : *"Surtout ne la touchez pas, ça porte malheur !"* Ensuite, le couloir, Ronaldo, tout pâle, Lilian qui s'est mis à hurler comme toujours, Ronaldo qui a reculé, on a tous senti qu'il se passait quelque chose. Et puis, ensuite il y a eu Zizou.
Et tout s'est bien terminé…
Le match fini, j'ai su que j'allais toucher la coupe. Je me suis faufilé pour la prendre, elle passait de main en main. Je l'ai tenue un instant, je ne l'ai pas embrassée assez longtemps. J'aurais aimé l'embrasser plus…
Mais vous avez profité des célébrations diverses ?
Oui, par exemple, on a été invités à l'Élysée pour recevoir la Légion d'honneur *(en septembre)*. Ils sont tous venus en tenue officielle, moi j'étais en costume de lin beige, on ne m'avait pas dit qu'il y avait un code. Pour quelqu'un qui aime la discrétion, on ne voyait que moi… J'ai demandé à aller m'acheter un costume en vitesse mais on m'a répondu : *"On ne fait pas attendre le président."* Quand Jacques Chirac est arrivé, il m'a regardé, tout le monde me regardait, je sentais que ça chambrait derrière…

Propos recueillis par Rémy Fière

Alain Boghossian

« UN GROUPE, C'EST ONZE QUI JOUENT ET ONZE QUI REGARDENT »

Vingt ans après, que vous reste-t-il de 1998 ?
On était une équipe de copains avec qui on a partagé des moments exceptionnels. Et, au quotidien, l'impression que ce qu'on a réalisé n'a pas de prix. À un moment, j'ai eu l'impression que nous étions un char d'assaut, enfin, disons une locomotive que rien ne pouvait arrêter.
Entre vous, tout se passait toujours bien ?
Des moments difficiles, il y en a toujours. On ne peut pas tous s'aimer. Un groupe de vingt-deux, c'est onze qui jouent et onze qui regardent... C'est comme dans une boîte, où tu dis bonjour à tout le monde. Ça ne veut pas dire que tu aimes tout le monde.
Vous étiez quasiment l'un des derniers arrivés.
Ma première sélection date d'octobre 1997. Mais le jour où j'ai mis le pied en équipe de France, j'ai eu pour objectif de ne plus en sortir. Les anciens, comme Marcel *(Desailly)*, me disaient : *"Ne t'inquiète pas, tu feras partie des 22."* Mais, en fait, je n'étais pas certain qu'ils savaient vraiment... Au moment d'annoncer les six qui allaient nous quitter, chacun est retourné dans sa chambre. *"Je viendrai frapper à la porte de ceux qui partiront"*, avait annoncé Aimé Jacquet. Alors Marcel s'est amusé à frapper à certaines portes, mais pas à la mienne. Marcel, c'était un farceur.
Remplaçant, c'est un statut ?
Oui et non. Si tu penses que ton rôle est juste d'être remplaçant, tu es mort. Alors je mettais la pression à l'entraînement pour que le titulaire ne s'endorme pas et que le coach voie qu'il pouvait compter sur moi.
Et ça marche : vous remplacez Petit lors du premier match et êtes titulaire contre l'Arabie saoudite. Comment l'avez-vous appris ?
Déjà, tu le sens venir quand, la veille à l'entraînement, tu vois avec qui tu es associé... Et quand tu te retrouves au côté de Dédé *(Deschamps)*, c'est un signe... Et lors de la causerie d'avant-match, tu sais vite. Le coach tourne une feuille sur laquelle il y a la composition, tu regardes la ligne des milieux, tu ne fais pas attention à qui est dans le but ou qui va jouer derrière. Puis tu vois ton nom, il se crée un petit truc, une émotion, une fierté, tu te dis : *"C'est mon tour..."* Comme un petit orgasme. Et je fais un très bon match, je me montre, on gagne assez facile...

Alain Boghossian aurait pu être titulaire, mais Petit a préféré garder sa place face aux Danois. Et « Bogho » l'a remplacé au bout d'une heure.

Puis vient France-Danemark, alors que l'équipe est déjà qualifiée...
Oui, et arrive l'histoire du carton. Manu *(Petit)* avait déjà été averti au premier match. Aimé Jacquet se demande sans doute qui il va faire démarrer. D'autant que si Manu prend un second carton, il sera suspendu en huitièmes... Jacquet lui demande donc, c'est normal : *"Si tu joues et que tu prends un carton, c'est Boghossian qui sera titulaire pour le huitième. Et s'il est bon, il pourrait continuer ensuite. Si tu ne joues pas, tu ne prends pas de carton, mais si Bogho est bon, c'est pareil."* Manu a décidé de jouer. On l'aurait tous fait. Il ne prend pas de carton et, en plus, il marque...
Vous ne serez plus titulaire, mais entrerez lors de deux autres matches. D'abord, contre le Paraguay...
Il faisait très, très chaud et, en prolongation, j'ai senti une petite contracture derrière la cuisse. Après le match, je vais voir le kiné et l'info remonte jusqu'au coach. On jouait quatre jours après contre l'Italie. J'étais à nouveau remplaçant, mais finalement content de ne pas entrer. J'aurais pu me péter, comme Duga, comme Guivarc'h.

Et vous voilà en demies...
À nouveau, on me dit d'aller m'échauffer, après les deux buts de Lilian... Je me déshabille, quand bing, il y a ce coup franc, la simulation de Bilic, l'expulsion de Laurent Blanc. Comme j'étais le dernier changement possible, Aimé modifie ses plans : *"Faites entrer Frank* (Lebœuf), *poste pour poste."* J'ai l'impression qu'on me coupe l'herbe sous le pied et que mon Mondial est peut-être terminé. Je suis déçu, mais je n'en veux à personne, surtout pas à Laurent qui, lui, est privé de finale...
Mais vous entrez en jeu contre le Brésil.
Ç'a été monstrueux. J'entre à la 52e : comme on mène 2-0, Aimé décide de mettre un milieu plus défensif. Je remplace Christian *(Karembeu)* au côté de Didier et de Manu. Dans ce genre de matches, tu as dix secondes pour te mettre dans le bain, pas plus. Dans mon souvenir, je cours de tous les côtés, il y avait Youri qui n'arrêtait pas de me crier : *"Bogho là, Bogho, ici"*. J'avais la langue qui pendait... Le temps ne passait pas vite. On se retrouve à dix quand Marcel est expulsé *(68e)*, puis Fabien sort une grosse occase. On respire : à 2-1, j'ose à peine imaginer les vingt dernières minutes.
Jusqu'au troisième but.
Duga, Manu, Vieira, Manu, le contre, la délivrance ! Je repense à mon père, à ma mère qui est argentine, l'image que j'avais en tête, c'était 1978, Kempes, les cheveux longs, ou 1986, Maradona, le mythe. Je m'étais dit que j'aimerais bien faire comme eux, un jour.

Propos recueillis par Rémy Fière

« À L'ENTRAÎNEMENT, QUAND TU TE RETROUVES À CÔTÉ DE DÉDÉ, C'EST UN SIGNE (...). PUIS TU VOIS TON NOM, IL SE CRÉE UNE ÉMOTION, UNE FIERTÉ. COMME UN PETIT ORGASME. »

Laurent Blanc

« JE SAVAIS QU'IL Y AURAIT QUELQUE CHOSE À GRATTER... »

Pour l'éternité, vous resterez comme le sauveur de la maison France, après votre but en or contre le Paraguay (1-0, en huitièmes de finale)... Que vous en reste-t-il vingt ans après ?
On en parlait encore hier, lors d'un séminaire avec un sponsor. Je m'aperçois que, pour un grand nombre de personnes, 1998 représente quelque chose de monumental et ce but en fait partie, alors que jamais nous n'aurions pu imaginer que toutes ces choses auraient autant de portée. Finalement, ceux qui en parlent le moins, c'est nous : quand on se retrouve, on a envie de déconner ensemble, de rigoler ensemble, de manger ensemble, pas envie de revivre 98 ensemble. Et voilà que toute cette mémoire remonte à la surface. On pensait qu'avec le temps cela s'estomperait. J'ai l'impression que c'est le contraire...
Comme ce but, inoubliable pour tous les Français.
Honnêtement, ce but, je n'y pense pas tous les jours. Hier, donc, on a passé un petit film retraçant l'épopée de 98. Alors là, oui, les souvenirs reviennent et procurent des émotions. C'est gravé, je ne m'y réfère pas souvent mais il est dans le disque dur. Pendant ce match, on dominait, on archidominait, il n'y avait plus d'attaquants et les Paraguayens attendaient les tirs au but. Derrière, il y avait Lilian et Marcel, nos deux oiseaux. Ils n'étaient pas trop d'accord pour que je monte. *"Laurent reste derrière, faut pas prendre de but"*, m'ont-ils dit. *"Il n'y a pas de risque, à vous deux, vous êtes deux monstres, il n'y a personne, ça devrait suffire"*...

« JE PARS DANS UNE SORTE D'ÉCHAPPÉE, JE NE SAIS PAS CE QUE JE FAIS. »

Et donc, vous vous ruez à l'attaque. Vous avez une prémonition ?
Ce serait mentir que de dire oui. Mais qu'est-ce qui me fait rester dans la surface paraguayenne ? Les circonstances du match. C'était coup de pied arrêté sur coup de pied arrêté, coups francs, corners... Je n'avais pas de raison de revenir derrière. Il y avait beaucoup de monde dans la surface, mais je savais que tout pouvait arriver, qu'il pouvait y avoir quelque chose à gratter, un ballon qui traînerait. Quand la balle va sur le côté, je sais que la finalité, c'est souvent le centre et que, là, je pourrais être utile. Il y a d'abord le grigri de Robert *(Pirès)*, je ne suis pas concerné par son centre, qui passe au-dessus de moi, mais je vois David *(Trezeguet)*. J'ai l'intuition que ce garçon qui sent le football comme personne, dos au but, va comprendre, ou plutôt qu'on va se comprendre lui et moi. Il me remet la balle de la tête. Mon seul souci majeur, c'est de cadrer, je la prends donc de l'extérieur du droit, en ne pensant qu'à ça : cadrer. Elle ne part pas très fort, à mi-hauteur, ce qui n'est pas toujours la meilleure chose et elle passe sous le bras de Chilavert.
Que se passe-t-il ensuite ?
Là, c'est la lumière qui s'éteint. Dans ces moments-là, on fait des choses pas prévues, pas actées, n'importe quoi. Et je pars dans une sorte d'échappée, je ne sais pas ce que je fais, ni où je vais. Si j'avais dû faire quelque chose de calculé, j'aurais couru pour aller voir tout le monde sur le banc. Mais comme ce n'était pas programmé... Je pars à l'opposé ! Je suis encore dans le match et un peu ailleurs en même temps.
Et vous qualifiez l'équipe de France, via une règle que vous n'aimiez pourtant pas beaucoup...
C'est vrai, cette histoire de but en or, ce n'est pas que je n'y croyais pas trop, c'est que je ne la trouvais pas très juste. D'ailleurs, le but en or a disparu rapidement... deux ans plus tard après notre victoire à l'Euro 2000. Bon, en même temps, on en a bénéficié deux fois *(en finale de l'Euro face à l'Italie, 2-1, b.e.o. de Trezeguet, 103e)*. Mais ce n'est pas pour autant que je trouve ça plus juste !
Il y a aussi le fameux cinquième tir au but face à l'Italie. Encore décisif.
Pas plus qu'un autre.
Vous êtes modeste, vous êtes le cinquième à tirer...
Il faut y être, c'est tout. En revanche, s'il avait fallu en tirer un sixième, je ne sais qui se serait présenté. De toute façon, j'ai toujours été candidat, il était déjà prévu que je sois le dernier tireur. Même si parfois, au moment du dernier tir, tout est terminé, et tu ne sers plus à rien...
Pas cette fois. Vous en souvenez-vous précisément ?
Bien sûr, j'avance doucement, mais le temps semble très long, une sorte de brouhaha, je n'entends pas forcément bien les choses. Ma concentration doit me permettre d'être dans ma bulle. Car si tu te poses encore des questions, il ne te reste plus beaucoup de temps pour te décider. Je savais exactement ce que j'allais faire.
C'est-à-dire ?
Je décide de frapper fort, pratiquement en l'air, pas à ras de terre, quasiment au milieu du but,

Le « Président ». Ancien attaquant, Blanc a incarné, pendant plus de dix ans en équipe de France, le libero technique dont les Bleus avaient besoin.

« BILIC A BIEN JOUÉ LE COUP. JE SUIS TOMBÉ DANS LE PIÈGE, C'EST DE MA FAUTE ET CELLE DE PERSONNE D'AUTRE. »

Laurent Blanc est à la réception d'une remise piquée de la tête de Trezeguet et, d'une frappe de l'extérieur du droit, vient enfin à bout, en prolongation, de la résistance du gardien paraguayen José Luis Chilavert.

pas du cou-de-pied car si tu ne le maîtrises pas bien, comme c'est fort, ça peut s'envoler. Je voulais l'assurer, alors je l'ai enroulé de l'intérieur, pour avoir plus de contrôle. J'ai fait le job, mais ce n'était pas fini. Il manquait un tireur italien *(Di Biagio)*… J'essaie d'exciter un peu le public. Je l'ai regardé, bien sûr, il l'a mis sur la transversale, c'était fini.

Et après, on passe à autre chose…

Oui, c'est exactement ce qu'on a su faire à chaque fois. Et pour ça, Aimé a été très bon. Autant sur la préparation, sur les détails d'un match, il a fait ce qu'il fallait faire, autant, quand c'était fini, il nous demandait de nous projeter immédiatement vers la suite.

La demi-finale contre la Croatie (2-1) est une cruelle désillusion : vous êtes expulsé (74e) et donc privé de finale. Mettriez-vous sur le même plan l'élimination contre la Bulgarie (1-2) en novembre 1993 et ce carton rouge ? Dans la sensation, la détresse, le dégoût…

Non, non, contre la Bulgarie, c'est l'équipe qui était éliminée, ce n'était pas un joueur qui était puni, c'était donc bien plus grave. Et est-ce que tout s'écroule à cet instant ? Non, car le collectif est toujours supérieur. Cette équipe-là, ce n'est pas "Zizou", ni Fabien, ni "Dédé", ce n'est pas Laurent Blanc ou Youri Djorkaeff, c'est un collectif. Donc les coups durs, les déboires, on les a digérés, on a assumé parce qu'on était une équipe. Et puis l'expulsion n'a pénalisé que moi, et elle a permis à un autre joueur de disputer la finale.

Avez-vous toujours l'impression de vous être fait avoir ?

Contre la Croatie, mon sentiment n'a jamais changé : d'abord, c'est moi qui ai commis une erreur. Et je n'avais pas à la commettre, d'autant que c'était sur un coup franc offensif… mais le Croate *(Bilic)* a bien joué le coup. Je suis tombé dans le piège, c'est de ma faute. Et celle de personne d'autre. C'est gravé, là aussi. Le disque dur commence à être bien rempli. Je vois l'arbitre qui met du temps à prendre sa décision, ce qui n'est jamais très bon signe, dans un environnement particulier de cris et de gestes… C'était un arbitre espagnol, qui avait des moustaches *(M. Garcia Aranda)*.

Ça laisse forcément des regrets dans l'ensemble d'une carrière comme la vôtre, non ?

L'expulsion, allez, c'est dur. Après, le seul qui était pénalisé, c'était moi… Alors tes sentiments, tu les gardes pour toi, tu les assumes, tu les règles par toi-même. Hors de question que cela rejaillisse sur l'équipe. Mon autocritique, je l'ai faite. Et vingt ans après, elle est toujours la même. Ensuite, heureusement, tout a été balayé par le résultat final.

Mais alors, les jours qui vous séparent de la finale, comment les avez-vous vécus ?

J'avais un peu de temps, je savais que ma Coupe du monde était terminée. Mais j'ai fait comme si j'allais participer à la finale. J'ai essayé de me rendre utile parce que je n'allais pas rester enfermer dans ma chambre pendant deux jours. Aimé était super content, il pensait que c'était la meilleure des choses. *"Il faut échanger"*, me disait-il.

Par exemple ?

Avec Marcel et Frank, qui allait me remplacer, on a évoqué le marquage de Ronaldo, qu'on connaissait bien. Ça me permettait d'apporter mon aide, même s'ils se préparaient tous remarquablement sans moi…

Il y a aussi cette anecdote de l'affiche, punaisée sur une porte de Clairefontaine avec votre photo, le nom d'un sponsor et le slogan "Faites-le pour lui"… Vous vous en souvenez ?

C'était un truc de sponsor, mais le vrai message, ce n'était pas *"Faites-le pour lui"*, c'était *"Faites-le"*. Il n'y avait pas à le faire pour qui que ce soit. Ce n'était pas par rapport à l'un ou l'autre, mais pour l'équipe… Ou alors, ç'aurait pu être *"Faites-le pour nous"*…

Il y a aussi ce que vous allez dire à Zidane.

Ça, c'était une initiative personnelle le jour de la finale. J'avais un peu de temps, je suis allé le voir, dans sa chambre, comme souvent. Je suis entré, je lui ai expliqué qu'il était un joueur important. Mais il le savait, de toute façon, il savait tout. Et je lui ai dit que ce soir-là était son soir, qu'il allait faire la différence, que c'était un grand joueur et qu'il n'avait pas encore eu l'occasion de montrer l'étendue de son talent. C'était une discussion bon enfant, pas un truc officiel du genre : *"Viens Zizou, j'ai à te parler…"* Il se préparait tranquillement, je m'étais débrouillé pour qu'il soit seul dans la chambre qu'il partageait avec "Duga". Mais Christophe aurait été là, je lui aurais dit la même chose… Zizou m'a écouté, et m'a juste répondu qu'il allait se débrouiller, et ça s'est arrêté là.

Votre absence en finale a-t-elle modifié votre fin de carrière en bleu ?

Au départ, j'étais assez indécis, je voulais dire à Aimé que j'arrêtais. J'avais trente-trois ans, le bon âge, et avec l'émergence de certains joueurs, ils pouvaient faire autre chose sans moi. Si j'avais joué la finale, j'aurais peut-être arrêté, mais après réflexion, je me suis dit : "Notre génération, elle a encore deux ans devant elle." Et puis, après en avoir discuté avec Roger Lemerre *(adjoint puis successeur de Jacquet)*, après avoir écouté son discours, je me suis dit qu'on pouvait devenir champions d'Europe. Alors j'ai continué…

Propos recueillis par Rémy Fière

« Ni des espions, ni des traîtres »

S'il était surnommé le Président depuis son retour à l'OM au début de la saison 1997-1998, Laurent Blanc faisait partie des hommes de confiance d'Aimé Jacquet au sein du groupe. Il en explique les rouages : « Dans une équipe, il y a toujours des joueurs avec plus d'ancienneté, qui connaissent mieux les choses, leur fonctionnement, ce sont les tauliers. Et cela implique des échanges, des discussions. Pour l'entraîneur, c'est important car tu ne peux pas avoir 50 000 relais, alors tu t'appuies toujours sur quatre ou cinq personnes. Avec Didier, Marcel, Youri, Lilian, nous étions ceux-là…Aimé avait toujours besoin de discuter pour analyser les choses au mieux et prendre les bonnes décisions. Ainsi, souvent, nous connaissions la composition de l'équipe avant les autres. C'était une grande marque de confiance de sa part. Ça signifiait qu'il s'appuyait sur nous, sans que nous ne soyons ni des espions à sa solde, ni des traîtres à la cause commune. »

Robert Pirès

« LIZA ET THURAM, ILS NE TE FAISAIENT AUCUN CADEAU »

Après la victoire, vous sembliez ne pas vouloir vous éloigner du trophée de la Coupe du monde. Comment avez-vous vécu ces moments ?
Difficile à décrire, j'étais sur un nuage, tout s'est passé si vite. On te passe le trophée, tu en touches le sommet. Tu poses les mains dessus, c'est une caresse, tu n'as pas envie de la rendre, et tu la passes à ton voisin. Ensuite, mon objectif était de suivre la coupe sur le terrain et d'être sur toutes les photos. Je m'étais dit que si les gens me voyaient en photo, ils se diraient plus tard : *"Pirès ? Bien sûr qu'il y était !"*
Pourquoi ?
Je me suis toujours vu comme une sorte d'imposteur. Jamais je n'aurais imaginé que j'arriverais au sommet. Je trouvais toujours qu'il y avait plus fort que moi... Au premier rassemblement avec les A, tu ne fais pas le fier, tu es dans ton coin. Didier Deschamps m'a accueilli : *"Bienvenue, reste le plus longtemps possible !"* Je me demandais : *"Est-ce qu'il ne dit pas ça à tout le monde ?"*
Et vous avez fait partie des 22.
Un stress total. Le soir où Aimé en a éjecté six, j'ai douté jusqu'au bout. Je me souviens que je jouais au ping-pong pour évacuer, ne pas y penser. Et là, je vois Nico *(Anelka)* qui descend avec ses bagages, c'est dur, tu as mal pour lui, tu perds un pote. Et tu franchis une étape supplémentaire. La force d'Aimé a été de motiver ceux qui ne jouaient pas. Je savais qu'il pouvait me faire entrer. Peu importait la durée, cinq, dix ou quinze minutes...
Cela commence d'ailleurs dès le deuxième match...
Oui, contre l'Arabie saoudite, je m'échauffe, j'entends Roger *(Lemerre, adjoint de Jacquet)*, je crois, qui gueule : *"Robert, accélère, tu vas entrer."* Je ne sais plus qui je remplace *(Henry, 78e)*, je suis comme un enfant. Ensuite, tout s'enchaîne, avec le Danemark *(titulaire)*. Mais je n'ai pas été très bon.
Comment sait-on que l'on n'a pas bien joué ?
C'est très personnel, un ressenti. Ce maillot est parfois lourd à porter... Tu sens que tout le monde te regarde.
Contre le Paraguay (1-0, b.e.o.), en huitièmes, les Bleus vous doivent une fière chandelle...
C'était le match le plus tendu. On avait regardé des vidéos, mais rien n'en était vraiment ressorti. Juste un grand gardien, Chilavert, qui va chercher à aller aux tirs au but car il sait que, là, il peut nous faire mal. Il était impressionnant, il faisait presque peur. Aux pénos, on ne serait jamais passés, je ne sais même pas si j'aurais pu tirer...

Robert Pirès tente ici de déborder le Paraguayen Enciso, comme il le fera sur l'action à l'origine du but en or de Blanc.

On considère Laurent Blanc comme le sauveur, mais tout part de vous...
Quand j'entre, Aimé me dit : *"N'aie pas peur de percuter, de jouer sur tes qualités."* En prolongation, je me décale sur l'aile, je vois David *(Trezeguet)* seul, je fais une sorte de centre en cloche et il remet parfaitement pour Lolo *(Blanc)*. Il y a des phrases qui restent. Comme celle de Desailly, qui m'avait glissé : *"On va voir ce que tu vaux."* Beaucoup de joueurs m'ont félicité, alors que ce n'était ni un but ni une passe décisive. Ça a sans doute déclenché quelque chose, et on m'en parle encore.
Des *"mercis pour la passe à David"*, j'en ai entendu.
Et ensuite ?
Aimé ne me dit rien. Pas le temps. On se met à espérer entrer à nouveau. Contre l'Italie c'est trop tendu et, contre la Croatie, même à 2-1, pas besoin d'un offensif. Je l'accepte...
Jusqu'à la finale, que vous ne disputez pas...
Quand on a commencé, l'objectif était d'être champions du monde, le côté *« l'important, c'est de participer »*, ouais, bon, l'important c'était de gagner. Et je me suis retrouvé avec la meilleure génération possible. Imagine, tu es attaquant et tu te retrouves face à nos quatre défenseurs plus Fabien, comment tu fais ? À gauche Thuram, à droite Liza, en charnière Laurent et Marcel. À l'entraînement, ça ne plaisantait pas, Liza et Thuram ne rigolaient pas, ne te faisaient pas de cadeau. C'était aussi une façon de te tester, ils te faisaient sauter. Nous, les jeunes, on se tenait à carreau et on s'endurcissait vite.

Il n'a pas musclé son jeu...

Entendue de la bouche d'Aimé Jacquet dans le documentaire «Les Yeux dans les Bleus», la célèbre phrase «Muscle ton jeu, Robert !» a collé à la peau du milieu de terrain et a même été reprise sur des tee-shirts... L'intéressé est resté circonspect. « Quand Aimé sort la phrase, raconte-t-il, il met d'abord un doigt sur ses lèvres, et tout à coup il s'énerve. Je me disais : "Mais qu'est-ce qu'il dit ?" "Muscle ton jeu", je ne comprenais pas. J'ai entendu le message, il fallait que je sois plus fort dans les duels, parce que dans les contacts c'était souvent moi qui étais par terre. Mais je n'ai pas changé ! Honnêtement, cette phrase ne m'a jamais fait ch... Mais c'est vrai qu'elle m'a longtemps poursuivi ! Et encore aujourd'hui.»

« LE CÔTÉ "L'IMPORTANT, C'EST DE PARTICIPER", OUAIS, BON… L'IMPORTANT C'ÉTAIT DE GAGNER. »

Après la victoire, vous voilà invités à la garden-party de l'Élysée...
L'Élysée, rien que le nom fait rêver, tout est beau ! En même temps, c'est le chef de l'État, tu ne sais pas comment te comporter. J'ai juste dit : *"Bonjour Président."* Chirac était passionné, enthousiaste, il était venu à Clairefontaine, il avait été très optimiste dans son discours, c'est pour ça qu'on lui avait donné le numéro 23. Ce jour-là, au déjeuner, il s'était assis avec nous, il s'était trompé, on lui a dit : *"Non, ça c'est la table des joueurs, le staff c'est à côté"*...
Votre vie, en tout cas, a changé.
Le regard des gens a changé. L'été, j'étais dans le Sud, vers Cannes. Je ne payais rien, on était invités partout. Et puis, à un moment, je n'en pouvais plus. Je suis parti loin, à Bali je crois. Là-bas, j'étais un simple touriste. C'est aussi l'été où je signe à l'OM. Là, c'était de la folie ! Trois champions du monde, Blanc, Dugarry et moi. Quand on est arrivés, en août, les gens étaient comme des fous. J'étais passé dans une autre catégorie, je devais assumer un nouveau statut.

Propos recueillis par Rémy Fière

David Trezeguet

« J'OUBLIE QU'IL Y A 80 000 PERSONNES AUTOUR »

Que représente, pour vous, cet été 98 ? Vos années d'insouciance ?
Non, pas exactement. Même si, vingt ans plus tard, tout ça me paraît très loin. C'est le moment où j'ai remporté le trophée le plus important. Gamin, on a des envies, des rêves. En 1986, à l'époque de Maradona, j'avais huit ans et je me suis retrouvé douze ans après à soulever le même trophée. Moi qui possède la double nationalité française et argentine. La sensation était étrange…

Pourquoi ?
D'abord, parce qu'une Coupe du monde ne regroupe que des joueurs de très haut niveau. Et tu te retrouves face à eux alors que tu n'as que vingt ans… Ensuite, tels que nous étions partis, nous n'étions pas tout à fait candidats à la victoire. Nous étions d'abord contents d'y être, puis heureux de nous qualifier pour les huitièmes. Le reste était inimaginable.

Surtout pour cette jeune génération dont vous étiez l'un des représentants.
Oui, c'était une époque où "Titi" *(Henry)*, "Pat" *(Vieira)*, moi, avions vingt ans à peine. Alors, forts de la confiance d'Aimé, on a dû montrer nos qualités et gagner la confiance de nos coéquipiers.

D'autant qu'être jeune, c'était aussi respecter les anciens.
Oui, c'était normal. Quand on passe par l'école Tigana, Fernandez ou Jacquet, les ballons à porter, les endroits où nous dormions, cela faisait partie de l'apprentissage. À Clairefontaine, nous logions dans ce qu'on appelait "le grenier", au troisième étage du château. C'est là où nous avons fini parce que, parmi les vingt-deux, on n'avait évidemment pas le choix de la chambre. Mais à l'âge qu'on avait, le côté bon lit-belle douche, on s'en foutait.

« AU DÉPART, JE PENSAIS QUE LES PLUS ÂGÉS ALLAIENT TIRER, ET IL N' Y AVAIT FINALEMENT PAS TROP DE VOLONTAIRES. »

Comme pour le choix du numéro de maillot…
Oui, à ce moment-là, ce n'est pas trop toi qui décides. À Monaco, j'avais le 9, là, c'était le 21. Les plus âgés choisissaient, et toi tu prenais ce qui restait. Sans rien dire.

Parlez-nous un peu d'Aimé Jacquet. À quel point a-t-il compté pour vous, jeune homme de vingt ans ?
C'est un des personnages les plus importants de ma vie de footballeur, bien sûr ! J'aimais bien sa personnalité. Il était calme, précis. Pas de cris, pas de gestes, chacun à son tour. Il nous disait surtout : *"Profitez."* Un conseil très important, car tu es à l'âge où tu t'appliques pour montrer ton niveau et prouver que tu es sur la même ligne que ceux qui t'ont précédé.

En quoi vous a-t-il fait progresser ?
Je n'ai pas connu l'époque d'avant, où c'était plus compliqué. Moi, j'ai rencontré un Aimé sans doute plus sûr de ses mots, conscient de la qualité de ses joueurs et de son équipe. On était forts, on avait la technique mais il fallait voir au niveau mental ce que ça allait donner…

Justement, par deux fois on a constaté que vous étiez costaud côté mental… Le premier, c'est ce huitième de finale contre le Paraguay et votre passe décisive à Laurent Blanc pour le but en or…
Dans ce match, le plus compliqué, c'était d'abord la chaleur. Ensuite, face à Chilavert et ses guerriers, ç'a été très difficile. Mais on a gardé la lucidité. Quand Robert *(Pirès)* centre, je vois "Lolo" bien placé, je lui donne le ballon, il marque. C'est aussi simple que ça. Après, la seule chose dont je me souvienne, c'est que, après son but, Laurent est parti en courant sans trop savoir où aller…

Vous avez laissé une autre trace indélébile au tour suivant, lors des tirs au but contre l'Italie…
D'abord, nous le savions tous, ce match allait être particulier, l'enjeu énorme. Le match a été très tactique, chaque équipe a eu ses occasions. Jusqu'aux tirs au but.

Henry et vous avez pris vos responsabilités…
Au départ, je pensais que les plus âgés tireraient, et il n'y avait finalement pas trop de volontaires. Aimé est venu vers nous : *"David ?"* J'ai dit oui. À côté, il y avait Titi, qui a dit oui aussi. Nous sommes troisièmes et quatrièmes, avec Lolo en dernier tireur.

David Trezeguet ne tremble pas face à Pagliuca et marque son tir au but.

Racontez-nous la séance !
"Zizou" marque, "Liza" rate. C'est mon tour, j'y vais sans réfléchir, j'oublie que c'est un quart de finale de Coupe du monde, qu'il y a 80 000 personnes autour de moi et Pagliuca en face… Jusqu'au point de penalty, le parcours est long, mais je suis sûr de moi. Je ne réfléchis pas trop. Pas comme en 2006. En 2006, je ne voulais pas tirer. (*)

À cet instant, l'impact que vous laissez sur vos partenaires est indéniable…
Oui, Titi et moi en sommes ressortis grandis. En fait, on avait juste montré qu'on pouvait compter sur nous. À vingt ans, il faut y aller. Les Messi, les Neymar ont d'abord joué, profité, ce n'est qu'ensuite qu'ils ont réfléchi, évolué. Quand on devient pro, il y a une ligne à suivre, etc., mais sur le terrain, il faut oublier le carcan. C'est là que se fait la différence.

Situation étonnante, une fois champions du monde, vous et Henry retournez en Espoirs…
À vingt ans, on a envie de tout casser, logique. Mais on s'adaptait aux besoins et avec un certain plaisir. Pas sûr qu'aujourd'hui beaucoup de joueurs accepteraient ce que Titi et moi avons accepté.

Propos recueillis par Rémy Fière

(*) Toujours face aux Italiens, mais cette fois en finale et deuxième tireur, il frappe sur la barre transversale.

Stéphane Guivarc'h

« CE BUT ME MANQUERA À JAMAIS »

Racontez-nous cette fameuse affaire du sac disparu, le soir de la finale...
Une fois terminée la conférence de presse d'après match, je vais vers le car de l'équipe de France, je mets mon sac avec toutes mes affaires dans la soute. Quand j'ai voulu le reprendre à l'arrivée, il n'y était plus. Je n'ai jamais su qui l'avait pris. Forcément un proche de l'organisation ou de la sécurité. Et on n'a volé que le mien! Mon sac de la finale!
Un jour doublement délicat, donc?
Oui, je ne marque pas et on me vole mon sac. Je me demande encore si je n'aurais pas dû rester à la maison *(sourire)*.
Revenons sur ce fameux 12 juillet. Comment l'avez-vous vécu?
La journée m'a paru très longue. J'ai toujours aimé me lever tôt, je suis descendu déjeuner, j'ai lu la presse, et puis il y a eu la petite marche, la vidéo. Après, tout s'accélère jusqu'à l'entrée sur la pelouse, juste pour voir. Là, ça va à 3000 à l'heure. Je n'avais jamais de grigri, de slip fétiche ou de rituel. Juste mes chaussures, que je cirais toujours bien. J'étais dans mon truc. Même les Brésiliens qui se tenaient la main dans le couloir, je ne les ai pas remarqués... De toute façon, ils pouvaient bien se donner la main, s'ils se prenaient trois buts, ça m'allait.
Le match qui commence. Une première occasion...
Je me souviendrai toute ma vie de ces actions manquées. Et ce sera un regret toute ma vie. Cette saison-là, avec Auxerre, j'avais marqué quarante-neuf fois. Je les aurais volontiers tous donnés pour en marquer un ce jour-là. Vous imaginez, si c'est moi qui en marque deux, et Zizou aucun? Comme quoi, la destinée d'un homme *(sourire)*... Non, je plaisante, nous n'avions ni le même talent ni le même potentiel. Malheureusement, il me manquera toujours ce but. À jamais.
Il y a quand même des explications, non?
Le contexte était différent. À Auxerre je jouais avec deux ailiers. Là, j'étais seul à me déplacer, pour laisser des espaces, trouver des décalages. Aimé cherchait une pointe, il avait moi qui me démenais tout seul devant. Alors, on en parlait: *"Tu dois faire ci, tu dois faire ça"*, me disait-il, lui, ou Dédé, ou Youri. Moi, j'étais simplement à l'écoute, pas du genre à l'ouvrir mais à me dire: *"Stéphane, ferme ta gueule!"* Je me souviens d'un entraînement où Youri n'arrêtait pas de dire: *"Fais ci, fais ça"*, et je lui avais répondu: *"Mais comment veux-tu? J'ai déjà la langue qui touche le sol..."*
Donc, cette première occasion...
Sur un long ballon de Thuram, je crois que Junior Baiano se troue, le ballon vient jusqu'à moi, je suis sur mon pied gauche. Personne ne me crie : *"Seul"*, j'enchaîne, trop vite. Il aurait fallu contrôler. Mais je n'ai pas de rétroviseur, tout se déroule en une fraction de seconde. Si seulement quelqu'un m'avait hurlé : "Seul!"... Je crois que Taffarel détourne en corner.
À quoi pense-t-on?
On se dit: *"Merde, putain, ça aurait dû aller au fond. Je n'ai pas la réussite..."*
Et la seconde fois?
C'est en seconde période, après un long ballon de Lebœuf, je suis à la lutte avec Cafu, je reviens plein axe, et là, pareil, j'enchaîne trop vite, je prends la balle en demi-volée extérieure. Le ballon part si haut que je me demande encore si je n'ai pas blessé un supporter...
Vos partenaires vous en ont reparlé?
Non, seul Aimé m'a dit, après le match: *"Tu as tant donné que j'aurais aimé que tu marques un but...*
" Mais, vingt ans après, je dois me persuader que je ne marquerai jamais en finale de Coupe du monde. Tant d'efforts sans récompense, ce n'est pas facile à vivre.
On vous a beaucoup reproché ces occasions manquées. Comment réagissiez-vous?
À ceux qui me reprochaient ces deux gestes, j'avais envie de mettre une gifle, et de leur dire: *"Si c'est tout ce que vous avez retenu de ce match, c'est pitoyable."* Celui qui connaît réellement le foot comprend.
Que se serait-il passé si vous aviez eu plus de réussite?
Ce que je sais, c'est que, chaque jour, je rêvais de cet instant-là, moi le petit gars parti de très loin. Quatre ans avant la Coupe du monde, je jouais en National!

Stéphane Guivarc'h s'élève plus haut que les défenseurs croates Slaven Bilic (à droite) et Simic. Mais ce but ne vient toujours pas...

« CHAQUE JOUR, JE RÊVAIS DE CET INSTANT-LÀ, MOI LE PETIT GARS PARTI DE TRÈS LOIN. »

Vous étiez arrivé en 1997...
Oui, contre l'Afrique du Sud. J'étais comme un enfant. Je me disais: *"Merde, en fait, on fait pas le même métier."* J'arrivais d'Auxerre. Au poignet, j'avais une Swatch, eux des Breitling, des Rolex. Mais je me battais pour la même chose, avec peut-être une force de caractère supplémentaire, vu mon parcours.
Puis, quand Aimé Jacquet annonce sa liste, vous êtes déjà fatigué...
Oui, à Tignes, je m'étais fait une contracture lors d'une sortie en raquettes, mon organisme était bien atteint. J'avais disputé plus de soixante-dix matches avec Auxerre, on avait commencé le 12 juin 1997 avec la Coupe Intertoto, et on était allés en finale. Guy Roux n'était pas du genre à changer d'équipe: même avec une jambe cassée, il m'aurait fait jouer.
Dès le premier match, vous vous blessez...
Oui, distorsion du ligament latéral interne. J'ai cru mon Mondial terminé... J'ai souffert jusqu'au bout. J'avais tellement joué, tellement travaillé que je me persuadais que je pouvais en faire plus... À vingt-huit ans, l'occasion ne se représenterait sans doute pas.
Vous revenez pourtant assez vite...
Je rate donc le match contre l'Arabie saoudite, le genre de match qui peut redonner de la confiance... Puis cinq minutes contre le Danemark. Trop court. Contre le Paraguay, j'entre un peu avant la prolongation.
Ensuite vous êtes sur chaque feuille de match...
Des matches où, à chaque fois, c'était ric-rac. L'Italie, la Croatie. Et je n'arrive toujours pas à trouver le chemin du but... Mais sans jamais avoir un retour négatif malgré la concurrence.
Racontez-nous le lendemain de la victoire?
Le lendemain, on se lève fatigués. On descend les Champs-Élysées. C'était impressionnant, dangereux, les gens s'accrochaient partout. Le soir, au Lido, l'animateur nous présente : *"Et voilà Didier Deschamps! – Euh non, moi c'est Stéphane Guivarc'h!"* Comment pouvait-il me prendre pour Dédé ?

Propos recueillis par Rémy Fière

APRÈS FRANCE-ITALIE, LA FIÈVRE MONTE

SOULAGEMENT
C'est la fin d'après-midi à Paris et les supporters des Bleus, soulagés par le dénouement d'un France-Italie plein de tension du coup d'envoi au dénouement des tirs au but (0-0, 4-3 aux t.a.b.), commencent à investir les Champs-Élysées, alors parés des drapeaux des vingt-quatre nations engagées, dans un joyeux désordre.

ENVAHISSEMENT BON ENFANT
Depuis le Stade de France et le parvis de l'Hôtel de Ville, où était installé un écran géant, fixé des yeux par environ 15 000 personnes, des milliers de fans des Bleus déferlent dans un concert de cris et de klaxons, escaladent les capots des voitures devant des forces de l'ordre curieuses et amusées. Pas de débordement même si la circulation sur l'avenue des Champs-Élysées est devenue presque impossible.
L'heure est aux célébrations, aux drapeaux et aux maquillages et déguisements loufoques.

Patrick Vieira

« À CHAQUE FOIS QUE JE VOIS MARCEL, JE L'EMBRASSE... »

Qu'est-ce qu'il reste de la Coupe du monde 1998, vingt ans après ?
Il reste des souvenirs magnifiques et des liens soudés avec les joueurs, avec certains plus qu'avec d'autres, bien sûr, mais cet été-là nous a beaucoup rapprochés. Il reste un bonheur, une fierté, le sentiment d'avoir réalisé un rêve. Et ce qui nous fait réaliser qu'on a vraiment accompli quelque chose de magnifique, c'est que les gens, vingt ans après, même ici à New York, viennent m'en parler. L'hiver dernier, j'avais rejoint ma famille dans un lieu touristique, et un soir, à la fin du repas, un couple de Marseillais s'est approché : *"Excusez-nous de vous déranger, mais vous nous avez donné tellement de bonheur en 1998 que je ne peux pas m'empêcher de vous demander une photo..."* C'est dans ces moments-là qu'on se rend compte, en fait.
Ils ont défilé rapidement, ces vingt ans ?
Le temps passe très vite... Mais je ne vais pas dire ouh là, cela fait déjà vingt ans, c'était il y a longtemps. Non, c'était il y a vingt ans, c'est très bien. Je sais que l'anniversaire de cette victoire sera un moment magnifique, mais ça ne me paraît ni long ni cours.
Quel a été l'impact de cette Coupe du monde sur vos vies ?
Sur notre vie professionnelle, l'impact est évident. Quand on te présente, après, c'est *"Patrick Vieira, champion du monde"*. Alors, forcément, ce n'est pas pareil. À New York, c'est comme si *"champion du monde"* venait juste après mon nom, après la virgule *(sourires)*, mais c'est normal, parce que c'est ce qu'il y a de plus beau, il n'y a pas mieux. Alors oui, cela a changé nos vies.
Il y a quelques mois, vous avez dîné avec Manu Petit et Lilian Thuram. De quoi parlez-vous quand vous évoquez la Coupe du monde ?
On a beaucoup parlé des deux buts de Lilian *(contre la Croatie, 2-1) (rires)*. Comme dit Manu, c'est là qu'on a réalisé qu'il ne pouvait rien nous arriver. Quand on se retrouve, comme ça, on se prend des barres de rire, on parle des moments de doute, comme dans la séance des tirs au but contre l'Italie, mais, en même temps, on se souvient qu'on se sentait forts. Bien sûr, la manière dont on se qualifiait était aussi très fragile, mais avec le recul, avec l'expérience, on se rend compte que gagner et perdre ne tient pas à grand-chose, mais que la réussite tourne souvent en faveur de l'équipe qui est en confiance. En 1998, notre point fort, c'était que, grâce à sa maturité, le groupe était conscient de tout ça.
Quel regard portez-vous sur celui que vous étiez il y a vingt ans, le joueur et l'homme ?
Comme homme, à vingt-deux ans, je pense que j'étais moins serein que je peux l'être aujourd'hui. Ce que cette victoire a fait pour moi, même si je sortais d'un doublé avec Arsenal, c'est qu'elle m'a donné plus confiance, pas seulement sur le terrain. Cela m'a aidé à développer ma personnalité. À me faire marcher un peu plus droit, la tête un peu plus haute.
Et comme joueur ?
Après la Coupe du monde, je prenais peut-être un peu plus de risques qu'avant. Je me lâchais plus, en jouant sans frein à main.
C'était difficile, cet été-là, de ne pas prendre le boulard ?
Mais le boulard, tu es obligé de le prendre. Avec tout ce qui se passe... Tu ne fais plus la queue en boîte, tu ne peux plus payer au restaurant, les gens te traitent différemment, et c'est open bar partout, partout. Du coup, quand tu as vingt, vingt-cinq ans, tu te la racontes un peu, et c'est normal. Plus tard, avec l'âge, tu vois ça différemment, mais sur le coup, entre 1998 et 2000, c'était vraiment intense. Si l'équipe de France s'est un peu perdue après 2000, c'est peut-être pour ça, aussi, parce que trop de joueurs se sont un peu dispersés, on était moins centrés sur l'équipe, peut-être, et un peu plus sur nous-mêmes.
On s'est un peu éparpillés, on avait tous des contrats individuels pour la pub et d'autres choses, et on était même vus différemment dans nos clubs respectifs. Mais le boulard après la Coupe du monde, dans les mois qui ont suivi, oui, c'était presque normal.

> « LE BOULARD, TU ES OBLIGÉ DE LE PRENDRE. (...) C'EST OPEN BAR PARTOUT. QUAND TU AS VINGT-CINQ ANS, TU TE LA RACONTES UN PEU, C'EST NORMAL. »

Cela vous surprend-il que l'on vous parle toujours de 1998, mais jamais de l'autre finale de Coupe du monde, en 2006, comme si elle n'existait pas ?
Mais c'est parce qu'à la fin, c'est seulement quand on gagne que ça compte. Si on n'avait pas gagné en 1998, aller en finale en 2006, cela aurait été extraordinaire. Mais là... Champion du monde, c'est plus fort que l'idée d'avoir disputé deux finales de Coupe du monde. 2006, c'est bien, mais quand ton but est de gagner, quand tu as cela dans le sang, cela n'a rien à voir avec 1998.
Pourtant, en 1998, vous existiez bien moins sur le terrain qu'en 2006...
J'en discute souvent avec des gens, avec des copains. Ils me demandent : quand est-ce que l'équipe de France a vraiment commencé pour toi ? Je leur réponds que, pour moi, le vrai départ a été l'Euro 2000, c'est là que je suis devenu titulaire, et on est allés au bout. Mais 1998, ça reste 1998, j'ai fait partie de cette équipe qui a réussi à gagner la Coupe du monde en France : c'est quelque chose qui n'arrive qu'une seule fois.

La joie des Bleus : Trezeguet, Pirès, Vieira, Diomède (caché), Desailly et Djorkaeff (de g. à dr.) félicitent Petit, auteur du deuxième but contre le Danemark (2-1), lors du troisième match de la phase de groupe.

« LE LENDEMAIN DES MATCHES, BIEN SÛR, IL FALLAIT PLUS TRAVAILLER ET JOUER CONTRE LES POMPIERS DE JE NE SAIS OÙ... »

Connaissez-vous votre nombre de sélections au matin de la finale ?
Non. J'en ai 107 aujourd'hui, alors... *(Il calcule.)* Non, je ne sais vraiment pas.
Le 12 juillet, au matin, vous aviez huit sélections...
Huit ? Sérieux ? Je croyais que j'en avais beaucoup plus. Mais c'est vrai que j'avais seulement commencé en janvier 1996, donc ça faisait dix-huit mois, et il y avait Dédé *(Deschamps)*, Christian *(Karembeu)*, Bogho *(Boghossian)*, Manu *(Petit)*, aussi... J'étais le cinquième ou le sixième au milieu.
En fait, pendant la Coupe du monde, vous êtes celui qui attend ?
Oui. Je savais où était ma place. En même temps, je me souviens très bien qu'Aimé Jacquet me disait que je manquais un peu d'ambition. Il pensait que je devais montrer plus, que j'avais le potentiel pour mieux bousculer les autres. Mais, moi, je savais où était ma place, je respectais beaucoup les anciens. Je travaillais dur, mais j'attendais le moment. Après, peut-être que j'aurais pu prendre la place plus vite, mais peut-être, aussi, que c'est pour cette raison que j'ai eu le respect des autres, après.
Au premier tour, vous jouez contre le Danemark (2-1). Ensuite, l'équipe passe de deux à trois milieux, mais on ne vous voit toujours pas apparaître...
Oui, mais c'est là, quand je me suis repassé le film de la Coupe du monde, que je me suis dit qu'Aimé avait sûrement raison, que j'aurais peut-être pu jouer plus si j'avais plus provoqué les choses. C'est pour ça que cette victoire en Coupe du monde m'a donné une autre dimension sur un plan personnel.
Est-ce qu'il était difficile, pendant la compétition, de se sentir remplaçant ?
Non. Cela n'a pas été dur du tout, parce que les gars qui jouaient ne nous ont jamais fait ressentir qu'on était remplaçants. Le lendemain des matches, bien sûr, il fallait plus travailler, et jouer contre les pompiers de je ne sais où, mais c'était normal, c'était la vie d'un groupe, je n'ai jamais ressenti qu'il y avait les onze et les autres. Ce n'est ni une histoire de renoncement ni une histoire d'acceptation, et c'est peut-être moi qui étais freiné par mes *"Putain, fait chier de ne pas jouer"*. Même si Roger Lemerre passait beaucoup de temps avec nous, Aimé Jacquet ne nous a jamais fait sentir qu'on ne faisait pas partie du groupe. Depuis que je suis entraîneur, j'ai toujours pensé à ça, et j'ai toujours fait attention aux caractères des joueurs. Sur ce plan-là, quand Aimé a fait ses choix, il ne s'est pas loupé.
On arrive au dernier match. Comment passe-t-on du joueur qui a disparu depuis le troisième match de poules à celui qui va entrer en jeu en finale de la Coupe du monde ?
Je ne m'attendais vraiment pas à entrer. Je suis sur le banc entre Thierry *(Henry)* et David *(Trezeguet)*, et mentalement, je suis spectateur. J'essaie de ne pas vivre le truc comme spectateur, parce que je le vis avec les mecs, vraiment, mais je ne pense pas que je vais entrer, je ne le voyais pas comme ça. Avant une finale, tu rêves un peu, bien sûr, mais il y a la réalité, tu connais le onze de départ, c'est clair, et au milieu, je savais que Bogho allait entrer avant moi.
Mais c'est là que Marcel *(Desailly)* se fait expulser, et quand on me demande de rentrer, je crois que je ne suis même pas en tenue, que je suis encore en survêt. Je n'ai même pas eu le temps de m'échauffer et, dans ma tête, je n'ai même pas eu le temps de me mettre la pression non plus. Ç'a été tellement rapide que je suis entré en n'ayant pas vraiment conscience que j'allais jouer une finale de Coupe du monde, puisque je n'avais pas eu le temps de m'y préparer. Je venais d'avoir vingt-deux ans, j'avais donc huit sélections *(sourires)*, et c'était le destin : c'est pour ça que je remercie Marcel tout le temps ! À chaque fois que je le vois, je l'embrasse, je lui dis : *"Merci Marcel, c'est grâce à toi !" (Rires.)* On peut dire ce qu'on veut, mais après, tout le monde en parle de ce troisième but de Manu, de ma passe, alors oui, merci Marcel ! C'est le destin.
En même temps, quand on connaît toute l'histoire, on se dit qu'il y a peu de hasard. C'est le destin, mais ça arrive toujours aux mêmes...
Je ne sais pas. Quand Marcel se fait expulser... C'est rare, quand même, que ces choses-là arrivent à Marcel. Moi, sur le banc, j'ai eu l'impression que tout se passait tellement vite.
Pas si vite que cela. En fait, Jacquet attend sept minutes avant de vous faire entrer à la place de Djorkaeff...
Ah bon ? Autant que ça ? Je pensais que c'était beaucoup plus rapide. Le truc, c'est qu'il n'y avait plus beaucoup de joueurs défensifs sur le banc. Il y avait Vincent *(Candela)* et moi, et sinon, que des joueurs offensifs. Donc, en fait, si on réfléchit bien, le destin, c'est qu'Aimé n'avait pas le choix ! Il n'y avait plus que moi *(rires)*. C'est comme à la récré quand tu fais les équipes, à la fin, il n'en reste plus qu'un seul *(rires)*...

Propos recueillis par Vincent Duluc

Et Arsenal a gagné la Coupe du monde

« Lorsque nous sommes revenus à Arsenal, avec "Manu", l'accueil fut magnifique. Cela se passait encore au *Sopwell House*, l'hôtel de Saint Albans où on se retrouvait avec l'équipe *(avant que le centre d'entraînement de Colney n'ouvre, en 1999)*. Ce qui était beau, c'est qu'on avait l'impression que les autres joueurs avaient gagné à travers nous. À la façon dont ils nous avaient fêtés, c'était comme si une partie d'eux avait gagné, aussi. J'avais trouvé ça vachement beau. Je n'oublie pas non plus cette photo de Manu et moi sur le terrain après la victoire. Elle avait fait la une d'un journal anglais avec ce titre : *"Arsenal gagne la Coupe du monde."* »

Patrick Vieira, titulaire pour son premier match de Coupe du monde, met la pression à l'attaquant danois Brian Laudrup, prévenu par les cris du milieu Thomas Helveg (à gauche), qui demande le ballon.

Christian Karembeu

« ROBERTO CARLOS ME DIT QUE RONALDO A EU UN PÉPIN »

Aujourd'hui, que reste-t-il de la formidable aventure vécue il y a vingt ans ?
Il me reste tout, et pas seulement des souvenirs, ce serait réducteur. Il me reste toute une histoire, tout un cheminement. Les efforts que nous avons faits pour en arriver là.
Ne conserve-t-on pas que le positif, au fil du temps ?
Nous sommes des êtres humains et, forcément, on va enjoliver, choisir des expressions, pour rendre les choses plus belles... Et puis, on cherche aussi à faire partager ce qui a été positif pour, peut-être, inspirer ceux qui pourraient un jour suivre notre trace. On a envie que la jeune génération puisse connaître les moments de grâce et de joie que nous avons connus.
Ce Mondial 98 n'était pourtant pas si bien parti que ça pour vous, le cheval fou...
Cheval fou, je le suis toujours, je suis né comme ça. Je vis ma vie comme elle est, et elle a toujours été ainsi. J'ai grandi, mais je vieillis avec, je suis un homme, un jeune papa, j'aime la vie que je mène avec ceux qui m'entourent. Mais me suis-je assagi ? Non. On ne peut changer ni son éducation, ni celui qu'on a été.
Donc, vous revoilà en équipe de France, ce qui n'avait rien de garanti.
J'arrive en effet comme un vrai bleu, dans les deux sens du terme. Je reviens par la petite porte. Même si ma relation avec l'équipe de France avait commencé en 1992, même si j'avais participé au Championnat d'Europe 96, après, ce fut le silence radio, j'étais devenu invisible.
Pour quelles raisons ?
Depuis 1995, je jouais en Italie, à la Sampdoria Gênes, et puis, pour diverses raisons, dès le début de la saison 1997-1998, je n'ai plus joué. Jusqu'à ce que, en décembre 1997, les dirigeants italiens acceptent de me laisser partir au Real Madrid. Là, j'ai rejoué, nous avons gagné la Ligue des champions après une finale contre la Juve de Deschamps et de Zidane *(1-0)*. Avec la passion qui m'a toujours animé, je reviens donc sur la grande scène du foot. Et j'ai l'opportunité de retrouver l'équipe de France. Mais pas à pas.
Pourquoi ?
Le coach avait toujours dit qu'il sélectionnerait ceux qui jouaient. Ce qui n'avait rien de facile pour moi... J'étais à l'arrêt, les autres avaient continué, joué plusieurs matches internationaux. Ils occupaient les places, travaillaient leurs automatismes... Moi, au fil des mois, j'avais perdu ma place.
Une fois de retour, ce ne fut pas simple de retrouver la place qui était la vôtre deux ans auparavant.
Avant, j'avais ma chambre, là, plus de chambre. Je fais chambre commune avec Vincent Candela. OK, pas de souci, Vincent, les jeunes, les nouveaux, ça crée des affinités... Mais souvent je dormais chez l'un ou chez l'autre, chez Lilian, chez Bernard, je coupais les cheveux, on discutait... Bernard, c'était le grand frère qui posait les questions pour savoir comment on se sentait. C'est avec lui et avec Lilian que j'ai compris que j'étais face à un groupe déjà prédéfini, et qu'il me faudrait être patient.
Bernard Lama raconte qu'il fallait souvent vous calmer un peu, tant vous enragiez de ne pas être titulaire...
On se retrouvait ensemble le soir, on discutait, on essayait de lâcher l'énergie négative qui nous triturait, pour ne garder que l'envie de bien faire. Bernard et Lilian me disaient de ne pas être trop excessif, que mon tour viendrait. Seulement, je suis un joueur avant tout. Je n'avais qu'une envie : jouer. Mais les règles établies étaient aussi là pour ça...
Vous étiez prévenu...
Oui, le coach m'avait appelé et expliqué. C'était simple, il était droit. Il m'avait dit tout de suite : *"J'ai une équipe, tu reviens dans le groupe, mais tu feras partie de ceux qui ne jouent pas."* D'ailleurs, trois ou quatre jours avant le stage de préparation de Tignes, il nous avait confirmé que ceux qu'il allait appeler pour les premiers matches étaient déjà choisis. Mon envie de jouer était là, en moi. J'avais simplement envie de montrer qu'il avait tort. Mais il a fallu que je prenne mon mal en patience, ce qui n'est pas simple. Alors oui, des réflexions, j'en avais presque tous les soirs, c'était une sorte de remise en question, je faisais partie d'un groupe qui s'est forgé sans moi... mais il me fallait attendre, j'avais déjà attendu six mois, finalement ce n'était pas si grave. C'était même inespéré si on regarde le côté positif des choses.
Et puis...
Il y a le match des remplaçants, contre le Danemark *(2-1)*... Un cadeau du ciel. Après de si longs mois de silence. On l'emporte puis arrive le huitième de finale contre le Paraguay *(1-0, but en or)*, mais, là encore, je ne suis pas titularisé...
C'est dur ?
Je me demandais s'il ne fallait pas que j'aille voir le coach pour lui dire que je ne comprenais pas bien ses choix. Et, en même temps, je comprenais qu'il ne fallait pas que je pousse le bouchon trop loin.
Ce match, vous le vivez mal.
Oui, surtout que, par rapport à la tension, à la difficulté qu'on a eue à l'emporter... Quand ça marche moyen et que tu es sur le banc, tu te demandes toujours pourquoi ce n'est pas toi à la place du titulaire. Parce que, parmi les Paraguayens, certains jouaient en Espagne, je les connaissais, je les avais affrontés... J'aurais pu apporter mon aide. Mais bon, on a gagné et, heureusement, après, tout va s'enchaîner, le coach m'appelle à nouveau : *"Prépare-toi, tu vas commencer contre l'Italie."* Je joue un peu plus d'une heure, ça va mieux, je suis remplacé par Thierry Henry *(65e)*.
Puis vous êtes sur la feuille de match contre la Croatie (2-1), en demies...
Tout le monde savait que je jouais avec une légère blessure reçue en Espagne avant la finale de la Ligue des champions. J'avais joué, tenu le coup et, surtout, j'ai toujours été transparent, je n'ai jamais rien caché. Et là, après une demi-heure de jeu, bing, je reçois un coup sur la cheville gauche. Jarni, le Croate, me touche exactement là où j'avais mal. Je vois Lilian, je lui dis : *"Il faut que je sorte, je ne peux plus."* Titi entre, Aimé Jacquet me dit : *"File au vestiaire et commence ta rééducation tout de suite."* J'y vais, m'allonge sur la table entre les mains de Philippe Boixel, l'un de nos kinés... Jusqu'à la mi-temps, où je cède la place à ceux qui avaient besoin d'être massés. Il y avait 0-0... La seconde mi-temps commence, je me rallonge, et là, soudain, j'entends des cris, des onomatopées, puis le silence. Quelqu'un entre et nous dit que Suker a marqué *(46e)*, je me dis : *"Non, c'est pas possible"*, c'est de ma faute, on va se faire éliminer. Et quelques secondes plus tard, à nouveau des cris et le stade qui se met à trembler... On se renseigne, on nous dit que c'est Lilian qui a marqué, je n'y crois pas. *"Impossible"*, me dit aussi Boixel. Il va voir et confirme. Pareil pour le deuxième but *(70e)*... Quand on nous dit que c'est encore Lilian qui a marqué, je dis à Philippe Boixel de me bander fort la cheville : *"Il faut absolument que je sorte"*. J'arrive au bord du terrain. "Coach, c'est vrai ?
–Qu'est-ce que tu fous là, va t'asseoir, me répond-il. Je criais *"Lilian !"*, on me répondait : *"Tais-toi !"*

À la fin du match, Bernard le porte dans ses bras, on est qualifiés pour la finale. Je vais le voir :
"Lilian, c'est vrai, tu as marqué ?
–Oui.
–Mais comment ?
–Je ne sais pas..."

En fait, ce Mondial fut une succession de gestes réussis ?

Chaque joueur a connu des moments comme ça : Laurent contre le Paraguay, les jeunes contre l'Italie, Lilian contre la Croatie, Zizou et Manu en finale...

« LE STADE SE MET À TREMBLER. ON SE RENSEIGNE ET ON NOUS DIT QUE C'EST LILIAN QUI A MARQUÉ. JE N'Y CROIS PAS. "IMPOSSIBLE", ME DIT AUSSI BOIXEL, NOTRE KINÉ. »

Mais avant cette finale, un truc assez dingue se produit.

Oui. Je ne sais plus si c'était la veille ou deux jours avant, mais je discutais avec Roberto Carlos : régulièrement, le président du Real, Lorenzo Sanz, essayait de nous parler, nous ses joueurs, au téléphone. Là, il avait monté un truc, on était tous connectés, Seedorf *(Pays-Bas)*, Roberto Carlos *(Brésil)*, Mijatovic *(Yougoslavie)*, Suker *(Croatie)* et moi... Chacun racontait ses trucs et puis, petit à petit, les autres ont quitté la conversation, si bien qu'à la fin il ne restait que Roberto Carlos et moi. Soudain, j'entends des bruits derrière lui, des cris, des *"c'est pas possible !"*, il me dit qu'il faut qu'il raccroche et qu'il me rappellera.

Il m'appelle un peu plus tard et me dit que Ronaldo a eu un pépin de santé (*)... Je transmets l'information au staff chez nous, mais ça n'a rien changé, Aimé Jacquet n'a pas modifié son équipe...

Et le jour de la finale ?

Dans le couloir, avant d'entrer sur le terrain, je croise Roberto Carlos, on se parle un peu, je lui dis qu'ils sont les favoris mais qu'on va essayer de les challenger, il me répond OK en souriant et, sur le deuxième but de Zizou, c'est lui qui laisse passer le ballon entre ses jambes sur sa ligne. Il m'arrive parfois, quand je le revois, de le chambrer gentiment.

Ce match fut un aboutissement pour vous ?

Enfant, j'étais brésilien dans l'âme. Pelé, Zico, tant d'autres... Même si, quand j'ai grandi, j'ai eu d'autres modèles, Trésor ou Platini. Et cette fois, c'était à nous de jouer. J'étais pourtant sans crainte : j'ai vu Zico rater un penalty, Platini aussi *(en 1986)*. Même si les très grands pouvaient commettre des erreurs, je me disais que je n'avais pas de raison d'avoir peur.

Propos recueillis par Rémy Fière

(*) Pris de convulsions le jour de la finale, le Brésilien était encore à l'hôpital quelques heures avant le coup d'envoi.

Une « visibilité nouvelle » pour la Nouvelle-Calédonie

La victoire en finale, pour le Kanak engagé qu'est Christian Karembeu, a résonné comme un acte décisif. Pour lui, pour son île : « Évidemment, après toutes les actions que j'ai entreprises pour mon peuple, les prises de position, les gestes, tout est devenu encore plus puissant. Pour moi, jeune chien fou parti de son île, avec tous les sacrifices que supposait le fait de suivre ses rêves, c'est comme si je donnais une visibilité nouvelle à mon petit pays, comme s'il m'avait inspiré. »

Bernard Lama

« AVANT, JAMAIS JE N'AVAIS REFUSÉ DE JOUER UN MATCH »

Que représente encore, vingt ans après, cette Coupe du monde ?
Jusqu'à ma mort, cela restera à la fois la réalisation de mes rêves et l'accomplissement de ma vie d'homme.
Comment le vit-on ?
Gagner une Coupe du monde, c'est exactement comme quand tu as été ministre : tu le restes à vie. Au foot, tu n'as pas la retraite à vie, mais tu as une étiquette, un passeport diplomatique, et ça t'ouvre bien des portes.
Vous n'avez pas disputé un seul match alors que vous en aviez la possibilité, contre le Danemark (2-1)...
Oui, mais je ne regrette rien, je suis comme ça. J'ai juste cherché à être cohérent avec moi-même. Alors, j'assume, sans regret...
On y reviendra mais, avant cela, en 1996, à l'Euro, vous êtes titulaire, vous vous blessez et, en 1997, êtes contrôlé positif au cannabis. Fumer, qu'est-ce que cela représentait pour vous ?
Il faudrait un livre pour ça ! C'est d'abord un choix de vie. Dans ma famille, personne ne boit ni ne fume. Moi, j'ai choisi de fumer, mais de ne pas boire. Parce que j'étais rebelle dans ma tête, mais surtout car je suis le fruit d'une génération qui a grandi avec une certaine prise de conscience, des personnes qui m'ont inspiré... Le reggae, Bob Marley, par exemple, m'ont ouvert les yeux sur des choses que je ne voyais pas.

Bernard Lama, lors de l'échauffement avant France-Danemark.

Mais vous étiez footballeur.
Oui, dans ce cadre, fumer est interdit. Je n'ai pas respecté ce cadre, j'ai payé. En même temps, personne ne nous donnait d'information sur l'utilisation de telle ou telle substance, notamment sur l'utilisation de l'herbe dans le sport. Fumer un joint serait interdit, mais pas prendre un Lexomil pour être mieux...
C'est à West Ham, où vous avez mis du temps avant de jouer, que vous perdez votre place de numéro 1 ?
Je n'ai pas perdu ma place par manque de performances, mais je n'ai pas pu la reprendre. Jacquet avait deux numéros 1... Je suis sorti sur une blessure, puis j'ai été suspendu. Quand je suis revenu, Fabien était titulaire. Lors du Tournoi Hassan-II, je sens et je sais que je serai le numéro 2. J'en avais parlé avec mon père, il fallait que j'appelle quelqu'un, que j'encaisse. Il n'était peut-être pas la meilleure personne pour cela, mais j'avais quand même éprouvé le besoin de lui en parler.
Que vous a-t-il dit ?
C'était tellement évident qu'il l'avait déjà intégré, mais il n'a pas trouvé anormal que je lui demande conseil, il avait le sens de l'analyse. Mon père, chirurgien et homme politique, ne voyait pas le foot comme un métier. Il n'avait pas compris que je parte en métropole, ça l'avait même choqué. Tout s'est apaisé quand je suis revenu avec mon contrat pro. Il n'a jamais dit qu'il était fier de moi, et, pourtant, il l'était.
Et vous espériez redevenir numéro 1 ?
J'avais toujours un peu d'espoir, car des événements pouvaient se produire, mais je n'en étais pas à espérer qu'ils se produisent. J'ai choisi d'intérioriser et jouer le rôle de grand frère. Juste un exemple : un soir, Christian Karembeu, qui venait de gagner la Ligue des champions avec le Real contre la Juve (1-0), vient dans ma chambre. Il n'en peut plus de ne pas être titularisé : *"Ber, j'en ai marre, demain, je dis que j'ai une cheville douloureuse et je rentre chez moi, j'arrête !"* Je lui ai remonté le moral : *"On ne va pas gagner à onze, alors tu te prépares et tu attends."* Christian a joué la finale *(titulaire)*...
Donc, contre le Danemark, Jacquet vous choisit...
Avant, jamais je n'avais refusé de jouer un match. Là, le contexte et l'analyse de la situation que j'avais faite avec Aimé Jacquet et mon père m'ont fait décider qu'il serait mieux que je ne sois pas sur le terrain... Même si j'en avais envie.

« IL FALLAIT CREVER L'ABCÈS, AVOIR UNE DISCUSSION D'HOMMES. »

Pourquoi ?
Le poste de gardien est particulier, psychologiquement. Là, c'était mieux de laisser Fabien continuer. Il ne fallait pas instiller une gêne entre nous. Si j'avais joué, je serais retourné sur le banc, pas forcément très content... Imaginez que j'aie fait un très bon match, je mets Barthez pas forcément à l'aise et le coach non plus, d'ailleurs. Et si, au contraire, je me grillais, et si je grillais l'équipe, on terminait deuxièmes et on affrontait le Nigeria au lieu du Paraguay... On a parlé de malaise général, mais non, il n'y en avait pas. Pour moi, c'était clair.
Comment définiriez-vous cette discussion ?
Il fallait crever l'abcès, avoir une discussion d'hommes. Je me devais d'avoir cette attitude. Aimé Jacquet a entendu ce que j'ai dit et a acquiescé. Moi, je laissais entendre que je restais positif, même si je savais que je ne jouerais sans doute jamais.
Cela posait-il des problèmes de motivation ?
Au quotidien, non, j'ai toujours dit à Fabien que j'étais à sa disposition. J'ai même eu droit à des remontrances de Charles Biétry, qui allait devenir président du PSG et nous regardait nous entraîner. *"Tu en fais trop, ralentis tes centres, modère tes frappes."* Mais c'était bon pour moi : je me donnais à fond pour être prêt.
Et qu'avez-vous ressenti le 12 juillet ?
J'étais fier, content, mais, vous savez quoi, c'était normal pour moi. S'il y a un jour où j'ai vraiment été zen, serein, c'est le jour de la finale. Le plus dur était d'y arriver. Mais si tu y arrives, tu dois gagner. Intérieurement, j'étais certain qu'on allait gagner.

Propos recueillis par Rémy Fière

Vincent Candela

« EN FRANCE, IL Y A PARFOIS DES ITALIENS QUI ME RECONNAISSENT »

Vingt ans après, que reste-t-il, collectivement, de cette aventure ?
Notre amitié n'est pas superficielle parce que ce qu'on a fait ne l'était pas. Et, aujourd'hui, ce qu'on en retient tous, c'est que c'est presque mieux qu'il y a vingt ans : à l'époque, on était jeunes, insouciants, capricieux, à la limite de la stupidité, parfois.
C'est-à-dire ?
Je défie le plus intelligent des joueurs de ne pas faire de bêtises lorsqu'il est jeune. Je n'en dirai pas plus. Pour devenir un champion, si tu n'es pas un peu bizarre…

« LES ENVIEUX, LES MALSAINS N'AVAIENT PAS LEUR PLACE PARMI NOUS. »

Vous étiez comme cela ?
Oui, j'ai toujours fait un peu ce que je voulais. Pas tout à fait rebelle, mais indomptable. Ma force était là. On m'a pourtant souvent apprécié, moi, le garçon toujours souriant même lorsqu'il ne jouait pas. J'aime rire, j'ai la repartie facile, je suis le bon vivant qui, à table, aimait autant manger qu'ouvrir une bonne bouteille.
Il n'y avait pas de clans quand il s'agissait de boire ou de rigoler ?
Des clans, il y en a toujours, c'est normal. Cela n'empêchait pas, après chaque repas, que l'on reste parfois à une quinzaine à parler de foot et d'autres choses, de voitures, d'argent, d'acteurs, d'actrices aussi *(il rit)*…
Trouver sa place, c'est facile ?
Je suis arrivé chez les Bleus en 1996. Comme je suis très fort pour m'adapter, j'ai été intégré tout de suite. Liza était déjà là quand je suis arrivé, il était beaucoup plus défenseur que moi, et l'équipe avait sans doute plus besoin de lui que de moi. J'étais plus porté vers les audaces de l'attaque.
Jusqu'au jour où le titulaire, c'est vous, face au Danemark.
C'était une belle opportunité, car ça n'a jamais été mon objectif d'entrer juste pour quelques minutes. Ce match est donc une jolie parenthèse, une forme de récompense. Faire jouer ceux qui ont la dure tâche d'accompagner les titulaires, pour moi, c'était normal. On était là pour les soutenir. Les envieux, les malsains n'avaient pas leur place parmi nous.
C'était un match dont vous saviez qu'il serait sans doute le seul…
Oui, mais cela n'enlève pas la pression. Un titulaire peut rater un match, pas un remplaçant, sinon, il sait qu'on ne le reverra jamais. Alors, je l'ai pris comme un match qu'il fallait gagner. Avec une concentration extrême.
Que vous en reste-t-il ?
Bizarrement, pas de saveur particulière, je me souviens des buts, c'est tout.
Pas de regrets ?
Non, ce serait vouloir refaire l'histoire. L'entraîneur avait son équipe, et on est restés prêts.
Sans rechigner ?
Non, c'est dans mon tempérament, demander plus serait indécent. Bien sûr, on se sent aussi fort que les autres, mais, à la fin, je pense que j'étais aussi content que Liza.
Ce qui reste aussi de vous, c'est cette image de DJ des Bleus et de propagateur du "I Will Survive", qui deviendra légendaire…
Sur le terrain, je chambrais toujours beaucoup… Techniquement, je n'étais pas très loin de Zizou *(il sourit)*, en tout cas inférieur à personne. Mais peu importe. En tout cas, à l'entraînement, on faisait beaucoup de toros et je ne perdais jamais. Ceux qui perdent peu ont tendance à se moquer. Je connaissais la chanson, ses intonations et c'est parti de là *"Je survivrai"* ! Quand un joueur se retrouvait au milieu et n'arrivait pas à contrôler le ballon… Et puis, ça a monté.
Jusqu'à la première victoire à Marseille.
Oui, un match pas facile qui nous a soudés. Dans le vestiaire, après le match, les Sud-Africains se sont mis à chanter, c'était sympa, et on s'est alors dit : *"C'est bon, on a gagné, nous aussi on peut chanter."* C'est peut-être Deschamps qui a lancé le truc. En tout cas, ça nous a accompagnés jusqu'au bout. Et, deux ans après, Gloria Gaynor est venue à Clairefontaine. Elle m'a donné le disque d'or reçu après que les ventes ont explosé en France. On lui avait relancé sa carrière ! Je l'ai retrouvé il n'y a pas très longtemps, tout cassé…
Aujourd'hui, à Rome, on vous reconnaît comme champion du monde ?
Les gens le savent, mais, pour eux, le plus important, c'est le titre obtenu avec la Roma en 2001. Cela faisait presque vingt ans que le titre nous échappait. Ici, je suis donc considéré comme un joueur important de l'une des plus belles équipes romaines. Cafu et Candela sur les côtés, ce n'était pas rien.

Il faisait très chaud, cet après-midi-là à Gerland. Et Barthez, le divin chauve, aspergeait les coiffeurs.

Et en France ?
En France, aujourd'hui, il y a parfois des Italiens qui me reconnaissent…
Et vous, accordez-vous la même valeur à votre titre de champion du monde et à celui de champion d'Italie ?
Je suis aussi fier de l'un que de l'autre, mais à cause de mes racines françaises, 98 reste magique. Même remplaçant, j'ai gagné comme les autres.
Cela fait-il de vous un homme à part, désormais ?
Non, mais quand quelqu'un m'ennuie ou me critique, je réponds : *"Champion du monde, d'Europe et d'Italie, combien on est dans l'histoire à avoir un tel palmarès ?"* Pas tant que ça, je pense.

Propos recueillis par Rémy Fière

Fabien Barthez

« IL ME SEMBLE TOUJOURS QU'ON A GAGNÉ LA FINALE 3-1 »

Y a-t-il un lien entre le football, qui a fait de vous un champion du monde il y a vingt ans, et ce sport automobile que vous pratiquez aujourd'hui ?
Quand tu doubles un concurrent, ce n'est pas pour finir dans le bac. Quand tu es gardien de but, c'est pareil, si tu sauves un ballon en le mettant en corner, il ne faut pas te trouer le coup d'après.

Une histoire de concentration ?
Réussir le geste qu'il faut, ce n'est pas une question de vitesse, bien poser un freinage, faire corps avec sa voiture, c'est pareil. Il faut tout maîtriser à 200 %. Comme dans ton rôle de gardien... Cela vient avec l'expérience, tu trouves ton juste milieu, en fonction de l'événement. Parce que ce n'est pas mentir ni manquer de respect, mais un match avec l'équipe de France, pendant une Coupe du monde par exemple, ce n'est pas la même chose que le match du dimanche chez un club de bas de classement... Là, c'était bien plus dur. Il n'y a pas photo, et encore une fois sans aucunement manquer de respect...

Tout le monde raconte que vous étiez un dingue d'entraînement, qu'il vous en fallait toujours plus...
Oui, j'ai toujours eu besoin de rester le plus longtemps sur le terrain, d'attraper le ballon, de le toucher, de faire corps avec lui. Sur un terrain, il me fallait toujours tout visualiser, les six mètres, le point de penalty, la surface de réparation. Il fallait que ce soit comme si c'était chez moi. Comme si j'en étais le propriétaire.

Pendant ce Mondial, avec votre style de jeu, vous apparaissiez comme un gardien différent des autres.
Mais j'ai toujours joué comme ça, même à quinze ans : une passe en retrait, je ne la prenais pas à la main, je m'éclatais au pied, je tentais des dribbles, je relançais. Le foot, c'est le pied avant tout. Bon, les mains aussi... Mais tout était calculé, et ce n'était pas pour le spectacle, même si un crochet sur un attaquant, c'était un kick d'adrénaline qui me faisait du bien. Mais il fallait que ça reparte vite, pas que ça dure dix secondes.

« AIMÉ NOUS RESPECTAIT VACHEMENT. IL SAVAIT CE DONT AVAIT BESOIN UN GARDIEN. »

On mettait aussi en avant le fait que vous étiez plus petit que beaucoup de gardiens de l'époque.
Mais ça veut dire quoi, grand ? Le jeu, ce n'est pas une histoire de taille, c'est une histoire de timing et d'anticipation. Parce que le timing et l'anticipation, c'est ce qui permet de plonger le moins possible. Contrairement à ce que pensent certains, le plongeon est toujours à éviter, car ce n'est qu'un ultime recours. Et puis, je vois ce qu'est devenu le poste aujourd'hui, ces automatismes qu'ont les gardiens de repousser les ballons plutôt que de les arrêter. Pour moi, repousser, c'était subir. Le bon gardien, il avançait, dominait le ballon, c'est du moins ce que j'essayais de faire...

On avait aussi parfois l'impression que vous étiez en retrait de la vie de groupe.
Le gardien est différent. Il n'est pas habillé comme les autres, longtemps il n'a pas été considéré comme un joueur. Mais c'est un leader dans l'âme, que tu le veuilles ou non.

Et en même temps, dans un groupe, il y a des hiérarchies à respecter. C'était important pour moi, j'étais le mec normal, le bon mec, le bon vivant, mais celui, aussi, que tu pouvais ne pas voir pendant trois jours. J'avais ma vie, mes envies. Parce que j'aime aussi me retrouver seul.

La fameuse solitude du gardien de but...
C'est un trait de caractère, la solitude ne m'a jamais dérangé. Je peux faire cinq heures de trajet tout seul, sans souci. On a toujours cru que j'étais hors du système, mais c'est juste que, pour moi, le football, c'est le terrain, les joueurs, et rien d'autre. Le reste ne m'intéresse pas. Aimé Jacquet disait que le football appartenait avant tout aux footballeurs, il n'y a pas de phrase plus juste.

Comment était-il avec vous, les gardiens ?
Aimé nous respectait vachement, il nous connaissait, il savait ce dont avait besoin un gardien. Il n'était pas nécessaire de beaucoup me parler, en tout cas jamais avant un match, ni après. Quand il venait discuter, c'est parce qu'il sentait qu'il fallait me mettre bien ou quand il devinait que quelque chose allait moins bien.

De l'extérieur, on avait l'impression que tout allait bien...
Des couacs, il y en a eu, mais ça se réglait entre nous. Les tauliers échangeaient beaucoup, ils faisaient le relais, et s'il y avait un souci, ça se résolvait dans une piaule. Ce n'était pas un procès ni un tribunal, il suffisait juste de redire que c'était l'équipe qui comptait, pas toi ou ta petite personne.

Comment Jacquet vous a-t-il annoncé que vous seriez le numéro 1 ?
Six mois avant le début du Mondial, je savais que, si je gardais mon niveau, je serais le numéro 1. Le reste ne m'atteignait pas, les questions, les polémiques... Au contraire, ce sont plutôt des choses qui me renforçaient. Et puis, au Maroc, lors du tournoi Hassan-II *(deux semaines avant le premier match)*, on se retrouve en tête à tête dans sa chambre. Même si je m'attendais à ce qu'il me confirme que ce serait bien moi, je ne faisais vraiment pas le malin. On n'a pas parlé beaucoup, il a dû juste me dire : *"Quoi qu'il arrive, occupe-toi de toi et fais ce que tu as à faire."* Là, tu ressens cette fameuse poussée d'adrénaline. Heureusement que ce n'était pas le soir, sinon, je n'aurais pas pu dormir de la nuit. J'avais une grosse envie de gueuler, mais je me suis retenu...

Lors de la séance de tirs au but, en quarts de finale contre l'Italie, Fabien Barthez se couche bien sur le tir au but de l'Italien Albertini. Il rattrape ainsi immédiatement la tentative ratée de Bixente Lizarazu, deuxième tireur français. Di Biagio, cinquième tireur, frappera la transversale.

« J'APPRENDS FINALEMENT QUE JE JOUE PARCE QUE BERNARD (LAMA) NE VOULAIT PAS. C'EST BERGEROO QUI VIENT ME VOIR. IL ÉTAIT TRÈS EMMERDÉ (...). POURQUOI BERNARD S'EST-IL DÉCIDÉ LA VEILLE ET PAS L'AVANT-VEILLE ? »

Tout se passe bien dès le départ : deux matches, deux victoires, sept buts marqués, aucun encaissé. Et arrive le troisième match contre le Danemark, que vous ne deviez pas jouer...

Après l'Arabie saoudite *(4-0)*, Aimé Jacquet m'avait dit : *"Je ne veux plus te voir, tu continues à t'entraîner, mais tu seras en tribune. Sors un peu du football, rafraîchis-toi la tête, vide-toi le cerveau... Je fais jouer Bernard, ne va pas te faire mal"*, comme ce sera le cas à l'Euro 2000. Je trouvais ça bien que les mecs qui ne jouent pas aient du temps de jeu, qu'ils ne disputent pas que des matches de pompiers ou de coiffeurs. Mais la veille du match, à 23 heures, j'apprends finalement que je joue parce que Bernard ne voulait pas. C'est Bergeroo *(l'entraîneur des gardiens)* qui vient me voir, il était très emmerdé, tout le staff était très emmerdé. Pourquoi Bernard s'est-il décidé la veille et pas l'avant-veille ? *(Lire aussi l'entretien avec Bernard Lama, page 44.)*

Bergeroo, encore lui, revient vous voir aussi, juste avant la séance de tirs au but contre l'Italie pour vous donner des conseils sur chacun des tireurs italiens... Et vous le rembarrez un peu, non ?

Parce que je ne voulais rien savoir, je ne voulais pas que cela me fasse déjouer, pas maintenant. De toute façon, vous savez, dans une séance de tirs au but, ce n'est pas le gardien qui fait l'exploit, ce sont ceux qui marquent. Le gardien a tout à gagner, le tireur tout à perdre. Nous, il nous suffit de plonger, de gicler rapidement, d'être peut-être capable d'instiller le doute chez le tireur, ou de donner une dimension psychologique à la confrontation. Un arrêt, ce n'est jamais un hasard, mais un gardien ne devient pas subitement très bon ou très beau parce qu'il arrête un penalty.

Oui, cela dit, vous avez souvent sauvé l'équipe contre l'Italie (*), mais aussi en finale...

Contre le Brésil, on a gagné 3-0, mais moi, il me semble toujours qu'on a gagné 3-1 parce que, à un moment, sur une longue touche brésilienne, je me suis troué. Marcel sauve derrière, mais, pour moi, cette erreur que je commets, c'est comme s'il y avait eu but. Il devait y avoir 2-0, vous vous rendez compte, les Brésiliens reviennent à 2-1 ! Ça te change le match, je ne vous dis pas le coup de pression. Ça peut aller vite.

Tout le monde garde en mémoire vos coups d'éclat, comme cette sortie spectaculaire sur Ronaldo. Et vous ?

On va dire qu'il y a ce fameux contact, qui semble rester dans les annales. Mais bon, là, c'est juste parce que c'est la finale de la Coupe du monde, parce que c'est le meilleur attaquant du monde, voire le meilleur joueur au monde. Ça en devient presque légendaire... J'avais fait exactement la même sortie en Troisième Division avec l'équipe 2 du Téfécé à Sète, j'avais mis le genou et le gars avait eu une fracture de la mâchoire... Tout ça pour vous dire que ce sont des situations que j'avais déjà connues maintes fois. D'où le fait, peut-être, que ce ne soit pas resté gravé dans ma mémoire.

Ensuite, quand c'est fini, est-ce la même émotion que lorsque vous avez remporté la Ligue des champions en 1993 avec Marseille ?

Ça n'a rien à voir. Avec Marseille, j'avais à peine vingt-deux piges, un âge où tu ne peux pas vivre les choses pleinement. Là, au coup de sifflet final, j'ai vu ma vie en accéléré, comme quand tu es en train de crever, sauf que tu n'es pas en train de mourir. Je me suis revu à Lavelanet à dix ans. J'en ai chialé, mais pas de joie, d'émotion, ça m'a coupé la respiration.

Vous n'aviez rien connu de tel ?

Tu pourrais gagner quinze fois la Ligue des champions, ça ne vaudra jamais ça. La France entière s'est arrêtée de vivre pour cet instant-là, et nous ne nous en rendions pas compte.

> ### « Présentez-vous ! »
>
> En 2014, Fabien Barthez est le directeur général du club de Luzenac (National), qui avait obtenu sportivement le droit de monter en Ligue 2. Il garde encore un souvenir amer de son entretien avec la DNCG. Convoqué par l'autorité financière, qui refusait que l'équipe ariégeoise accède à l'échelon supérieur, l'ancien gardien des Bleus vint défendre le dossier de son club à Paris : « Quand je suis arrivé, un type m'a dit : "Présentez-vous !" J'ai failli quitter la salle. Le mec, qu'il soit comptable, juriste, à la Ligue, à la Fédé ou qu'il travaille dans le sport, il doit quand même savoir qui je suis, ou ce que j'ai fait pour le football français. Alors je me suis présenté : "Fabien Barthez." » Finalement, rien n'y fit : le club ne fut pas autorisé à accéder à la L 2. « Pour moi, l'épisode fut très douloureux, reprend-il. Je me suis senti sali, trahi, pourri par des gens qui n'avaient rien à voir avec le foot. Pour des histoires d'ego, de pouvoir, d'argent... Tout ça me dégoûte encore aujourd'hui. »

Le soir de la victoire, vous n'êtes pas rentré à Clairefontaine ?

Non. Le match fini, je crois que je suis le seul à ne pas être revenu au château, une voiture m'a déposé sur les Champs-Élysées, j'ai retrouvé des amis d'enfance, un cousin dans un hôtel. L'hôtel était barricadé, j'ai passé la nuit-là. C'était ce dont j'avais besoin. Il n'y avait pas grand monde, le bar était à nous. Ce n'est que le lendemain que j'ai rejoint les autres pour la descente sur les Champs.

Comment digère-t-on un titre mondial ?

Quand je suis revenu à Monaco, j'ai retrouvé Jeannot Tigana, toujours très pudique. Il m'a juste dit : *"C'est magnifique ce que tu as fait."* Moi, je me disais : *"Oui, mais dans six mois, c'est réglé"*, il a continué : *"Tu en as pour toute ta vie, jusqu'à ce que tu crèves."* Et effectivement, ça me poursuit toujours. Rien à voir avec un sentiment de supériorité, mais, par exemple, je ne peux pas me pointer sur une terrasse en plein jour la gueule enfarinée, c'est impossible !

Propos recueillis par Rémy Fière

(*) Il stoppera le tir d'Albertini, deuxième tireur italien, avant que Di Biagio, le cinquième, ne tire sur la transversale.

Marcel Desailly

« LIZA ÉTAIT LA PREMIÈRE LAME, J'ÉTAIS LA SECONDE »

Comment expliquez-vous aujourd'hui le succès de 1998...
On était en mission, on a essayé de se concentrer sur l'objectif, à la fois pas vraiment sûrs de pouvoir aller au bout, mais conscients de nos forces. On savait qu'on était costauds derrière et que, dans l'animation offensive, on saurait profiter des failles adverses. Il y avait "Zizou", Guivarc'h qui s'escrimait seul devant, Youri qui avait humblement accepté d'être repositionné.

Parlez-nous un peu de cette ligne de défense, devenue une référence...
Il y avait donc "Liza", avec qui j'avais de très bonnes affinités. Nous avions déjà plein de choses en commun en dehors du ballon : le vin, la finance, les voyages, l'art, la découverte. Lui comme moi étions très décalés par rapport au monde du football. Je m'échauffais souvent avec lui et j'aimais bien, parce qu'il m'aidait à trouver une ardeur particulière dans ces moments.

« IL N'Y AVAIT JAMAIS UNE INSULTE POUR UNE INSULTE. SI JE CRIAIS "LOLO, PUTAIN DE MERDE !", C'ÉTAIT POUR DONNER PLUS D'IMPACT À NOTRE JEU. »

Intraitable tout au long du tournoi, Marcel Desailly aura été encore plus monstrueux face aux Italiens. L'attaquant Christian Vieri, alors à l'Atlético de Madrid, « pichichi » et auteur de cinq buts dans ce Mondial, est muselé par le défenseur du Milan.

« JE SUIS SORTI DU TERRAIN TRANQUILLEMENT MAIS J'AVAIS LA FIÈVRE DANS LE SANG, J'ÉTAIS QUAND MÊME UN PEU RESPONSABLE... »

De l'autre côté, il y avait Lilian Thuram...
Lilian, lui, n'avait pas conscience de ses qualités. Comme si tout était inné chez lui. J'ai toujours pensé qu'il ne réalisait pas l'étendue de son talent. Il était bon défensivement, fort en attaque. Et il possédait une forme d'insouciance qu'il partageait avec une grande intelligence et une volonté perpétuelle de devenir encore meilleur.
Et à vos côtés, en charnière centrale, Laurent Blanc.
"Lolo" a toujours été plus introverti. Qu'avait-il en lui ? Il se mettait parfois en colère mais il avait faim. Il s'était rendu compte qu'il entrait dans un nouveau cycle, que le train passait et qu'il devait monter dedans, ou accrocher son wagon. Il avait quand même cinq ans de plus que nous, voire beaucoup plus pour certains.
Vous étiez néanmoins parfaitement complémentaires...
Oui. Entre lui, le joueur technique plus porté vers l'avant, et moi, le joueur solide, il était là le bon équilibre.
Et il a été le sauveur en huitièmes de finale.
Le Paraguay, c'était une petite équipe, et les petites équipes, c'est toujours difficile. Ce n'était pas encore le niveau quarts ou demies, où tu rencontres des gros adversaires. Donc, ce n'était pas la même tension. Et puis, aller chercher la motivation, c'est toujours plus compliqué quand, en face, tu ne connais le nom que de trois ou quatre joueurs. Il n'y avait donc rien pour faire monter la sauce, il a fallu la monter tout seuls, sous la chaleur de Lens, en plus.
Jusqu'à la prolongation...
Quand je vois Lolo monter, j'ai eu beau crier : *"Mais tu vas où ?"*, il ne m'a pas entendu. Outre sa très grande habileté technique, il avait tendance à partir vers l'avant. Mais, physiquement, il fallait revenir, et il m'était déjà arrivé de le rappeler à l'ordre. Là, il avait senti le coup. Il est resté sur le front de l'attaque après le corner et c'est lui qui a marqué le but vainqueur.
Enfin, un mot sur Frank Lebœuf, votre complice en charnière centrale en finale...
Médiatiquement, tout le monde s'était concentré sur le fait que Laurent ne serait pas là, on en avait oublié d'être rassurés par le fait que Frank avait les qualités pour le remplacer. On savait qu'il pouvait prendre n'importe quelle info, qu'il s'en nourrirait. Et Frank est venu nous chercher, nous a questionnés, a touché notre sensibilité. Alors, on lui a tout donné, en sachant qu'il nous le rendrait en retour. Mais c'était à lui de s'adapter pour trouver ses propres parades face aux attaquants brésiliens. Il lui fallait trouver sa place le temps de la finale. Il est donc allé la chercher, il a sa part de gloire dans notre succès. Il était l'un des nôtres.
Et vous, là-dedans ?
J'étais donc solide, mais je manquais de technique. Ce n'est pas un regret. Le pied gauche, je ne l'avais pas, le crochet court non plus, que ce soit à gauche ou à droite. Je pense que j'aurais dû m'imprégner de ce que Laurent était capable de faire. Parfois, je regrette de ne pas avoir porté plus le ballon, de ne pas m'être amusé un peu plus. Quand tu regardes mes stats, sur quatre-vingt-dix minutes, je devais parfois tenir le ballon trente secondes en tout, c'était un tacle-une relance, j'aurais voulu avoir des stats plus marquantes. Pas comme Zizou, mais comme Laurent peut-être, deux minutes par exemple, j'avais peut-être peur de l'adversaire...
Comment fonctionniez-vous tous les quatre, une fois sur le terrain ?
Entre nous, on se parlait beaucoup. C'est difficile à expliquer parce que, souvent, ce sont des trucs presque instinctifs : *"J'y vais"*, *"Je le tiens"*, *"Avance"*, des petits mots qui suffisaient pour qu'on sache ce que nous avions à faire. On se connaissait si bien que tous ces mots murmurés pouvaient suffire à faire une petite différence.
Est-ce que vous vous engueuliez ?
Si on se fricotait, ça durait un instant. On se recadrait. Mais c'était assumé et, quand on se revoit, personne ne vient dire à l'autre : *"Tu te souviens de ce que tu m'as dit, à tel instant..."* On était au-delà de ça, il n'y avait jamais une insulte pour une insulte. Si je criais : *"Lolo, putain de merde..."*, c'était aussi pour donner plus d'impact dans notre jeu. Si l'un d'entre nous ne faisait pas bien le bloc, il fallait le lui dire. C'est aussi là-dessus qu'on était forts.
Vous étiez aussi très forts dans le soutien des latéraux, notamment avec Liza...
Il connaissait ma capacité à arriver très vite pour le suppléer, s'il se faisait dribbler. Dans les trois secondes, j'étais là. Liza était la première lame, j'étais la seconde. Je ne crois pas que, pendant ce Mondial, quelqu'un soit arrivé à le dribbler lui et moi après. Dans l'impact, dans l'engagement, je n'étais pas le plus mauvais. Ce qui est assez contradictoire car je suis probablement l'un des défenseurs qui a commis le moins de fautes intentionnelles. Même si j'ai reçu un carton rouge en finale *(68e, deuxième carton jaune pour un tacle, en contre-attaque, sur Dunga dans le camp brésilien).*
Que se passe-t-il à cet instant ?
Tu ne te sens pas trop bien parce que, tout d'un coup, tu es conscient des responsabilités que tu laisses sur le dos de tes partenaires. Nous menions 2-0, mais si nous avions perdu... Ce carton, je le sens, je le vois. Un froid total m'envahit, je me dis : *"Marcel, ne réagis pas, tu connais les règles, n'en rajoute pas, laisse leur le temps de se repositionner."* Je suis sorti du terrain tranquillement, presque sereinement. Mais j'avais la fièvre dans le sang, j'étais quand même un peu responsable.
Voire coupable...
Oui, je ressentais une forme de culpabilité car, encore une fois, je n'étais pas souvent à la faute : dans toute ma carrière, j'ai dû recevoir trois ou quatre cartons rouges, pas plus. Le reste a été un vrai moment de solitude. Évidemment, Aimé n'allait pas me taper sur l'épaule pour me féliciter. Je me suis retrouvé dans une salle avec des officiels qui voulaient que j'aille au contrôle antidopage, car je faisais partie de ceux qui devaient y passer. Alors, je les ai suivis dans une salle sans télé. Je suis resté enfermé quelques minutes et puis, n'y tenant plus, je me suis levé en leur disant : *"Je ne peux pas rester comme ça alors que mes camarades sont sur le terrain."* La règle, je m'en foutais : *"Vous pouvez me suspendre, ce n'est pas grave, je ne vais pas m'enfuir, je ne vais pas disparaître."* Je suis sorti, au grand dam des dirigeants français qui étaient avec moi. Je m'en moquais, je tenais à être au plus près de l'action. Je reviens donc sur le terrain, je reste sur le côté, là où personne ne me voit vraiment, jusqu'au but de "Manu". Là, plus rien ne compte, on est libérés. D'un seul coup, je comprends qu'on est champions du monde.
Le terme d'une longue aventure...
On l'a fait ensemble en vivant comme des ermites, à ne rien faire, à ne rien voir pendant plus d'un mois... Après chaque match, on montait dans le car, on rentrait, massage, dîner et au lit.
Sans jamais se rendre compte, non plus, de ce qui se passait dans le pays.
Mes enfants étaient dans le Sud. À chaque match, je savais qu'ils étaient maquillés, qu'ils brandissaient des drapeaux et que, une fois les matches terminés, c'était la joie et la fête. Moi, à la même heure, j'étais dans mon lit à essayer de m'endormir, seul avec "Dédé" dans le lit d'à côté. Il y avait plus sexy ! *(Sourire.)*
En même temps, vous passiez de bons moments ensemble, non ? Avec vous dans le rôle du farceur ou du boute-en-train.
On prenait pas mal de choses en dérision mais c'est toujours compliqué d'expliquer des choses sorties de leur contexte. Les blagues, on les racontait dans la dynamique du moment. Oui, on a dû faire ou dire des milliers de conneries mais rien n'a jamais déstabilisé le groupe, on était une bande. En même temps, n'oubliez pas qu'on n'avait pas grand-chose d'autre à faire. Pas de téléphone, pas de réseaux sociaux, des fax... La seule distraction, c'est quand Aimé Jacquet a fait venir nos épouses et compagnes pour deux jours, avec nos enfants. *"Est-ce que ça ne va pas les déstabiliser ?"*, lisait-on dans les journaux. Avant le dîner, on avait fait des paris pour savoir qui se lèverait le premier pour quitter la table avec sa femme. Quand le premier s'est levé, on lui a murmuré : *"C'est toi, bon courage, veinard !"*
Aujourd'hui, quand vous vous retournez sur votre carrière, quelle différence faites-vous entre ce titre mondial et la victoire à l'Euro 2000 ?
Même si je pense que, par son impact planétaire, il n'y a rien de mieux qu'un Mondial, l'Euro 2000 a été plus fort dans l'intensité... On l'a mieux apprécié et, surtout, on a confirmé que nous étions au-dessus des autres. En 2000, on a éliminé des nations qu'on n'avait pas l'habitude de battre (*). L'Euro 2000, ce n'était pas l'Afrique du Sud, l'Arabie saoudite ou le Paraguay. Mais si on regarde le package global 1998-2000, il faut admettre que nous possédions la plus forte équipe du monde.

Propos recueillis par Rémy Fière

(*) L'Espagne (2-1) en quarts et l'Italie (2-1, but en or) en finale.

Petit cauchemar à Clairefontaine

Dans cet environnement que l'on imagine pourtant totalement sécurisé, ultra-surveillé, paisible et à l'abri du moindre danger, particulièrement lors d'une épreuve comme la Coupe du monde, Marcel Desailly s'est pourtant fait une grosse frayeur. Il raconte cet épisode surréaliste :
« Une nuit, à Clairefontaine, j'étais descendu chercher à boire, et là, je me retrouve en face de quelqu'un qui n'avait rien à faire là. C'était un cambrioleur... S'il l'avait voulu, il aurait pu me planter. On s'est retrouvés face à face, dans le même couloir, avec la porte de sortie qui était derrière moi. Je n'ai pas essayé de faire le justicier, je l'ai laissé passer. Je n'ai jamais su ce qu'il avait pu voler... »

Lilian Thuram

« J'ÉTAIS COMME DANS UN AUTRE MONDE »

Quand ils pensent à votre Coupe du monde, nombreux sont ceux qui se souviennent de cette photo devenue iconique, à genoux sur la pelouse, doigt sur la bouche, après votre deuxième but contre la Croatie (2-1)...
Une photo iconique ? Non, plus qu'une photo, c'est surtout un sentiment. À ce moment-là, les personnes qui sont au stade, ou devant leur télé, se retrouvent questionnées par mon geste. Et tout le monde se demande : *"Mais en fait, il ne sait pas ce qui se passe ! Il est ailleurs."* Et comme c'est aussi ce que je ressentais au plus profond, c'est ce qui a touché tout le monde. Ce n'était pas un geste calculé parce que, à ce moment-là, les spectateurs ont compris que moi-même j'étais comme dans un autre monde. L'émotion était partagée, nous étions tous sur la même longueur d'onde. L'impact, il est là. Tout d'un coup, on ne sait plus ce qui se passe. Comment se fait-il que ce soit lui qui a marqué une deuxième fois ?

Mais on se souvient pratiquement plus de votre geste que du but lui-même.
S'il n'y avait pas eu les caméras et les appareils photo, je ne me serais pas souvenu de ce geste. Aujourd'hui, chacun l'a réinterprété à sa façon, ou en fonction du souvenir qu'il en a. Notamment la position de mon doigt. Mais à un moment donné, il faut comprendre que ce n'est pas vous qui choisissez l'image qui reste de vous. Dans cinquante ou soixante ans d'ailleurs, qui se souviendra de cette image ? Ou des noms des joueurs...

Tout le monde, non ?
Je ne sais pas. Ce que je sais, c'est que j'aimerais qu'on se souvienne de moi pas seulement grâce à une photo, mais plutôt pour ce que j'ai fait, ou qui j'étais.

C'est-à-dire ?
"Thuram, c'était un joueur qui se donnait toujours à fond." C'est ce type d'image que je voulais construire, un mélange d'attitude, de performance, d'irréprochabilité, ça oui, j'ai toujours essayé de le faire et j'aimerais que ça reste. Et puis, de toute façon, plus que l'image que vous voulez qu'on retienne de vous, ce qu'il faut, à la fin, c'est être capable de vous regarder en face.

Est-ce que ce geste pourrait d'une certaine manière s'apparenter à un geste militant, comme Tommie Smith et John Carlos en 1968 à Mexico, surtout venant de vous, toujours préoccupé par les combats sur l'égalité, l'immigration, le racisme ?
Après la finale du 200 m à Mexico, ils ont eu le courage de dénoncer les violences faites aux personnes noires. Je ne sais pas si Tommie Smith et John Carlos savaient, au moment où ils allaient lever le poing, que ce geste allait marquer l'histoire et qu'il serait retenu par l'histoire ? Mon geste n'avait rien de comparable, je ne revendiquais rien.

Deux buts en un seul match (contre la Croatie en demi-finale), les deux seuls jamais inscrits par Thuram en 142 sélections.

« EN RÈGLE GÉNÉRALE, LORSQUE VOUS ÊTES CHAMPION DU MONDE, TOUT D'UN COUP OUI, IL Y A DES AILES QUI COMMENCENT À VOUS POUSSER, ET PUIS, BON, LA TÊTE, IL NE FAUT PAS QU'ELLE PRENNE TROP DE VOLUME. »

Mais vous étiez, déjà militant ... En 1998, notamment avec le fameux mouvement black-blanc-beur qui semblait vous tenir à cœur.
Au début, je n'étais évidemment pas dupe que cela provenait d'une forme de récupération politique. Mais je me disais, en même temps, que c'était bien d'avoir des slogans, d'autant plus que celui-là était positif... Il rappelait que la France était multicolore, que sa population était diverse et que son équipe nationale – des Blancs, des Noirs, des Maghrébins – représentait parfaitement ce mélange. Enfin presque parfaitement, parce qu'encore une fois, on ne prenait pas en compte les Français d'origine asiatique, qui sont bien souvent les oubliés de l'histoire de France. Ç'a en tout cas été un moment important, au cours d'une période où nous avions besoin d'une symbolique forte.

Tout cela s'est un peu estompé, depuis.
S'il y avait plus de discours médiatiques, plus de prises de position politiques positives, les choses iraient encore mieux aujourd'hui. Quand va-t-on enfin reconnaître et légitimer que la France est diverse de couleurs, de religions, d'accents ? Nier les diversités, c'est nier la vie... Et les stigmatiser, c'est d'une grande stupidité. Cela me rappelle un épisode, qui date de l'époque

où je jouais en Italie : un entraîneur vient me voir et me dit : *"C'est marrant, vous les Noirs, vous êtes toujours ensemble."* Je le regarde et je lui dis : *"Tiens, c'est bizarre, quelques Noirs sont assis là ensemble, à discuter, et regardez là, des Blancs font la même chose et c'est à nous que vous venez dire cela. Cela ne vous viendrait pas à l'idée d'aller les voir et de leur dire :* "C'est marrant, vous, les Blancs, vous êtes toujours ensemble." Il n'a rien dit, il est reparti.

Quel regard portez-vous aujourd'hui sur le jeune homme que vous étiez, il y a vingt ans ?

Le regard n'est pas éloigné de celui que j'avais déjà. J'étais, comme aujourd'hui, dans une démarche de réflexion. Comment devenir plus performant dans ce que je fais, être plutôt que paraître ? Comment m'enrichir intellectuellement pour comprendre, comment trouver le plaisir dans ce que je fais ? Comment transmettre ? En 1998, je n'avais qu'un fils *(Marcus, pro à Guingamp)*, Khephren, le deuxième, n'était pas encore né. Ils ont aujourd'hui vingt ans et dix-sept ans. Mais je me disais déjà que ce que je pourrais leur léguer en tant que père, c'était cette nécessité d'avoir une réflexion sur leur propre vie pour que, plus tard, ils deviennent des adultes et des hommes responsables, et surtout libres.

Vos enfants, d'ailleurs, que pensent-ils de leur père footballeur ?

Il y a quelque temps, Khephren *(qui évolue avec les U19 de Monaco)* était à l'INF Clairefontaine. J'avais été invité pour discuter avec les jeunes, on avait projeté un petit montage sur ma carrière... À la fin, mon fils m'avait dit : *"Papa, tu jouais bien, tu courais vite !"* J'ai trouvé ça très révélateur. Parce que les images de 1998, ce ne sont

> **« QUAND VA-T-ON ENFIN RECONNAÎTRE ET LÉGITIMER QUE LA FRANCE EST DIVERSE DE COULEURS, DE RELIGIONS, D'ACCENTS ? NIER LES DIVERSITÉS, C'EST NIER LA VIE... »**

sans doute pas celles qui sont le plus consultées par les jeunes sur YouTube. Remarquez, c'est peut-être une bonne chose.

Pourtant, vous êtes toujours des références, les premiers champions du monde !

Parfois, je vais dans les écoles où les enfants ne savent pas qui je suis, et donc on leur dit : *"Oui, ce monsieur a été champion du monde"*... Tout d'un coup, ils vous dévisagent comme ça, avec des gros yeux, comme s'ils n'y croyaient pas : *"Champion du monde !"* Voilà pourquoi nous avons aussi une responsabilité vis-à-vis d'eux. Effectivement, ils nous regardent soudain en pensant qu'on est des surhumains. Il faut juste leur dire d'avoir des rêves et d'essayer de les réaliser... Et leur rappeler que nous avons été enfants comme eux.

Pourtant, un champion du monde, c'est par nature un être différent des autres ?

(Il rit aux éclats.) En règle générale, lorsque vous êtes champion du monde, tout d'un coup oui, il y a des ailes qui commencent à vous pousser, et puis, bon, la tête, il ne faut pas qu›elle prenne trop de volume *(il rit encore)*.

Sérieusement ?

Un champion du monde est différent des autres ? Eh bien, ça dépend. L'important, ce n'est pas simplement le fait d'être champion du monde, c'est que vous avez réalisé un rêve d'enfant. Parce que quand tu réalises un rêve d'enfant, cela signifie que tu as réussi quelque chose qui te paraissait inaccessible. Jamais tu n'aurais pu croire que ça allait se réaliser. Ensuite, c'est présent à tout jamais, c'est un bonheur très intense...

Propos recueillis par Rémy Fière

Questions de destins

Lorsqu'on lui demande s'il aurait pu imaginer ce qu'aurait été sa vie et celle des autres, une fois le titre en poche, Lilian Thuram prend le temps de la réflexion et se projette en arrière... « Les questions que je me suis posées par rapport à tout ce qui nous est arrivé en 1998, c'était en quelque sorte : "Où suis-je, qui suis-je, qu'est-ce que je vais devenir" ? En sachant très bien que se questionner, c'est déjà compliqué pour soi. » Et pour les autres ?, reprend-on : « Pour les autres, ce n'est pas simple non plus... À part pour Didier Deschamps, car je n'avais pas de doute sur ce qu'il ferait, c'était dans la logique. Zinédine Zidane, en revanche, je ne me serais jamais projeté sur le fait qu'il devienne entraîneur. Pour Patrick Vieira, c'est pareil. Après, ceux qui bossent à la télé, il y en a beaucoup, mais Christophe Dugarry dans un rôle de journaliste, débattant sur le rôle des joueurs de foot, ça m'étonne. Même chose pour Manu Petit, que j'ai connu à Monaco quand nous étions tout jeunes... »

Lilian Thuram aimerait désormais qu'on se souvienne de lui pour ce qu'il était et pas pour ce qu'il a fait ce jour-là contre la Croatie.

Frank Lebœuf

« JE M'EN FOUS QUE LES GENS EN PARLENT ENCORE ! »

Dans quel état d'esprit arrivez-vous lors du premier rassemblement ?
Cela faisait deux mois que je savais que je ne jouerais pas. Aimé m'avait reçu pour me le dire : *«Voilà, vous êtes trois pour deux postes en charnière centrale, ils sont réservés à Marcel et Laurent, tu seras donc le troisième. Si ça te va, tu restes, si tu n'es pas content, tu ne viens pas avec nous.»* J'ai dit que j'étais très content...
Arrivez-vous néanmoins motivé ?
Oui, même si en fait je ne m'attendais à rien... Jusqu'au dernier match de poules, contre le Danemark, sans doute le plus difficile des trois. On le joue sans pression, on nous appelait les coiffeurs, on s'en foutait, qu'on gagne, qu'on perde, on était qualifiés. On l'a gagné, je me suis alors dit : *"C'est bien, tu pourras raconter que tu as fait ta Coupe du monde."* C'était cool.
Tout s'arrête en effet pour vous... Jusqu'à la demi-finale et son scénario rocambolesque.
Normalement, contre les Croates c'est Boghoss' qui devait rentrer, moi j'étais en train de discuter avec Charbo. On plaisantait, je lui disais qu'Aimé n'avait pas été sympa, qu'il aurait pu le laisser jouer au moins un match. Et puis, j'entends un bruit, une sorte de clameur qui ne semble pas très positive. On se lève tous et on voit Laurent se faire expulser. Je n'avais même pas vu l'action. Je ne sais pas que c'est Bilic le coupable. J'entends juste Aimé qui crie : *"Frank, change-toi, tu rentres."*
Et alors ?
Ben, je rentre sans même m'être échauffé. Alors au début je vais courir sans toucher le ballon... Le premier que je vais toucher, c'est en contrant un tir croate, que je dévie en pleine lucarne. Heureusement, Fabien va la chercher. Je me suis dit que c'était bien d'avoir un chat dans les buts.
Ensuite, vous voilà sujet à polémique. Après l'accolade avec Bilic, que vous connaissiez, après votre déclaration sur la joie qui vous envahit. Des gens en parlent encore...
Mais je m'en fous, j'en ai rien à branler que les gens en parlent encore, comme quand j'ai évoqué *"ma peine et ma joie"* après le carton rouge de Laurent. S'il y en a qui veulent encore me le reprocher, qu'ils le fassent, ça ne me touche plus.

« JE SAVAIS QUE SI JAMAIS ON PERDAIT CE SERAIT POUR MA GUEULE. »

Parce que ça vous a touché ?
Avant, effectivement, ça me touchait, mais aujourd'hui cela n'a plus aucune importance. Oui, j'ai joué la finale de la Coupe du monde et oui, nous l'avons gagnée. C'est tout. Et puis, je ne suis plus du tout le même, j'ai changé de vie, de façon de penser, j'ai appris à relativiser les choses.
Vous avez même eu une période bouddhiste...
C'était il y a quelques années, mais si être bouddhiste, c'est *"je ne veux plus faire chier les autres, et vivre bien sans emmerdements, être heureux, juste raisonnable"*, alors oui je le suis toujours.

Frank Lebœuf n'était certes pas prévu au casting de la finale, mais il a parfaitement joué son rôle.

Pour en revenir à 98 et à votre titularisation pour la finale, ce n'était pas si simple non plus...
Oui, c'était même très pesant parce que je savais que, si jamais on perdait, ce serait pour ma gueule. *"Ah, si on avait eu Laurent Blanc !"*, ça se serait réduit à ça...
Pression, pression...
Oui, mais l'impression d'être bien entouré sur le terrain.Ç'a été génial de A à Z, avec des moments intenses et des moments plus compliqués à gérer.
Par exemple ?
Je me souviens d'un moment particulier, alors que l'on menait 1-0. Marcel est monté et a perdu le ballon, c'est Bebeto qui l'a récupéré et il arrive vers moi pour jouer un deux-contre-un avec Ronaldo. Il faut que je fasse quelque chose, je laisse croire à Bebeto que je vais aller vers lui et j'ouvre ainsi une petite porte pour qu'il passe le ballon à Ronaldo. Puis, quand Bebeto baisse la tête, je me recadre et je récupère le ballon qu'il pensait adresser à Ronaldo. Seulement, lorsqu'il arrive vers moi, ce même ballon heurte une petite motte de terre et rebondit bizarrement. Sur mon tibia, heureusement... Sinon c'est Ronaldo qui le récupérait. Vous imaginez la suite, non ?
La suite, la vraie, c'est que vous êtes champion du monde... On le réalise tout de suite ?
On est des joueurs, on a fait des milliers de matches. Alors quand tu es dans un match, tu es dans un match. Le fait d'être champion du monde, tu ne le réalises donc pas tout de suite, tu réalises que tu as gagné le match qu'il fallait gagner, point. C'est presque à la fin de ma carrière que j'ai compris tout ce qu'un titre pouvait engendrer, en termes de boulots proposés, les invitations, les conventions, les sollicitations médias, les soirées dans le monde entier...
Vous avez quand même conscience d'avoir réalisé quelque chose d'exceptionnel ?
Le truc exceptionnel, c'est d'abord d'avoir fait du foot mon métier. Mais le sport n'a été qu'une parenthèse dans ma vie d'homme. Aujourd'hui, je côtoie pas mal d'intermittents du spectacle. Quand tu vois comment ils peinent à vivre, parfois, et que moi pendant dix-sept ans, à chaque fin de mois, c'est le foot qui me faisait vivre, aujourd'hui je perçois la différence...

Propos recueillis par Rémy Fière

18

Emmanuel Petit

« JE FRAPPE TRÈS VITE ET JE MARQUE UN BUT POURRI »

Lorsqu'on vous a joint pour vous proposer cet entretien, vous ne sembliez pas avoir très envie de reparler de ce qui s'est passé il y a vingt ans ?

Non, bien sûr que non, ce n'est pas ça, mais vous ne pouvez pas imaginer le nombre de sollicitations auxquelles il nous est difficile de répondre. Même quand je prends des vacances, on me demande de réagir, encore et toujours. Comme lorsque Arsène Wenger annonce son départ d'Arsenal alors que je suis en congés...

En même temps, c'est normal de vouloir vous faire raconter, encore et encore, non ? Vos deux buts, par exemple. Celui contre le Danemark, d'abord, lors du troisième match de groupes...

Même si c'était un match de remplaçants et même si j'avais déjà pris un carton jaune, Aimé Jacquet, pour des besoins techniques et tactiques, voulait que je sois là. Pour deux raisons. D'abord, parce que cette équipe à connotation anglaise et assez physique devait correspondre à mon style de jeu : *"Coach y a pas de souci"*, lui avais-je répondu même si, entre nous, il y avait des sous-entendus, et une épée de Damoclès : si je prenais un second carton, j'étais suspendu pour les huitièmes de finale... Ensuite, le fait que je sois un titulaire indiscutable n'était pas encore ancré dans la tête d'Aimé.

Ultime bourreau des Brésiliens Petit relève lui-même Bebeto.

« SOUVENT ON ME DIT, QUAND ON ME CROISE DANS UNE BOUTIQUE : "VOUS ÊTES MANU PETIT, QU'EST-CE QUE VOUS FAITES LÀ ?" COMME SI JE VIVAIS RECLUS DANS UN CHÂTEAU OU SUR UN YACHT... »

Dans son esprit j'avais un peu d'avance sur Alain *(Boghossian, voir page 33)* mais ce n'était pas clair clair. En tout cas, je n'avais pas le droit à l'erreur. Mais je n'allais pas me refréner à cause de ça. Heureusement, je ne prends pas de carton et je marque le but de la victoire, qui nous donne la première place.

Quand on n'est pas vraiment attaquant, quels souvenirs garde-t-on d'un but ?

Je me souviens de tout. Je revois le corner, un nombre impressionnant de joueurs, une espèce de cafouillage, le ballon traîne, il part pour ressortir de la surface. Marcel est à la lutte, il est le premier sur le ballon, il ne me voit pas. Je suis face au but, je gueule : *"Laisse !"* Il lève les yeux, je mets une grosse patate et la balle traverse deux petits ponts pour mourir sur le côté gauche de Schmeichel. Je ne la vois pas rentrer, je suis couvert par tous les joueurs, je sens que c'est l'euphorie.

Pas chez Schmeichel, en revanche...

Déjà, au printemps, on était venus à Manchester leur prendre le titre avec Arsenal et là, on le bat... Et ensuite, après la Coupe du monde, alors que je suis en vacances à Antibes, un soir je vais dîner au *Michelangelo*, chez "Mamo", une institution de la Côte d'Azur. J'entre, c'est le soir, il y a une grande terrasse, beaucoup de monde, et j'entends : *"Oh no, it's not fucking possible !* ("Oh non, putain, c'est pas possible !") *Tu vas aussi me pourrir mes vacances ?"* C'était mon Schmeichel...

Le lendemain du match contre le Danemark, vous avez eu quartier libre. Qu'aviez-vous fait ?

Oui, on pouvait sortir jusqu'au soir. Avec quelques autres, on est allés à Paris, on est passés chez le couturier Jean-Claude Jitrois (*), et puis on est allés manger une pizza sur les Champs-Élysées...

En plein Mondial, comme ça ?

Une pizzeria, c'est idéal pour ne pas se faire repérer. Les clients regardaient mais c'est comme s'ils ne pouvaient pas imaginer que ce soit nous... Alors que des endroits comme ça, on en a toujours fréquenté. Même aujourd'hui. Souvent, on me dit, quand on me croise dans une boutique ou un restaurant : *"Vous êtes Manu Petit, qu'est-ce que vous faites là ?"* Comme si je vivais reclus dans un château ou sur un yacht... Ils s'imaginent quoi, les gens ?

Sautons quelques matches et vous voilà en finale.

Avec de la chance, de l'abnégation, de la combativité, de la solidarité, on savait que c'était possible. On croyait en nous. On n'avait peut-être pas la plus belle équipe mais on était la plus compétitive, au point qu'on aurait battu n'importe quelle équipe de France, celle de Kopa, celle de Platini, toutes celles qui avaient brillé avant nous.

Là encore, vous vous mettez en évidence, en marquant le troisième but...

Il y avait eu un truc bizarre, un songe prémonitoire. Des années avant, j'avais rêvé qu'une Coupe du monde avait été organisée en France et qu'on l'emportait 2-0. Là, je suis sur le terrain, il y a 2-0, un corner pour les Brésiliens, sorti par "Dug", qui transmet ensuite à "Pat" *(Vieira)*. C'est un box-to-box, je suis chaud, fracassé, mais je me sens toujours en pleine bourre physiquement. Je comprends qu'aucun Brésilien ne va revenir, ils ont les bras ballants, le long du corps. Je me dis : *"O.K., on est champions, mais il y a un truc à faire..."* Je vois Pat, ça me rappelle le binôme qu'on formait à Arsenal, avec qui on venait de faire le doublé Cup-Championnat. Quand on passe la ligne médiane, il ne reste plus que Cafu en dernier défenseur, pour faire tampon entre Pat et moi. Il se positionne pour que Patrick soit accepte le un-contre-un, soit me donne la balle. Mais, dans ce cas, je me serais retrouvé hors-jeu. J'ai décéléré immédiatement, comprenant ce que Cafu voulait faire. Patrick a compris aussi. Puis, spontanément, il m'a mis le ballon dans l'espace.

Et ensuite ?

Au moment où il me le donne, je vois que Taffarel couvre mal son angle gauche. Je ne suis pas plein axe, il laisse un grand écart pour m'attirer, comme s'il voulait me la faire à l'envers. J'ai vite fait le calcul dans ma tête, je ne suis pas un attaquant, je ne vais pas tenter un dribble ou des passements de jambes.

Chevauchée fantastique, en finale, pour le milieu de terrain des Bleus.

Je n'ai pas le temps de réfléchir, je frappe très vite, pour que Taffarel n'ait aucune chance de réagir, et je marque un but pourri...

Pourri, pourri...

La balle rebondit, je crains qu'elle ne sorte et je vois qu'elle se sauve. Heureusement qu'un petit rebond la ramène. Comme si, finalement, tout était écrit.

Reste à célébrer.

C'est une forme d'apothéose, mais quand tu n'es pas attaquant, tu n'es pas préparé à une célébration. Je n'avais rien eu le temps de préparer, alors j'ai couru et je me suis écroulé comme une merde, sans vraiment comprendre. Ça gueulait tellement que, de toute façon, on n'entendait rien. Tu ne pouvais pas te parler même à cinq mètres ! À un moment, avant le dernier but, j'avais regardé Frank *(Lebœuf)* et je lui avais dit : *"Putain, mon rêve prémonitoire est en train de se réaliser."* Il m'avait répondu : *"Quoi, qu'est-ce que tu dis ?"*

En tout cas, vous écrivez votre propre légende...

En rentrant, évidemment, je n'ai pas dormi de la nuit. Quand je suis allé me coucher, vers 4 ou 5 heures du matin, j'ai allumé la télé, on parlait encore de nous. Je me suis dit : *"C'est pas possible, on a fait quelque chose d'extraordinaire, et ce quelque chose va nous échapper..."*

L'après-Coupe du monde vous l'a confirmé ?

L'après ? J'ai vu évoluer le regard des gens, de la presse, mais je me suis aperçu que l'homme changeait aussi, les sollicitations se sont multipliées par dix. J'en ai profité, je croulais sous l'argent, sous les déclarations d'amour, sous les nouveaux amis. Je me suis bien gavé à tous les niveaux. Mais tout ce que j'ai fait, c'est parce que je voulais le faire.

Le referiez-vous aujourd'hui ?

Oui, sans aucun doute, car je souhaite à n'importe qui de vivre des moments comme ça...

Même si vous le niez, ou ne vous en rendez pas compte, vous êtes alors entrés dans le patrimoine du sport français et dans l'histoire tout court.

Patrimoine, comme vous y allez, ce n'est que du foot, même si ce qu'on a fait était remarquable, même si on a frappé les imaginations... C'est flatteur, mais les trucs de patrimoine, c'est un peu quand tu es mort, j'ai l'intention de vivre encore ! Et puis, qu'est-ce qu'une victoire par rapport à ce que vivent et ressentent tant d'êtres humains... Nous n'étions pas des médecins découvrant un virus. Nous étions juste des gens ordinaires qui, par moments, avons réalisé des choses extraordinaires. Alors, que l'on soit perçus, ne serait-ce que comme des demi-dieux, ça me dérange un peu. Je n'ai pas l'impression que les gens ont le même regard sur ceux qui sauvent des vies, qui font progresser la science, ou même sur des champions de handisport. Les vraies leçons d'humilité, les réels exploits sont là.

On vous sentait déjà très sensible à ce genre de choses, il y a vingt ans...

J'ai toujours eu besoin, depuis des années, d'œuvrer dans le caritatif, sans forcément le dire. Je fais partie des gens qui veulent se rendre utiles pour avoir le sentiment d'exister. Car, comme beaucoup de monde, j'ai souvent eu l'impression de faire des choses futiles, sans intérêt.

C'est pour cela que vous vous investissiez...

Disons que c'était d'abord pour aider les autres, ensuite pour m'aider moi-même. Pendant très longtemps, j'ai eu du mal à trouver ma place dans la société, ce qui a sans doute occasionné des dérapages médiatiques, de mauvaises interprétations, peut-être dues à un côté taciturne. Aujourd'hui, je suis heureux.

Avez-vous conservé des pièces, maillots, shorts... de cette période ?

Non, j'ai tout donné à une association caritative que j'ai cofondée. Il ne me reste que les deux reproductions miniatures du Mondial et de l'Euro 2000, et quelques médailles. Le côté fétichiste, j'ai connu. J'ai été très matérialiste, parce que tu dois suivre certains codes sociaux pour t'adapter au vestiaire : la voiture, les filles, les signes extérieurs de richesse. J'aimais les grosses cylindrées, les belles montres. Aujourd'hui, je n'ai plus ni voiture, ni montre et je suis très content.

L'ombre des exclus

« Le seul regret que j'ai, c'est l'épisode des six joueurs contraints de quitter Clairefontaine (Anelka, Lamouchi, Laigle, Djetou, Ba et Letizi). C'étaient des potes, des amis. La tension qu'il y avait, on était une bonne poignée à n'être sûrs de rien. C'est "Koh Lanta", c'est "Top Chef", une compétition au procédé d'élimination cruel. Et je peux encore très bien imaginer leur immense tristesse au soir du 12 juillet. Quelque chose d'exceptionnel nous a propulsés dans une autre dimension, mais pas eux... Si ç'avait été moi, ç'aurait été très très dur, je me serais dit : putain, je suis passé à côté du plus bel événement de la vie... Je ne sais pas comment j'aurais réagi, est-ce que j'aurais repris la saison suivante ? »

Vous aviez le sentiment d'être un incompris ?

Je ne sais pas, je n'ai pas toujours fait les efforts pour être compris. Aujourd'hui, en tout cas, je suis en paix avec moi-même et avec les autres, j'ai arrêté de me prendre la tête pour des conneries ou des connards qui n'en valaient pas la peine.

C'est pour ça que vous vous êtes récemment rapproché de vos partenaires de France 98 ?

Pendant près de quinze ans, je m'étais mis en dehors de l'association. Mais seuls les cons ne changent pas d'avis. Il y avait un ressenti avec ceux que je côtoyais toujours, comme si j'entendais : "Reviens !" Sans doute me manquait-il le souvenir des grands matches, du vestiaire, de l'émotion. J'ai été content de les retrouver. Et je crois que c'était réciproque...

Propos recueillis par Rémy Fière

(*) Avec qui il a collaboré plus tard.

Zinédine Zidane

« JE SUIS DEVENU LE JOUEUR QUI A MARQUÉ LE FOOT FRANÇAIS »

Vingt ans après, que vous reste-t-il de cette Coupe du monde ?
L'ambiance qui régnait entre nous. Je me souviendrai toujours du matin de la finale. On descend sur le terrain d'entraînement Michel-Platini *(à Clairefontaine)* et on se retrouve tous, hyper décontractés, avec la joie de vivre. Là , je me dis que c'est incroyable, mais on va jouer une finale de Coupe du monde ! Je revois *(Lilian)* Thuram, Lolo *(Blanc)*, Aimé Jacquet. Ils parlent de Ronaldo : *"Si Ronaldo dribble comme ci ou comme ça, il va falloir le contrer de cette manière."* On a parlé pendant presque deux heures alors que, d'habitude, pour un réveil musculaire, on restait quinze à vingt minutes, histoire de dire *"on va bouger un peu"*. On n'était pas inquiets.

Comment s'était déroulée, pour vous, la journée précédant la finale, sachant que vous n'aviez pas encore marqué et juste réalisé une passe décisive lors du match d'ouverture...
(Il coupe.) Et on me l'avait fait savoir *(rires)*... Je n'avais pas été décisif jusque-là, même si j'avais fait de belles choses. Parler avec Aimé Jacquet avant la finale m'a beaucoup aidé, il m'a retiré de la pression. Il me répétait : *"T'as pas marqué, mais ce n'est pas grave."* Je me souviens aussi de Lolo venant dans ma chambre pour me dire : *"Si tu as bien un match à choisir, c'est celui-là !"* Je m'étais aussi remémoré le match d'inauguration du Stade de France, qu'on avait disputé contre l'Espagne plusieurs mois avant *(le 28 janvier 1998)*. L'Espagne était invaincue depuis quatre ans, mais on l'avait battue 1-0 et j'avais marqué. Et là, non seulement je marque le premier but, mais je mets un doublé avant la mi-temps.

Racontez-nous ces deux buts contre le Brésil.
Les jours avant la finale, Aimé Jacquet a mis l'accent sur les corners : *"Zizou, je sais que le jeu de tête n'est pas obligatoirement ton point fort mais ce Brésilien il fait 1,70 m* (Roberto Carlos, 1,68 m), *celui-là, à peine plus* (Leonardo, 1,75 m), *donc je te garantis que si tu y vas avec conviction tu peux faire quelque chose."* Et ça s'est passé comme ça. Manu *(Petit)* tire le premier corner de la droite, Youri *(Djorkaeff)* le deuxième, de la gauche, et je me suis retrouvé à chaque fois seul ou avec l'avantage de la taille.

L'aviez-vous répété à l'entraînement ?
Pas nécessairement, mais on avait pris l'habitude de tirer les corners au premier poteau. On avait

Le premier but de la finale inscrit par le meneur de jeu français, à la 27e minute.

45e + 1 minute : corner concédé cette fois par Junior Baiano et tiré rentrant par Djorkaeff, côté gauche. Zidane coupe la trajectoire au premier poteau, pique sa tête qui passe entre les jambes de Roberto Carlos et trompe Taffarel sur sa droite : 2-0.

« AIMÉ JACQUET N'EST PAS CONTENT, IL A PERDU SON NUMÉRO 10. POUR LUI, C'EST LA CATA, QUOI ! »

des joueurs avec de beaux gabarits, Marcel *(Desailly)*, Frank *(Lebœuf)*, Lolo *(Blanc, suspendu pour la finale)*, même si c'est moi qui ai fait la différence ce jour-là.

Qu'avez-vous ressenti au moment de marquer ?

Sur le premier but, je sens une forme de tension, je ne suis pas obligatoirement content, d'ailleurs, ça se voit, je ne souris pas. Par contre, sur le deuxième, je me libère. C'est une joie énorme. Je me dis : *"Ah ouais, tu as marqué en finale et, en plus, deux buts. Il y a 2-0, c'est pas mal engagé cette histoire."*

Avez-vous mesuré immédiatement l'impact qu'allait avoir ce match sur la suite de votre carrière ?

Je ne le sais pas à ce moment-là. Mais c'est sûr que ma vie a basculé avec ce match. Je suis devenu le joueur qui a marqué l'histoire du football français. C'est vrai, il faut se le dire. Les gens ont changé avec moi, leur regard, je le ressentais à chaque fois que je croisais quelqu'un. C'était vraiment beau...

Où situez-vous cette finale du Mondial dans votre panthéon personnel ?

Ma première mi-temps est aboutie, elle est très, très bonne. En revanche, je ne fais pas une très grande deuxième mi-temps, un peu comme toute l'équipe, d'ailleurs. Pendant quinze, vingt minutes, on est acculés, on ne prend pas de but grâce à un grand Barthez, qui nous sauve un peu la mise. Mais, après ces vingt minutes difficiles, on reprend le contrôle du ballon et, là, on finit mieux.

Si je vous dis M. Brizio Carter, vous répondez quoi ?

Brizio Carter ? Ça ne me dit rien du tout.

C'est l'arbitre du deuxième match des Bleus, contre l'Arabie saoudite (4-0), qui vous a expulsé (70e, pour avoir piétiné un adversaire)...

(Il se souvient). C'est un arbitre mexicain que j'ai recroisé sur un plateau télé à la Coupe du monde au Brésil, en 2014. On s'est salués, je l'ai reconnu, lui était un peu gêné...

Vous aviez déclaré après la rencontre que le carton rouge était sévère.

Je le pense toujours, même si je ne le lui ai pas dit le jour où on s'est revus. C'est vrai que je fais un geste que je ne dois pas faire, mais, pour moi, ça méritait plus le jaune, car j'avais pris deux, trois boîtes avant. La réaction à chaud n'est jamais très bonne, mais... *(Il sourit.)* Bon, ce ne sont pas des excuses, je n'ai pas d'excuses. *(Il rit.)* Comme j'ai la parole, je m'explique...

Que ressentez-vous quand vous voyez le carton rouge ?

Je ne suis pas fier, je ne suis pas content, je laisse mes copains. Je prends tout de suite conscience de ce que j'ai fait. J'ai eu ce coup de chaud, mais, ensuite, je me dis que je vais louper un match ou deux, je me projette.

Avez-vous eu peur que votre Coupe du monde s'achève là ?

Je ne me le dis pas. Non, non. J'ai toujours été positif. C'est pour ça que les bonnes choses arrivent. Quand on pense négativement, il n'y a rien de bon qui se passe. Donc, je me suis dit que j'allais rejouer.

Au moment de sortir du terrain, Aimé Jacquet n'a pas un regard pour vous. Comment réagit-il à votre expulsion ?

Il n'est pas content, il a perdu son numéro 10, son leader de jeu. Pour lui, c'est la cata, quoi ! Sa réaction est normale, il ne me regarde pas au moment où je sors du terrain. Il n'est pas content et le restera pendant un jour ou deux.

Il ne vous parle pas du tout lors des deux jours qui suivent ?

Non, non... Mais comme c'est quelqu'un de bien, qui veut du bien aux joueurs, il a fini par venir me parler. Il a compris ce qui était arrivé. Bon, il le dira vraiment trois ans ou quatre ans après *(il rit)*. Quand un joueur se prend des boîtes, une fois, deux fois, trois fois, il peut avoir cette réaction ! Et puis, Aimé veut passer à autre chose, se projeter et il me demande de me préparer pour la suite, me dit qu'il compte sur moi. Quelque part, il me rassure.

Comment le coach Zidane aurait réagi à sa place ?

Je n'aurais pas été content. Si ça devait m'arriver aujourd'hui, comme entraîneur, je n'accablerais pas plus que ça mon joueur, car les mauvaises réactions ne se contrôlent pas toujours... C'est pour ça que j'essaie de parler aux joueurs en amont. Il y a deux, trois joueurs *(du Real Madrid)* qui peuvent avoir des coups de chaud. Je vais les voir avant les matches. Selon les oppositions, je peux en voir d'autres aussi. Je leur dis : *"Restez concentrés sur votre match, même si vous prenez deux ou trois emplâtres, parce que ça peut arriver de craquer."* Bon, il y a aussi des joueurs qui ne réagissent pas aux coups. Cristiano Ronaldo, par exemple, il a un self-control impressionnant. Je les admire de rester zen.

En quoi Aimé Jacquet a-t-il eu une influence sur votre carrière d'entraîneur ?

Je retiens, bien sûr, cette Coupe du monde, mais aussi ce qui a précédé. En 1994, quand je commence ma carrière internationale, à Bordeaux, tout se passe super bien, je marque *(deux buts, 85e et 87e, contre la République tchèque, le 17 août 1994, 2-2)* après avoir remplacé Youri *(Djorkaeff, 63e)*. Il me félicite, mais ensuite il se projette sur l'Euro 1996 et la Coupe du monde 1998 en me disant : *"C'est avec toi que je vais préparer ces compétitions."* À l'époque, il y a encore beaucoup de noms importants dans l'équipe (Cantona, Papin, Ginola). Il prend la décision de m'intégrer petit à petit. Après mes deux buts contre les Tchèques, il me met sur le banc pendant trois ou quatre matches. Puis, au fur et à mesure, il me lance et, vers la fin des matches de qualifications *(pour l'Euro 1996)*, je suis titulaire contre la Roumanie *(3-1, 11 octobre 1995)* où je fais un gros match *(un but et une passe décisive)*.

Dans cette période de qualifications à l'Euro et jusqu'à la Coupe du monde, Jacquet a été aussi durement critiqué, notamment par "L'Équipe". En quoi cela a-t-il changé l'entraîneur ?
En 1998, j'ai noté un changement. Je l'ai senti investi, grave, rien ne pouvait le perturber, le faire dévier. Il était avec ses joueurs, et tout ce qui venait de l'extérieur ne lui faisait rien. Nous, les joueurs, le ressentions très fortement. Il savait qu'il y avait quelque chose à écrire et c'est ce qu'il nous a transmis. On a eu plein de réunions mémorables en petit comité. On était quatre, cinq, six joueurs et il parlait de chacun, uniquement dans le but de nous amener sur le bon chemin. Une fois, il m'a dit : *"Tout le monde attend beaucoup de toi, mais toi tu n'as rien à démontrer. Joue comme tu sais le faire sans t'occuper du reste, ne te mets pas en tête que tu vas devoir porter l'équipe sur tes épaules."* C'est lui qui avait raison. Il me retirait la pression, alors que je me répétais : *"Il faut que je sois bon, que je marque."*
Il y a un autre match important pour vous dans cette Coupe du monde : votre retour de suspension pour les quarts de finale contre l'Italie (0-0, 4-3 aux t.a.b.), le pays où vous évoluiez à l'époque (à la Juventus Turin). Deux images fortes se succèdent : vous finissez le match en vomissant et, malgré tout, vous inscrivez le premier tir au but français.
Je ne m'en souvenais plus, contrairement au match contre les Anglais lors de l'Euro 2004 *(2-1, 13 juin 2004)*, où j'avais vomi juste avant de tirer le penalty *(de la victoire)*... Par contre, je me souviens d'un match spécial contre mes copains de la Juventus, pas vraiment bon. On avait été sérieux, mais on n'avait pas eu beaucoup d'occasions et eux avaient eu deux ou trois situations pour nous mettre en difficulté. On était allés aux penalties, mais on ne ressentait aucune pression. Les jeunes, Thierry Henry, David Trezeguet, avaient tiré. J'avais tiré le premier, Liza avait raté, mais on avait Fabien dans les buts. On était tous confiants, car on avait le meilleur gardien de l'époque, ce qu'il allait prouver.
À vous écouter, l'équipe était habitée par une force intérieure.
C'était écrit qu'on allait gagner, même si on ne se disait pas : c'est bon, c'est fait. Mais en démarrant avec un 3-0 à Marseille puis un 4-0 pour le deuxième match, à Paris, on a vite vu qu'on avait une équipe pour aller très loin. Ça montait au fur et à mesure de la compétition. On sentait une force grandir tout en restant humbles. On était portés par quelque chose qui nous dépassait.

Propos recueillis par Jérôme Cazadieu (avec Fred Hermel)

Zidane, Lizarazu et Guivarc'h lors de France-Italie.

« LÀ, JE ME DIS : AH OUAIS, TU AS MARQUÉ EN FINALE ET, EN PLUS, DEUX BUTS ! IL Y A 2-0, C'EST PAS MAL ENGAGÉ CETTE HISTOIRE. »

Zidane vient d'inscrire son deuxième but, il embrasse et montre son maillot au public, devant la parterre de photographes et de cameramen. Une seconde après, il sera rejoint par ses partenaires.

AU CŒUR DU TRIOMPHE

ZIDANE, HÉROS ET « PRÉSIDENT »
Dès la fin du match, le visage de Zidane est projeté sur l'Arc de triomphe (ci-dessus), accompagné de nombreux messages « Zidane président », « Merci Zizou », « La victoire est en nous », « Zizou on t'aime »... Un spectacle auquel assisteront plusieurs centaines de milliers de Français, rassemblés sur les Champs-Élysées. Ils reviendront le lendemain pour acclamer les Bleus lorsqu'ils remonteront, en bus, une partie de la grande avenue parisienne (ci-dessous).

BELLE BROCHETTE À L'ÉLYSÉE
Prestigieuse garden-party à l'Élysée, le 14 juillet 1998 : à la gauche de Didier Deschamps (trophée en mains), Jacques Chirac, président de la République, discute avec Aimé Jacquet, tandis que le Premier ministre, Lionel Jospin, plaisante avec Michel Platini (aux côtés de Marie-Georges Buffet, ministre des Sports). À droite du capitaine, Claude Simonet, président de la FFF, Zidane, Djorkaeff (ci-dessus avec son épouse), Candela, Lizarazu, Boghossian, Henri Émile, l'intendant, et le « doc » Jean-Marcel Ferret. Pendant ce temps, Henry signe des autographes.

CÉLÉBRÉS PARTOUT
Après le match, de retour à Clairefontaine, les Bleus étaient déjà très attendus : car assiégé, banderoles déployées au milieu de la nuit (ci-dessus et à gauche), les supporters étaient venus au plus près des nouveaux champions du monde. Plus d'un mois et demi après, le 30 août, sur la Canebière, Marseille fêtait encore « ses » stars, trophée en main : de gauche à droite, Deschamps (ancien joueur de l'OM), Blanc, Dugarry, Pirès (Olympiens à l'époque) et Zidane, l'enfant du pays.

Aimé Jacquet

« J'AVAIS TELLEMENT ENVIE D'Y ARRIVER ! »

Aimé, sur quelle dernière image du Stade de France avez-vous quitté les lieux, après la finale ?
Je ne sais même plus à quelle heure nous sommes partis. Nous étions tellement heureux. Il n'y avait plus d'heure, il n'y avait plus de temps. Je n'ai même pas pensé me retourner pour garder une image. L'important, c'était de vivre l'instant avec tous les gens que je rencontrais. C'était physique. Chaque personne croisée, le moindre bénévole, c'était immédiatement l'accolade. Je ne savais plus où j'étais. Et la joie des joueurs, ouf ! Il fallait voir les yeux du gros Marcel... Quel bonheur !
Grâce à l'équipe de France, il y a aussi eu en France cet immense rassemblement de gens de cultures, d'origines différentes. C'est aussi votre fierté ?
Oui, oui. Mais c'est la France, c'est notre France. Celui qui ne le comprend pas, n'a pas compris ce qu'est notre France. C'est la France, dans sa profondeur.
Et la finale ? Comment s'est-elle préparée ?
La finale a été un moment extraordinaire. En demi-finale, je n'ai jamais eu aussi peur de toute la compétition. Le soir, j'étais pratiquement K.-O. debout, sous le choc. Et à ce moment-là, j'ai Philippe Bergeroo qui est plus costaud, qui me secoue, vertement même. C'était le soir à Clairefontaine. Il m'a pris, il m'a serré, il m'a dit : " On est en finale, hein ? On est en finale, et on ne la perdra pas... " Ça m'a secoué, dis donc. Le lendemain, j'ai dit aux gars : " On va la gagner cette finale. " Alors là, le jeudi, on fait un petit entraînement, plus poussé que d'habitude un lendemain de match. Plus dur, plus costaud. Et le vendredi, repos, tranquille. On est allés au château Ricard, on a fait de la pêche, du cheval, du VTT, on a joué aux boules. On a eu un repas, ce jour-là, avec des frites, un petit peu de fromage. Là, je peux vous dire, le plateau, il n'a pas tenu dix minutes. On était heureux comme des papes. C'est des petits riens, mais c'est formidable des trucs pareils.

« LE DIMANCHE MATIN, J'AI EU DES MOTS TRÈS DURS AVEC LES JOUEURS. »

Donc, c'est le match qui vous a le moins inquiété ?
Si, le samedi quand même, puisqu'on avait laissé couler la veille, je me suis dit qu'il fallait qu'on les reprenne au colback. Et le samedi matin, là, ça été un peu dur. Je leur ai mis une bonne secouée. Je me suis levé à cinq heures, j'ai regardé la cassette de Brésil - Pays-Bas. Après, je suis allé réveiller Roger Lemerre, je lui ai dit : " Viens, on part au footing tous les deux. " Après, j'ai pris un bon breakfast, trois petits œufs. Je peux vous dire qu'à neuf heures et demie, je les attendais, en pleine forme. Là, j'ai secoué le cocotier hein. Ça a chauffé. Ce sont toujours des mots très durs. On rentre un peu dans l'orgueil. Participer, c'est bien, mais il faut gagner.

Et le match ?
La finale pour moi, c'est vraiment l'apothéose. C'est tout ce que je souhaitais, c'est-à-dire une belle équipe de France, très concentrée, qui rentre sur son terrain en conquérante. J'ai tout de suite senti que la grande équipe de France était là. Quand j'ai vu mon équipe partir, j'ai dit : " Ça y est. On va faire quelque chose. " Ça se sentait. Je voyais les Brésiliens pas très bien en place. Je les voyais un peu dispersés, un peu inquiets. Je les voyais très décontenancés par notre manière de faire.
Tout était prévu ?
Oui, j'avais expliqué comment on jouerait, sans même donner l'équipe. Et puis, j'avais annoncé,

Jacquet avec cette Coupe qu'il a mis quatre ans à conquérir.

lors de la causerie, que nous marquerions des buts sur coups de pied arrêtés. J'avais vu que, dans le marquage, ils n'étaient pas très rigoureux. Je dis à Zizou, tu iras au premier poteau, et pour la première fois il y est allé, et il m'en a mis deux. Honnêtement, c'est le coup de pouce du destin. Mais nous étions effarés, après avoir joué les Italiens qui te marquent à la culotte et qui te regardent dans les yeux, de les voir eux, ces Brésiliens, presque de dos, sans qu'ils te regardent. D'ailleurs, il est étonnant qu'ils n'aient pas été plus percutés dans cette compétition. Le seul point d'interrogation, et qui restera pour moi quelque chose de terrible, c'est que, malheureusement, on n'avait pas un mec devant... Je le dis en toute honnêteté, et d'autant plus que j'ai fait confiance à Stéphane Guivarc'h, qui est un super mec, et qui a joué son rôle, en pesant sur toutes les équipes. J'aurais tellement voulu qu'il marque un but. Ç'à été notre chape de plomb. Malgré le travail énorme du staff médical, je crois qu'il a été perturbé par cette blessure au genou, quand même.

On parle des attaquants. Quelques mots sur Dugarry...

Dugarry, ce n'est pas du tout de ma part une folie ou un caprice. C'est que je pense que nous détenons là un grand joueur de football. Son problème, ce sont ses deux années de merde quoi. Et puis, il est arrivé avec une blessure. Mais il n'a pas eu une minute de récupération et a vécu un enfer avec nous, il avait toujours quelqu'un sur le dos. Quand il faisait son footing, il chantait sans arrêt : " J'ai marqué le premier but, je marquerai le dernier... J'ai marqué le premier but, je marquerai le dernier... " Et il a failli le faire !

« DUGARRY CHANTAIT : "J'AI MARQUÉ LE PREMIER BUT". »

Pouvez-vous évoquer le cas de Zidane. On avait beaucoup parlé de lui avant le Mondial, peut-être trop, à votre goût...

Non, pas trop. C'était normal. Moi, je n'ai jamais caché qu'il était notre leader technique. On n'avait rien à cacher. En plus, je peux le dire maintenant : j'avais un choix terrible à faire pour l'Euro. Faire revenir Cantona ? Alors, Zidane serait mort, parce qu'il n'a pas assez de personnalité pour s'imposer. Alors, j'ai fait le choix de Zidane et misé sur lui. C'est un mec génial. Mais je pense qu'il n'a pas atteint encore sa maturité : il est tellement sensible. Il voyait qu'il ne réalisait pas ce qu'il voulait, et il est devenu nerveux. C'est pour ça qu'il a fait ce geste contre l'Arabie saoudite. Il n'a jamais fait de mal à une mouche.

Vous étiez particulièrement attentif à lui, compte tenu de sa personnalité ?

Oui, bien sûr. On l'a pris en étau, comme les autres, mais d'une manière beaucoup plus cool. Parce que c'est un garçon d'une grande sensibilité, très introverti, mais qui a un sourire merveilleux. Qui te désarme. Mais je pense qu'il était malheureux parfois.

Pendant la Coupe du monde ?

Oui, oui. Parce qu'il ne réalisait pas ce qu'il souhaitait. Et il voyait que je n'étais pas content. Et puis, un jour, je l'ai eu dans ma chambre, ça été fabuleux. Ça devait être après sa suspension. Je lui ai dit textuellement : " Zizou, l'équipe de France, ce n'est pas toi. Tu ne représentes pas l'équipe de France. Ne te mets pas ça dans la tête... " Ça été assez dur quand même. J'ai ajouté : " Mais ce que je sais, c'est que c'est toi qui nous fera gagner... " D'ailleurs, je lui avais déjà fait la remarque après le Maroc. " Zizou, Zizou ", 50 000 personnes qui hurlent ça, ça monte à la tête hein... Mais attention, il ne baisse pas la tête devant moi, hein. Jamais. Il y a quelque chose qui se passe entre nous. Sans se parler, des moments on se comprend. Ce n'est pas le cas avec le Youri. Là, il faut parler, il faut argumenter. Et il est un peu chambreur aussi, celui-là. Ce n'est pas du tout la même approche.

Le banc français, lors de France-Danemark (2-1), troisième match de groupes.

« ZIZOU, CE N'EST PAS TOI L'ÉQUIPE DE FRANCE. »

Lui, ça été facile de le déplacer à gauche ?

Oh oui, oh là là, oui. Facile. Après, on explique, on argumente, hein. Attention. L'idée, c'était de bien replacer tous les joueurs dans leur contexte. Difficile au départ ! Par exemple, Lilian, il m'emmerdait, enfin la presse surtout, qui en faisait déjà un arrière central. Mais je lui ai dit : " Tu sais, on a un contrat de confiance tous les deux. Je te l'ai annoncé depuis deux ans, tu seras arrière droit pour la Coupe du monde. " Alors, il me répond : " Ouais coach. " Mais ce n'est jamais fini avec lui. Il te fait un poème ! C'est " ah oui, mais bon... " Alors, je l'ai pris entre quatre yeux : " Écoute, mon petit bonhomme, ça veut dire que tu rentres en concurrence... Tu sais qui il y a au milieu ? Marcel, Lolo. Donc, tu es face à eux... " Alors, " ah non non, coach... " C'est marrant. Ça n'a pas de fin, avec Lilian, mais c'est sympa, chaleureux. Ce sont des petites discussions riches pour le sélectionneur et pour lui.

La présence de Petit dans l'équipe, elle venait de loin ?

Oui, c'est ma conviction depuis longtemps. Je l'ai manqué, Manu, qui n'est pas un mec facile. Et même par moment, hein, pfff... Si tu en as deux comme ça, trois comme ça... Il est à fleur de peau. Il te filerait son poing dans la gueule. Moi, j'avais cette idée depuis très longtemps. J'ai eu de la chance, une chance inouïe, c'est Arsène Wenger. Mais le drame, c'est que Manu se blessait systématiquement avec nous. Moi, son pied gauche m'intéressait, ce volume de jeu, cet équilibre d'équipe. Je revenais toujours à mon équipe : je ne pensais plus Petit, je pensais pied gauche, équipe. Je pensais Liza qui déborde, lui qui est là, on ne risque rien, l'équilibre est respecté. Et j'étais sûr que ça marcherait. Mais attention, je n'aurais jamais pensé qu'il nous ferait un Mondial comme ça, hein. Et puis, il ne pensait même pas jouer. Je l'ai senti dans la discussion individuelle la veille

« PETIT, ATTENTION, IL TE FILERAIT SON POING DANS LA GUEULE ! »

de l'Afrique du Sud, pour lui annoncer qu'il jouerait : Manu, il est resté… comme ça. J'ai vu dans ses yeux qu'il ne s'y attendait pas.

En tout cas, il ne vous a pas trahi…

Ah non. Et en plus, on avait des paris entre nous : j'étais persuadé qu'il me marquerait des buts. C'est un généreux, Manu, qui se met à la disposition des autres. Je lui ai dit, de temps en temps : " Sois un peu égoïste. "

Tous ces joueurs évoluent dans de grands clubs européens. Ce sont des stars et pourtant on a vraiment le sentiment qu'ils sont très faciles à gérer, à diriger.

Il faut se les faire ! Mais j'ai tellement travaillé depuis deux ans, je pouvais compter sur des collaborateurs qui avaient tellement intériorisé mon message qu'il n'y a jamais eu de relâchement. Six mois à l'avance, on savait pratiquement à la minute près ce qu'on allait faire. Après Tignes, à Clairefontaine, chaque joueur est venu un par un dans ma chambre. À chacun, j'ai dit ce que je pensais de son jeu, de son comportement et ce que j'attendais de lui.

Deux de ses adjoints encadrent Jacquet. Henri Émile (à gauche) et Philippe Bergeroo (à droite).

Ensuite, il y avait l'écoute. Chaque discours était personnalisé. Il y a eu des surprises d'ailleurs, des bonnes et des moins bonnes. Sans le citer, je peux dire que le garçon qui m'a fait le plus peur a été un des meilleurs de la compétition. À l'inverse, le plus sympa n'a peut-être pas été celui qui a apporté le plus. Avec certains, ça été très dur. Car ils avaient des choses à dire. Ils se sont vidés. On est allé très loin, très en profondeur. Il y a eu des causeries très fortes. Je me souviens d'une, je ne sais plus à quel moment, où j'avais mal dormi ; je pensais que les gars n'étaient plus dans la Coupe du monde. Je peux vous garantir que ce matin-là, dans le vestiaire, ils ne savaient plus où ils étaient. J'étais féroce.

Cette férocité est nécessaire pour la gagne ?

Toujours. Si on veut que l'homme se surpasse, qu'il aille au-delà de ses limites… Quand je dis férocité, c'est en fait la capacité de réaction du joueur. Je voulais qu'il soit complètement dedans. Parce que c'est facile pour un joueur de faire son petit entraînement, de prendre sa douche, de retourner dans sa chambre avec ses écouteurs…

Il y a quand même eu de l'imprévu ?

Tous les jours, mais c'est là que mon staff intervient. Je ne voulais que rien ne m'échappe. On a désamorcé pas mal de choses. Des gens de ma garde rapprochée sont venus m'alerter. Même le policier ! Une fois, un joueur commençait à perdre pied, il est venu me prévenir…

Vos adjoints ont beaucoup compté ?

Énormément. Je leur avais demandé d'être très durs avec moi. Je ne voulais pas de béni-oui-oui. Là-dessus, Henri Émile, qui est très fin psychologue, ou Philippe Bergeroo ont su me calmer, par moment. Intervenir à ma place. Et Roger Lemerre, hein… Pfff… C'est

« AUTOUR DE MOI, JE NE VOULAIS PAS DE BÉNI-OUI-OUI. »

un profil de sélectionneur, oui. Je peux vous le dire ! Si à l'Euro il est avec nous, putain, je peux vous dire… Ce qu'il a fait, ce qu'il a apporté, l'oeil nouveau… On est de la même génération. D'ailleurs, je suis à ses ordres ; car vous savez, il était mon major de promotion. Il me l'a rappelé souvent. " Tais-toi, je suis ton major. " Pendant les matches, il montait dans la tribune. À la mi-temps, il descendait me donner ses observations. On ne s'est jamais trompé. Deux-trois mots, encore qu'il était trop long, il parle trop Roger. Il m'énerve. Les joueurs récupéraient et, pendant ce temps-là, il venait dans un coin, avec Philippe. Il me disait : " Voilà ce que j'ai vu, qu'en penses-tu ? " Je restais deux minutes dans ma cogitation, et tac tac tac… On faisait ce qu'il fallait.

Vous avez toujours eu des certitudes sur le groupe, sur le jeu ?

(Il s'énerve.) Mais depuis longtemps, c'est pourquoi je suis très en colère. Évidemment que l'équipe était prête. J'ai toujours expliqué ce que je voulais faire. Aux joueurs, à mes entraîneurs. Et on a été prêt le jour J. Comme on l'avait été pour le match contre l'Espagne. Depuis l'Euro, j'ai confiance dans ce groupe. Ensuite, bien entendu qu'il y a des doutes. C'était dur parfois, avec les joueurs, qui venaient pour un match amical, pour des essais, avec des exigences. Certains étaient sceptiques et me l'ont dit. Mais tout était pensé pour le joueur. Seule la performance m'intéressait. Tout le monde a fait la gueule à un moment ou à un autre. Mais ça a bossé. Et vous avez vu comment on a fini en finale ! Jamais, on n'a trompé les joueurs. Et le jour de la finale, les vingt-deux étaient là. On termine sans un blessé, grâce au staff médical. Pas un n'a lâché. Je n'avais pas pu faire tout ça à l'Euro. C'est l'Euro qui nous fait gagner la Coupe du monde.

« EN VINGT MINUTES, LES CROATES NOUS ONT DISPERSÉS. »

Comment l'avez-vous établi, cette préparation perfectionniste ?
J'ai puisé partout, auprès de Michel Platini, de Gérard Houllier, de tous les entraîneurs français. J'ai regardé le cheminement de Vogts, Sacchi, Parreira, etc. J'ai pris partout. Et puis, j'avais tellement envie d'y arriver !
Pendant la compétition, y a-t-il eu débat sur le jeu ?
Le retour à trois milieux récupérateurs contre l'Italie, par exemple, c'était une revendication des joueurs ? Le résultat d'une discussion ? Mais ils s'en fichent de ça ! Complètement ! Ils ont foi dans le sélectionneur quand il argumente.
Ce match contre l'Italie, c'était la maîtrise parfaite ?
Là, sur le plan tactique, la première mi-temps, c'est pour moi fabuleux. On les a complètement laminés, moi je peux vous le dire. On les a laminés, les Italiens. Ils étaient heureux " nos " Italiens à nous, ça je peux vous le garantir.
Quel a été le match le plus difficile ?
France-Croatie. C'est la première et la seule fois où la maîtrise du jeu nous a échappé. J'ai eu peur, car j'ai vu mon équipe se diluer après vingt minutes. À la mi-temps, je n'en pouvais plus. Je me suis dit : " La finale est foutue ! " C'était la première fois que mon équipe jouait l'accordéon. La France n'a de leçons à recevoir de personne sur son bloc-équipe depuis quatre ans. Il faut venir nous chercher ! Si je peux m'attribuer une réussite, c'est bien celle-là. Mais en vingt minutes, les Croates nous avaient dispersés. Je leur ai dit : " Il faut savoir ce que vous voulez, mais la finale, vous n'allez pas la jouer. Vous allez perdre ce match. " Il y avait un dysfonctionnement intérieur. Certains pensaient haut, d'autres plus bas. Dès la reprise, la Croatie marque, mais avant de penser à quoi que ce soit, nous étions déjà revenus à 1-1.
Dans votre gestion des matches et votre coaching, avez-vous le sentiment d'avoir été, vous aussi, meilleur qu'en 1996 ?
Non, je dirai que les événements démontrent que je ne me suis pas trompé, ou très peu trompé. Mais les événements, après. Après...
Mais en ce qui concerne les changements, la méthode était différente ?
Je peux dire, sans vouloir exagérer, que les joueurs avaient tellement été étudiés que, lorsque j'en faisais rentrer un, je savais ce qu'il allait donner.
Pensiez-vous, tiens, petite question, que Thierry Henry allait jouer à Marseille ?
Non, pas forcément...Eh bien voilà, tout est là. Personne ne savait. Dans un but de percussion, dans une recherche de perfection de jeu, je savais qu'il fallait le faire jouer. Un autre exemple : depuis six mois, je savais que Youri Djorkaeff allait jouer sur notre côté gauche. Jamais il n'a joué là, dans les matches amicaux. Je ne lui avais pas dit non plus. Attention, lui, il s'en doutait, hein, c'est un malin. Et Blanc le savait aussi. C'est des futurs entraîneurs ça.
L'équipe vous a-t-elle étonné ?
Étonné, non. Mais elle m'a donné ce bonheur qui m'a permis d'être encore plus fort. Par exemple, je redoutais une chose : le Français n'est pas toujours au rendez-vous. Or j'ai vu mes joueurs se concentrer au bon moment, des remplaçants, que j'avais virés du vestiaire pour rester avec les onze titulaires, venir me tenir par la taille.
Si vous deviez faire aujourd'hui une liste des vingt-deux, vous prendriez les mêmes ?
Je ne me suis ni trompé sur les joueurs, ni sur les hommes. J'ajoute bien, ni sur les hommes. Quelle richesse ! On a eu des gars de grande envergure. Je pense à Lionel Charbonnier. Super mec. Quelle chance j'ai eu d'avoir un mec comme ça. C'était sa seule façon d'exister ?
Un mot sur la réduction de la liste des vingt-huit à vingt-deux ?
Ça ne sert à rien. Strictement à rien. Les vingt-deux, on les avait depuis longtemps. Sauf un.
Un moment pénible, cette annonce des vingt-deux ?
Je le savais et n'ai pas choisi la solution de facilité. On a passé des nuits à savoir comment on allait faire pour pouvoir les renvoyer chez eux. Tout a été pesé. Mais moi, il n'y avait qu'une chose qui me guidait, mon étoile : l'équipe de France. Et là, je redeviens féroce et inhumain. C'est é-qui-pe de Fran-ce ! Le joueur ne m'intéresse plus. C'est terrible, mais je ne suis plus en affectif, hein.
Qu'auriez-vous fait si vous aviez été joueur, de cette Coupe du monde ?
Ouh là... Ça dépend si j'avais eu trente ans ou vingt-deux ans. Ce n'est pas la même histoire, hein ? À trente ans, pour moi, c'est la révérence. Et puis, si j'avais vingt-deux ans, j'aurais dit le plus dur commence.
Avez-vous regretté, un moment, de ne pas être joueur ?
Quand je suis arrivé ici, la première fois, en janvier (*NDLR : avant France-Espagne*), j'avais envie de jouer. Ce stade me donne cette envie. Mais, malheureusement pour moi, le ballon est devenu un objet non identifié (*rires.*) »

Propos recueillis par Patrick Sowden et Jean-Michel Brochen de France Football

Le triomphe d'un groupe.

FFF
FIFA

COUPE DU MONDE 2018

C'EST UN BEAU ROMAN

Avant le dénouement à Moscou, les Bleus ont vécu une aventure commencée le 22 mai, à Clairefontaine. En voici le récit intime.

Chapitre 1

À Clairefontaine, 42 à table

Ils sont arrivés vers 18 heures ce mardi 22 mai. Le château les attendait, comme d'habitude, point de départ d'une aventure qui pourrait s'étirer sur deux mois, si tout se passait bien. Ce soir-là, ils sont vingt et un à table à Clairefontaine. Les vingt membres du staff et N'Golo Kanté, déjà le premier, déjà très introverti, tassé sur sa chaise comme s'il ne voulait pas déranger. Le lendemain, ils seront quarante-deux. Seul Raphaël Varane, retenu par le Real Madrid pour disputer sa troisième finale de Ligue des champions (le 26 contre Liverpool), est excusé. Vingt-deux Bleus au premier jour du rassemblement, une aubaine pour le staff tricolore, qui n'avait pas été gâté comme ça avant l'Euro 2016. Un signe? Peut-être. En tout cas, Didier Deschamps n'en est pas fâché.

Le sélectionneur sait combien les premiers jours de la préparation d'un grand tournoi sont capitaux, qu'ils peuvent très vite devenir le talon d'Achille d'une sélection en cours de compétition. Avec tout le monde sous la main, le staff pourra mieux individualiser le travail physique et procéder à une remise à niveau, à chaque fois en intégrant le ballon aux exercices.

Il n'empêche, deux jours après leur arrivée, les vingt-deux Bleus présents auront droit à la même séance supplémentaire: un travail de courses de quatre fois quatre minutes à 15 km/h, qui pompe de l'énergie à ce moment de la saison. *« C'est plus dur qu'à l'Atlético »*, soupire Griezmann. Cette préparation physique ne lui fait pas perdre le sourire pour autant. L'attaquant madrilène avait promis, en mars, qu'on verrait du grand Griezmann en Russie, et il a l'intention de tenir son rang.

Chapitre 2

Deschamps : «C'est bien que ça se termine, Antoine»

À Clairefontaine, il a très vite retrouvé ses repères. Et son pote, Paul Pogba. Ces deux-là passent pas mal de temps ensemble et ne sont pas les derniers à se chambrer. Un soir, alors qu'ils regardent la finale de l'Euro 2000 (remportée par la France contre l'Italie, 2-1 b.e.o.) dans une salle du château avec d'autres coéquipiers, Pogba se montre impressionné par la prestation de Deschamps: *« Pas mal le coach... »* Puis il voit que ce dernier porte le numéro 7 et lance, sincère: *« Qui porte le 7 chez nous ? »* À peine a-t-il fini sa question que "la Pioche" réalise, hilare: *« Mais c'est Grizi... T'as pris le 7 pour faire comme le coach! »* Griezmann, bon client, s'en amuse.

Pendant ces derniers jours de mai, il doit aussi gérer la question de son avenir. Au fond de lui, il sait qu'il va prolonger à l'Atlético mais il veut des garanties sur les contours de l'effectif. Alors il a décidé de donner un petit coup de main à ses dirigeants. Puisque Thomas Lemar et Djibril Sidibé partagent le même toit, Griezmann les tanne pour qu'ils le rejoignent à Madrid. Il les adore et est convaincu qu'avec eux l'Atlético aura fière allure. Lemar viendra. Pour Sidibé, il faudra patienter après la Coupe du monde, sans doute. Et pour lui? Griezmann avait assuré qu'il révélerait son choix avant le premier match des Bleus en Russie. Il va tenir sa promesse. À l'avant-veille de France-Australie, à Kazan, un documentaire est diffusé sur une chaîne espagnole: la Decision. La mise en scène de son avenir fait marrer ses coéquipiers, qui le chambrent un peu. Deschamps, qui était au courant de son choix, ne savait pas pour la vidéo, en revanche. Le sélectionneur n'est pas mécontent que tout ce buzz autour de son attaquant vedette s'arrête. Il le lui dit d'ailleurs. Sur le ton de l'humour, de manière informelle, en le croisant dans un couloir, mais il le lui dit quand même: *« C'est bien que ça se termine, Antoine. Maintenant, on entre dans la compétition et on est uniquement concentrés là-dessus. »* Griezmann acquiesce d'un signe de tête.

Le staff devine que son leader d'attaque s'est lesté d'un poids supplémentaire avec cette histoire. Il va falloir l'en alléger, parce que les Bleus vont avoir besoin de lui. Le dernier match amical, à Lyon, contre les États-Unis (1-1, le 9 juin), n'a pas été très rassurant et Deschamps ne souhaite pas voir son groupe s'envoler avec des doutes. Juste avant que les joueurs aillent embrasser leur famille dans les salons du Groupama Stadium, le sélectionneur se veut ferme mais optimiste, prudent mais déterminé: *« Il faut se concentrer sur notre objectif. Oui, il y a des manques dans notre jeu, mais on a encore du temps devant nous. Ne vous inquiétez pas, on a beaucoup travaillé physiquement. »*

Adil Rami, l'indispensable remplaçant, n'a pas joué une minute de cette Coupe du monde. Mais, grâce à son attitude constructive et sa bonne humeur permanente, il a lui-aussi grandement contribué au succès des Bleus.

FINAL 2018

Les talents bruts que sont Kylian Mbappé et Paul Pogba ont su discipliner leur jeu pour se mettre au service du collectif.

Chapitre 3

Les chansons de Fugain et les blagues de Le Graët

Ce résultat et cette prestation mitigés n'altèrent pas l'ambiance, en tout cas. Dans la vie sociale, les rôles commencent à être établis. Steve Mandanda et Blaise Matuidi sont les sages, Adil Rami l'amuseur, Benjamin Mendy l'ambianceur, Kylian Mbappé celui que les autres adorent énerver. Il y a aussi Ousmane Dembélé qui est, avec Presnel Kimpembe, le préposé à la musique. Il arrive alors, parfois, au Barcelonais de diffuser... du Michel Fugain, et notamment C'est un beau roman, c'est une belle histoire. En entendant cette chanson dans le car, Steve Mandanda s'esclaffe : « Alors toi, tu joues les rebelles sur le terrain mais tu écoutes ça ? » Ça lui plaît, oui. Dembélé fera encore marrer tous ses coéquipiers lorsque, à l'arrivée au camp de base d'Istra, au moment de l'enregistrement pour les chambres, il s'aperçoit qu'il a oublié son passeport dans le car. La délégation française s'en est remise à l'indulgence du chauffeur, reparti depuis de longues minutes et qui allait devoir faire demi-tour.

Pas le genre d'épisode que Deschamps goûte mais il sait que sélectionner des joueurs aussi jeunes présente forcément des inconvénients. Réussir ce mélange générationnel est un défi, aussi. Mais les deux saisons précédentes ont servi à ça : éliminer ceux dont le comportement ne collerait pas avec une vie en collectivité pendant plusieurs semaines. Là, la greffe prend. Noël Le Graët, qui cohabite avec tout ce petit monde, observe ces scènes d'un œil amusé et ravi. Le président de la FFF aime aussi ces discussions avec le staff au dîner, et taquiner Deschamps, avec qui il entretient une vraie complicité. Juste avant le coup d'envoi, alors que l'Espagne s'agite autour du renvoi du sélectionneur Julen Lopetegui car il s'est engagé avec le Real Madrid pour l'après-Mondial, Deschamps lance à son président : *« Et si ça nous était arrivé à nous, vous auriez réagi comment ?* – Mais j'ai déjà tout prévu, Didier », réplique Le Graët. « Ah oui ? – Eh bien oui, Sylvain Ripoll (le sélectionneur des Espoirs, qui supervise les adversaires des Bleus) est déjà en Russie ! – Quoi, vous n'auriez pas pensé à moi, président ? », se marre Guy Stephan. Un grand éclat de rire envahit la salle et surprend les joueurs, installés à la table d'à côté, qui n'ont pas tout suivi du film.

Chapitre 4

«Vous n'avez rien fait de ce qu'on vous a demandé»

Entretenir cette atmosphère est essentiel. Mais alors que l'heure du rendez-vous contre les Aussies approche, Deschamps doit procéder à ses premiers choix, qui ne feront pas que des heureux. Le sélectionneur sait que c'est comme ça que ça marche. C'est une loi inflexible. Quand, l'avant-veille du match, le staff effectue la première mise en place, revient à un système tactique en 4 -3-3 et demande à Blaise Matuidi et Olivier Giroud d'enfiler la chasuble des remplaçants, il prend ces deux anciens au dépourvu. Giroud est passé à côté de son match contre les États-Unis, c'est vrai, mais ce n'est pas le seul. Et surtout, Deschamps a souvent répété que l'expérience était primordiale en Coupe du monde et là, il décide de se priver de deux de ses joueurs les plus expérimentés. L'un comme l'autre accusent le coup. Ils ne comprennent pas pourquoi leur entraîneur ne les a pas avertis plus tôt, au moins. Deschamps rattrape l'affaire dès le lendemain en s'expliquant avec l'un et l'autre. Il leur dit, en substance, que cette décision n'a rien de définitif, qu'à ses yeux ce sont des joueurs qui ont toujours été importants, qu'ils le restent et qu'ils auront l'occasion de le prouver. Giroud et Matuidi l'ont entendu et le scénario contre l'Australie renforcera presque leurs positions. En revanche, elle en aura affaibli d'autres. La victoire (2-1) ne suffit pas au bonheur de Deschamps. Le surlendemain, à Istra, un débrief vidéo serré accule quelques Bleus dans leurs retranchements. Les trois de devant, notamment – Griezmann, Mbappé et Dembélé –, sont dans le viseur. Le sélectionneur, sans jamais élever la voix mais sur un ton qui n'appelle pas de contestation, assène : *« Vous avez couru huit kilomètres de moins que votre adversaire. Vous avez fait le pressing de façon désordonnée. Vous n'avez rien fait de ce qu'on a demandé.*

– Mais on n'a pas compris toutes les consignes», ose Pogba. « Vous n'avez pas compris les consignes ?, rigole jaune Deschamps. Elles étaient pourtant simples. Courir, presser ensemble, se replier. »

À Dembélé fut alors reprochée son incapacité à éliminer balle au pied, qui n'a pas été assez compensée par des efforts défensifs. À Griezmann son manque d'explosivité. Et à Mbappé son manque de courses à haute intensité. *« La vitesse est ton point fort Kylian, et tu ne l'utilises pas »*, maugrée Deschamps. Les corrections seront immédiates.

Chapitre 5

Quand Matuidi découvre sa note dans l'ascenseur

Avant d'effectuer la mise en place qui révélera les titulaires contre le Pérou le 21 juin (1-0), le sélectionneur s'entretient de nouveau avec Matuidi. Il lui annonce sa titularisation et son intention de le faire jouer à gauche d'un 4-4-2, afin de maintenir un équilibre. Il ajoute entendre conserver ce système, qui permet aussi de repositionner Griezmann dans son meilleur rôle, derrière l'attaquant, face à des adversaires qui seront plus forts. Pour le staff, l'essai sera concluant, même si les commentaires extérieurs retiennent le déchet dans le jeu du Turinois. De retour à Istra dans la nuit, Matuidi prend l'ascenseur avec Stephan, qui venait de télécharger les journaux. L'adjoint annonce au milieu de terrain sa note dans L'Équipe : 3, et le rassure aussitôt : *« À nos yeux, tu as fait exactement le match qu'on voulait. »*

La qualification pour les huitièmes assurée après deux matches, le staff peut faire tourner. Mais à Moscou, où aura lieu le 26 juin le troisième match, contre le Danemark (0-0), et où les familles débarquent pour la première fois, tout ne roule pas comme prévu. À l'hôtel, la délégation française est répartie sur deux étages, ce qui ne plaît pas à Deschamps. Ce qui lui plaira encore moins, c'est de savoir que certains ont permis à leur compagne de venir dans les chambres au-delà des horaires autorisés. Le rappel des règles de vie effectué, ce type d'épisode ne se reproduira plus. Surtout, en apprenant l'identité de leur adversaire en huitièmes de finale : voilà les Bleus gonflés à bloc, remontés comme des coucous.

Chapitre 6

Rami réveille tout l'hôtel avec un extincteur

Avant d'affronter l'Argentine de Messi à Kazan (4-3), Pogba, qui s'est peu à peu mué en véritable taulier de cette sélection, prend la parole dans le vestiaire, après que Deschamps a tenu des propos mobilisateurs : *« On doit laisser nos c... sur le terrain. Moi, je ne veux pas rentrer à la maison. Moi, je veux retourner à Istra manger des pâtes. »* Le *« je veux retourner à Istra manger des pâtes »* de 2018 est devenu l'équivalent du *« on vit ensemble, on meurt ensemble »* de 1998. C'est le mot d'ordre, celui que reprendra Steve Mandanda juste avant France - Uruguay (2-0), en quarts. Mais avant ce match, les Bleus ont frôlé l'incident.

Depuis qu'ils sont en Russie, ils répètent à l'envi qu'ils s'ennuient lorsqu'ils ne s'entraînent pas ou n'effectuent pas de soins, un poil jaloux de voir les Brésiliens, les Belges ou les Colombiens profiter de jours off. Alors, deux jours après le succès sur l'Argentine, Deschamps, qui avait été particulièrement ému par leur état d'esprit contre les Argentins, leur donne quartier libre le soir. Une douzaine de joueurs filent à Moscou, à une cinquantaine de kilomètres d'Istra, dans un restaurant qui se transforme en boîte de nuit. À leur retour, certains entendent étirer la fête au camp de base. Adil Rami se saisit alors d'un extincteur et engage une bataille. L'alarme de l'hôtel se déclenche, tout le monde est réveillé et le personnel invite joueurs et staff à sortir de l'établissement pour des raisons de sécurité, en attendant l'arrivée des pompiers. Deschamps a l'œil très noir. Rami l'a compris. Le lendemain matin, le défenseur de l'OM s'excusera devant tout le groupe et conclura, sur une note d'humour : *« Bon, je me suis arrêté à temps quand même. »* Éclat de rire général.

Chapitre 7

Cavani leur demande de gagner

Noël Le Graët n'était pas là pour être réveillé. Après l'émotion de Kazan, Jean-Michel Aulas l'a embarqué dans son avion privé et déposé à Saint-Brieuc avant de retourner, lui, sur Lyon. Le président de la FFF reviendra en Russie pour le quart, à Nijni Novgorod, auquel ne participera pas Matuidi, suspendu, mais pour lequel Pogba prononcera des mots forts devant les autres. *« On doit gagner pour Blaise, l'Argentine ne peut pas être son dernier match en Coupe du monde »*, insiste le milieu de Manchester United, sous le regard ému de son coéquipier, adossé à un mur, en survêtement et accréditation autour du cou. Les Bleus gagneront pour Blaise. Et pour eux aussi. À la fin du match, Edinson Cavani, lui aussi absent (pour blessure), viendra les féliciter dans leur vestiaire. *« Allez au bout maintenant »*, leur glissera l'avant-centre du PSG. Mais pour aller au bout, il faut d'abord passer sur la Belgique d'Eden Hazard.

Chapitre 8

Varane : « Kanté n'a même pas transpiré»

Dans sa dernière causerie d'avant-match, Deschamps semble s'être débarrassé de toute considération de prudence. *« On ne lâche rien, les gars. On est forts et unis. On va aller au bout »*, assène-t-il à ses joueurs. Puis c'est au tour de Pogba : *« On est une famille. On a rendu les gens heureux. Maintenant, on va les rendre fiers. »* À la mi-temps, pourtant, tout est encore à faire. Mais le sélectionneur reste concentré. Sans s'énerver, il demande plus de justesse technique dans les transitions offensives et martèle : *« On maintient la pression ! »* Le coup de sifflet final, après six minutes de temps additionnel, est une libération (1-0). Pas une fin en soi. En rentrant au vestiaire, Pogba, le visage fermé, répète : *« Ce n'est pas fini, ce n'est pas fini. »* Puis, lorsqu'il aperçoit N'Golo Kanté, ses traits se détendent et la Pioche répète, rieur, en désignant son increvable coéquipier : *« Il peut rejouer, il peut rejouer. »* Raphaël Varane s'approche aussi, touche le front de Kanté et se marre : *« Il n'a même pas transpiré ! »* Le petit milieu de Chelsea est l'une des deux mascottes de ce groupe, avec Benjamin Pavard, surnommé «Jeff Tuche». Les deux ont leur chanson dans le vestiaire et les deux font l'unanimité parmi les vingt-trois. L'un et l'autre illustrent l'humilité de cette sélection et la sérénité qu'elle a su conserver en toutes circonstances pendant près de deux mois. Ils symbolisent la joie de vivre sans exubérance d'un groupe qui n'a vécu que pour décrocher l'étoile. Au soir de la Belgique, il n'en est plus qu'à une marche. Qu'il gravira cinq jours plus tard pour clore dans l'allégresse cette belle histoire, ce beau roman.

Damien Degorre

LES MATCHES

FRANCE-AUSTRALIE : 2-1

Comme un brouillon

L'entrée des Bleus, face aux Australiens, a été poussive mais elle a, au moins, permis à Didier Deschamps de serrer quelques boulons.

FRANCE-PÉROU : 1-0

Rassurés et qualifiés

Un but de Mbappé et le passage au 4-3-1-2 a tranquillisé les Bleus qui, vainqueurs du Pérou, peuvent préparer plus sereinement la phase suivante.

FRANCE-DANEMARK : 0-0

Sans enjeu, pas de jeu

Les « coiffeurs » ont livré, face au Danemark, le match le plus ennuyeux de la compétition. Le seul 0-0 de la Coupe du monde.

FRANCE-ARGENTINE : 4-2

La folie Bleue est née

Au terme d'un match d'anthologie, au scénario fou, dont Benjamin Pavard et Kylian Mbappé sont devenus les héros, l'équipe de France a vaincu l'Argentine de Messi.

FRANCE-URUGUAY : 2-0

Implacables

D'une solidité à toute épreuve, la France a réussi à faire sauter le verrou uruguayen et à se qualifier pour la sixième demi-finale de son histoire.

FRANCE-BELGIQUE : 1-0

Ils les ont étouffés

Grâce à un but d'Umtiti et une fantastique maîtrise tactique, les Bleus sont venus à bout des Belges, qui faisaient pourtant figure de favoris. Ils vont disputer, face aux Croates, la troisième finale mondiale de leur histoire.

FRANCE-CROATIE : 4-2

La magie a opéré

Malgré une première période médiocre, l'équipe de France a réussi l'exploit de s'imposer, et largement, face à des Croates pourtant plus joueurs. Mais cette deuxième étoile est bien à eux.

COUPE DU
DE LA FIFA

Hugo Lloris

« LE FILM DE TA VIE DÉFILE »

En vous levant le matin, pensez-vous "Je suis champion du monde..." ?
Il n'y a rien au-dessus. S'investir à fond comme ça, vivre une aussi grande expérience humaine, faire tout ce qu'il faut sur le terrain... J'ai encore du mal à réaliser. Quand je me lève le matin, oui, il y a un poids en moins. Et il y a un bonheur en plus.
Vous vous dites, du coup, que vous n'êtes pas maudit...
Mais je n'ai jamais pensé que j'étais maudit ! Jamais, jamais. Mais on ne suit pas tous le même chemin pour arriver au Graal. D'autres n'ont eu besoin que de dix sélections *(sourires)*. Moi, je suis devenu champion du monde à la 104e sélection, après des épisodes plus douloureux, d'autres plus joyeux, une défaite en finale de l'Euro en France. Mais tout ça a débouché sur quelque chose d'extraordinaire : ça valait le coup. Je ne peux oublier ni d'où je viens ni d'où vient cette victoire. Kylian Mbappé est champion du monde à dix-neuf ans, c'est un parcours complètement différent. Il faut qu'il s'en serve, il faut qu'il devienne Ballon d'Or. C'est le destin, et cela me fait penser à ceux qui auraient pu être là, comme Lolo *(Koscielny)*, et d'autres. Ce sont les aléas d'une carrière et tu es obligé de penser à eux.
Gagner une finale, cela change une vie ?
On ne retient que le vainqueur et je suis bien placé pour le savoir. J'ai été si souvent vice-champion ou finaliste... La différence est énorme. En 2016, après l'Euro, on avait fait tellement d'efforts, on l'avait tellement voulu. Mais on perd *(0-1 a. p. contre le Portugal)* et, après, on s'interroge : est-ce que l'on va revenir aussi près ? Est-ce qu'on aura une autre chance ? Alors, champion du monde, deux ans après, c'est extraordinaire. Et ces deux années n'ont pas été faciles, on a souvent été très critiqués. À tort ou à raison, ce n'est pas le problème, mais il a fallu se battre. Et on a montré que le joueur français avait de la personnalité et qu'on était forts ensemble. Si on n'est pas forts ensemble, on explose au premier obstacle. Il y a des joueurs, sur ce plan-là, qui se sont révélés.
Par exemple Pogba ?
Oui, par exemple Paul. On lui a toujours dit de se concentrer sur l'équipe, et il ne pouvait pas mieux le faire qu'il l'a fait pendant la Coupe du monde. Il a été au service de l'équipe du début à la fin, et il en a été récompensé. On a tous été récompensés.
À quoi ont ressemblé les minutes entre la fin de la finale et la remise de la coupe du monde ?
Cela a été assez intense. Le film de ta vie défile. Tu oublies le match très vite, tu penses aux personnes importantes de ta vie, qui t'ont aidé à arriver là. Tu ressens tout le poids de ce trophée, et du moment. Tu es envahi par des tas de sentiments. Dans les tribunes, il y avait ma femme, mes deux filles, mon père, mon frère, ma sœur, ma grand-mère. Ma grand-mère, c'était symbolique, c'est elle qui me lavait mes affaires de gardien, qui me lavait mes gants, mes chaussures, quand je rentrais sale, à pas d'heure. C'est elle qui restait à l'entraînement avec mon grand-père pour me ramener, après. Tu penses aussi à tes éducateurs, tes entraîneurs. Et tu te dis enfin que c'est beau, parce que ça valide une carrière en bleu. C'est bien, les records, le nombre de sélections ou de capitanats, mais, au final, c'est ce titre de champion du monde qui donne du sens à tout ça.
Ce 15 juillet, à Moscou, vous savez que vous allez soulever la coupe en premier...
Quand on reçoit la coupe, on ressent le poids de l'histoire. À notre hôtel, à Istra, il y avait des photos des capitaines des champions du monde : le coach *(Didier Deschamps)*, *(Lothar)* Matthäus, Dunga, *(Philipp)* Lahm... On ressent aussi de la reconnaissance : si je soulève la coupe, je le dois à mes coéquipiers. C'est une reconnaissance à vie, et c'est beau. Après la remise, il y avait une chose qui me tenait à cœur : faire une photo avec la coupe du monde et mes deux filles. Je ne les avais pas vues depuis Lyon, début juin, pendant la préparation. Alors, quand je les ai vues en allant à l'échauffement, dans la tribune, oui, ça m'a vraiment fait quelque chose. Elles m'ont envoyé des bisous, je leur ai fait un petit signe, et je me suis souvenu que j'allais m'échauffer pour une finale de Coupe du monde *(sourires)*.
Après le tour d'honneur et les photos, vous rentrez au vestiaire ?
En fait, non. Quand je rentre au vestiaire, on m'intercepte, avec N'Golo Kanté, pour le contrôle antidopage. Ce n'est pas forcément ce dont on a envie à ce moment-là. Bon, c'était sympa, parce que "Suba" *(Danijel Subasic)* est venu à la porte discuter, "Lolo" *(Koscielny)* aussi, ce qui m'a fait plaisir. Mais on est restés quarante-cinq minutes, alors on a raté la visite du président de la République et beaucoup de choses. Quand je suis arrivé dans le vestiaire, c'était un peu plus calme qu'avant *(sourires)*.

« C'EST BIEN, LES RECORDS, LE NOMBRE DE SÉLECTIONS OU DE CAPITANATS, MAIS, AU FINAL, C'EST CE TITRE DE CHAMPION DU MONDE QUI DONNE DU SENS À TOUT ÇA. »

Sûr dans ses prises de balle, Hugo Lloris a été hyper rassurant pour son équipe.

En finale, sur le deuxième but croate en finale, on s'est dit que vous veniez de vous rendre compte que vous alliez gagner la Coupe du monde et que vous aviez débranché pendant quelques minutes…
Je ne sais pas si j'ai débranché. Après le quatrième but, tu n'as pas le droit de penser "p… ! on y est", parce que tu sais que tu vas le payer, la preuve. On refuse de se dire qu'on est champions du monde, mais on s'en rapproche tellement. À 4-1, on a commencé à faire des passes vers l'arrière et, sur cette action, il me semble que j'ai deux ou trois moments… *(Il hésite.)* Je ne sais pas comment expliquer : les prises de décision viennent à une vitesse incroyable, en général et, là, sur cette action, il y a deux ou trois moments où je peux prendre une décision et où je ne le fais pas. Au final, j'ai subi l'action. Mais ça reste anecdotique, heureusement.
Votre Coupe du monde a été d'un très haut niveau, votre meilleure phase finale…
C'est la meilleure pour tout le monde parce qu'on a gagné. À l'Euro, j'avais eu de très bons moments, mais ils restent moins quand tu ne gagnes pas à la fin.
Pendant la préparation, des débats avaient estimé que c'était vous le problème…
Oui, je sais. *(Il réfléchit.)* Je ne peux pas oublier, parce que, par moments, c'était exagéré. Mais la clé de ma réussite a été de ne pas tomber dans le piège, de refuser d'aller sur un terrain qui n'est pas le mien, et de rester concentré sur moi-même, sur l'essentiel, sur ce qui fait ma force. Mais cela a été le cas pour moi, pour le coach, pour Paul *(Pogba)*, pour Antoine *(Griezmann)*, pour tout le monde. C'est dommage, mais ce n'est pas grave. Enfin si, je ne veux pas dire que ce n'est pas grave, mais j'ai trente et un ans, et qu'on cherche à déstabiliser l'équipe m'embête plus que si on me cherche moi. On a su faire face et à aucun moment cela n'a été un élément de motivation. On n'avait pas besoin de ça. Moi, je savais depuis des mois que tout commencerait au premier jour de la compétition, que les matches amicaux n'avaient rien à voir.
En mai, avant la Coupe du monde, vous nous aviez dit : "Depuis vingt ans, en équipe de France, chaque fois que cela s'est bien passé, voilà ce qu'on a vu : des battants, prêts à souffrir, à laisser tout ce qu'il faut sur le terrain pour gagner." C'était ça, les Bleus ?
Il y a plusieurs façons de jouer, mais un seul objectif, gagner. Pendant deux mois, on a été très chirurgicaux, solides, au service de l'équipe. Tu sens une force, tu sens qu'il n'y en a pas un qui marche sur le terrain. Alors on peut toujours entrer dans les détails, mais la vérité est que l'on a gagné, et que l'on a été très forts. J'ai beaucoup aimé cette sensation de faire mal à l'adversaire. On était peut-être moins bien dans le jeu, mais on faisait mal, on faisait mal…
Racontez-nous cet arrêt face à l'Uruguay…
C'est un ajustement, d'abord. Après, il faut pousser, parce que c'est en bout de bras, et il faut très vite se relever, parce que tu sais que tenter de mettre le ballon sur le côté ferait courir le risque de le mettre sur le poteau et, de toute façon, tu n'as pas le temps de penser, ça va tellement vite. Donc voilà, tu pousses, tu es en bout de bras, tu as la main ferme pour que le ballon ne passe pas *(voir la photo page 2)*, et tu sais qu'il y a un deuxième ballon. Mais ça, oui, je sais faire, c'est mon jeu, mes qualités. Et je gêne Godin.
Qu'est-ce que vous voulez dire par ajustement ?
Tu as une position de départ sur le centre, mais comme le ballon n'est pas pour toi, c'est une deuxième action qui démarre, donc tu te réajustes, un peu plus proche de ta ligne et tu prépares ton impulsion. C'est une fraction de seconde, une prise de décision, et le moindre retard est fatal. Je reconnais que la photo est belle. Mais, encore une fois, il n'y a pas de bonheur personnel si tu ne gagnes pas à la fin. Tous ceux qui étaient là se sont souvenus de 2016, d'ailleurs, et je pense que notre défaite en finale nous a servis.
Le côté "plus jamais ça" ?
En finale de l'Euro, tu joues bien au foot, et tu perds. En finale de la Coupe du monde, les Croates sont très bons, mais nous, on n'était pas là pour être beaux, on était là pour gagner, on était des tueurs. Mentalement, on a été très, très forts.
Comment cette force est devenue collective ?
Le facteur décisif, c'est le coach. Il faut lui donner tout ce crédit. À un moment donné, dans les causeries, il a su piquer quand il le fallait, dire les bons mots. Souvent, pendant la Coupe du monde, on parlait des leaders. Mais le vrai leader, c'est l'entraîneur.
Est-ce que ce titre mondial va vous apaiser ?
L'autre jour, ma femme m'a dit quelque chose comme ça. Elle a suggéré que puisque j'étais champion du monde, je serais plus cool, désormais. Mais en fait je ne crois pas : dès le premier match *(avec Tottenham)*, contre Fulham *(3-1, le 18 août)*, à 1-1, je bouillais *(sourires)*.. Alors je vais continuer à essayer d'être meilleur, de me surpasser. À ce niveau, tu n'es pas là pour être bon : tu es là pour être très bon.
En France, vous ne pouvez plus sortir dans la rue ?
Je n'ai pas osé tenter l'aventure *(sourires)*. Il faut dire qu'en rentrant j'étais épuisé. Le jeudi qui a suivi la finale et la réception à Nice, j'étais au fond du lit, complètement cuit, sur le plan émotionnel et physique. Il m'a fallu un peu de temps. J'ai eu trois semaines de vacances. Moins d'une semaine pour évacuer, une semaine pour savourer les vacances, surtout quand tu es champion du monde *(sourires)*, et la troisième semaine pour me préparer, avec le club qui m'avait mis un entraîneur à disposition, à Nice. J'étais à la maison, alors ça va.
Il a été difficile de descendre du nuage et de revenir dans la vraie vie ?
C'est forcément difficile. Il faut recommencer à faire des choses simples, se faire à manger, faire la vaisselle, nettoyer la table *(sourires)*. C'est la vraie vie, je l'aime, j'en ai besoin, mais le basculement nécessite un ajustement. On a vécu quelque chose de très fort. Quand on y pense, c'était vraiment un truc de dingue. »

Propos recueillis par Vincent Duluc

LLORIS
L'ART DE FAIRE LE MUR

Retour sur cinq parades magistrales.

France-Australie : 2-1 (Premier tour)
Une première fois sauveur
L'entrée en lice dans ce Mondial ne passe pas comme prévu pour les Bleus. À Kazan, ils se font même peur sur un coup franc australien (17e). Tolisso dévie le ballon d'une tête australienne et est proche du but contre son camp. Mais au prix d'un joli réflexe, à ras de terre sur sa gauche, Lloris sauve une première fois les siens en Russie.

Uruguay - France : 0-2 (Quarts de finale)
L'horizontale à une main
Quatre minutes après l'ouverture du score de Raphaël Varane, sur un coup franc uruguayen botté par Lucas Torreira (44e), Martin Caceres devance Paul Pogba de la tête. Le ballon prend la direction du petit filet mais le capitaine de l'équipe de France se déploie de tout son long pour claquer. Diego Godin, en embuscade, frappe au-dessus. Rideau, les Bleus ne concéderont plus rien à Nijni Novgorod.

France – Belgique : 1-0 (Demi-finale)
L'horizontale à deux mains
L'équipe de France vit une entame de match compliquée à Saint-Pétersbourg. Gênée par l'organisation belge, elle peine à contrôler les mouvements des Diables rouges. Et Hugo Lloris doit sortir le grand jeu face à Toby Alderweireld (21e). À la sortie d'un corner, le défenseur de Tottenham frappe en pivot du pied gauche, mais son coéquipier chez les Spurs se détend superbement sur sa droite pour réussir un arrêt exceptionnel afin de maintenir les Bleus dans le match.

Uruguay - France (0-2).

France - Australie (2-1).

Vigilant face à la menace Witsel...
La qualification pour la finale se profile et l'équipe de France tient bon. Après une superbe intervention de Raphaël Varane sur Eden Hazard, le ballon revient sur Axel Witsel qui reprend en une touche. La frappe du droit du Belge est cadrée mais Lloris veille et ne prend pas de risques en repoussant le tir des poings au loin (81e). Les Bleus et leur capitaine ne trembleront plus jusqu'au coup de sifflet final.

.... et le danger Lukaku
En seconde période, les Bleus tiennent leur avantage face aux Belges après le but de Samuel Umtiti (51e). Les joueurs de Roberto Martinez tentent de trouver Romelu Lukaku, bien pris par la charnière Varane-Umtiti. Sur cette action de la 76e minute, les deux centraux ont été suppléés par leur gardien, autoritaire dans sa sortie face au robuste attaquant des Diables rouges (1,90 m, 94 kg) et ses quatre buts depuis le début de la compétition. Rassurant jusqu'au bout.

France-Belgique (1-0).

Raphaël Varane

« ON ÉTAIT DES TUEURS À SANG FROID »

Vous êtes champions du monde. Est-ce que vous avez pris conscience de la portée de cette victoire ?
Avant la finale, quand j'ai parlé au groupe, j'ai dit : *"Les gars, on va faire quelque chose d'historique, d'énorme, qui va nous lier à vie."* Je pensais dire ça en sachant ce que je disais mais, en fait, pas du tout *(rires)*. Quand on est arrivés en France, on a vu ce qui s'est passé et on était tous choqués *(rires)*. Ce n'est pas possible, sans le vivre, de comprendre ce que c'est. Quand on était dans le car, on avait l'impression d'avoir arrêté le pays. C'est extraordinaire. On a vu de la folie, quoi. J'ai déjà célébré des titres en Espagne mais ce qu'on a vécu là à Paris, je n'ai jamais vu un truc comme cela. C'est comme si c'était une perfusion de bonheur directement dans les veines *(énorme sourire)*.

« AVANT LE PÉROU, ON S'EST REGROUPÉS, ET ON S'EST DIT : *FAUT QU'ON PARLE PARCE QUE, LÀ, ÇA NE VA PAS.* »

La portée historique, vous l'avez donc à l'esprit ?
On va le voir au fil du temps. Sur l'instant, on sait qu'on est en train d'écrire une page de l'histoire *(sourire)*. On sait que c'est une journée qui restera. On sait qu'on va se recroiser *(rires)* et on pourra se dire qu'il y a un lien particulier qui s'est créé entre nous.
Il restera quoi dans quarante ans, quand vous serez vieux, au bord de vos piscines ?
J'espère qu'il restera quelques petits dribbles, un peu de toucher de ballon *(il éclate de rire)*. Mais il nous restera cette aventure commune, ces émotions qu'on a partagées. J'espère qu'on aura d'autres choses à partager aussi.
Vous étiez tous très jeunes en 1998. Quel sens a cette victoire vingt ans plus tard ?
On a grandi avec cette vague de fraîcheur dans le foot français. On sait ce que ça représente pour les jeunes. On sait que, forcément, on va être plus regardés, plus pris en exemple aussi. Ça va marquer forcément une génération de jeunes. On a grandi avec Zizou, avec cette génération 1998-2000, j'espère que ça aura une aussi grande portée.
Craignez-vous d'être des modèles ?
Non, non. Ce n'est pas une responsabilité qui est pesante. C'est plus une fierté, une belle responsabilité. On a toujours été exigeants avec nous. Ça aura juste plus de portée.
Cette équipe a à plusieurs reprises porté un message de fierté nationale. Était-ce concerté ?
Non, c'était juste un besoin commun. On évolue pour beaucoup d'entre nous dans des clubs étrangers et on a tous le même ressenti quand on en parle entre nous : en France, on n'est pas assez fiers, pas assez fiers ! *(Il s'anime.)* C'est bon, soyons heureux, contents, on est fiers de nos couleurs, heureux d'être français. Sur les dernières années, limite, on était remis en cause sur notre amour du maillot. Là, on avait besoin de le dire, de le montrer. Nous, on sait qu'on fait du bien au pays, à la jeunesse.

Sportivement, ce groupe était escorté par une forme de doute. Et vous, après la préparation, après le premier tour, avez-vous douté de sa capacité à se hisser au très haut niveau ?
Des doutes, non. Mais c'est vrai qu'après le premier match on n'avait pas encore trouvé exactement la direction dans laquelle on voulait aller. Et comment y aller. On savait qu'on voulait essayer de remporter la compétition, mais on n'avait pas encore la façon de le faire. On avait l'envie, la concentration, mais il manquait quelque chose pour tirer tous en même temps, dans le même sens. On a trouvé cette voie contre le Pérou (1-0), ça a été le moment déclencheur. À partir de là, il y avait autre chose.
Quoi ?
On a trouvé notre identité de jeu ce jour-là. Et ça ne nous a pas quittés. Même si le Danemark (0-0), ça a été un peu un non-match, mais par rapport au contexte, ce n'était pas très important parce qu'on savait que le déclic s'était déjà produit. On savait où on allait et comment on y allait.
Mais ce déclic pose la question du travail avant. Pourquoi cette voie-là n'a-t-elle pas été trouvée, un an, six mois, un mois avant ?
En sélection, on n'est pas ensemble au quotidien, on a besoin de temps, de se connaître. Le premier match nous a servis pour nous dire : *"On a intérêt à être à notre meilleur niveau si on veut gagner. Si on joue chacun de son côté, on n'y arrivera pas."* Avant le Pérou, on s'est regroupés, et on s'est dit : *"Faut qu'on parle parce que là, ça ne va pas."* Avec des joueurs comme Paul *(Pogba)*, Hugo *(Lloris)*, Blaise *(Matuidi)*, Steve *(Mandanda)*, on a pris la parole. Avant, on avait échangé avec le coach pour analyser ce qui n'avait pas marché sur le premier match *(contre l'Australie, 2-1)* et une fois qu'on a analysé, on s'est dit : *"Bon ! Sur le terrain, ce n'est pas ça question attitude. Il faut se faire mal pour l'équipe."*
Cette mue soulève des questions. Comment arrive-t-on à convaincre des talents comme Pogba, Griezmann, Mbappé et d'autres de changer leur jeu ?
Il y a deux choses. Il y a d'abord les ego. Les ego, on les a tous mis de côté. *(Il s'anime de nouveau.)* On n'est pas là pour se faire briller. Même si on ne doit pas toucher un ballon du match, on s'en fout tant que ça sert à l'équipe. Tout le monde avait intégré cette façon d'être. La deuxième chose, c'est qu'une équipe, elle se révèle quand elle est dos au mur. Il y a des

Varane, impeccable en finale.

grands joueurs dans cette équipe et on les voit dans les moments compliqués. Pendant des années, on cherchait des leaders. Depuis qu'Évra est parti, j'entendais : *"Il faut des leaders."* Des leaders pour faire quoi, si on n'a pas besoin de crier ? Si tout va bien, si on gagne. Non, c'est quand on joue l'Australie et que ça ne va pas qu'il faut parler et que là il faut se dire les choses. Et on l'a fait. On avait besoin de moments durs, de jouer contre le Pérou dans un stade plein, face à une équipe solide, pour voir nos caractères, sortir ses tripes.

Mais comment parvient-on à gommer les ego ? Pour des stars comme Pogba, Griezmann, c'est facile ?

Déjà, faut voir quels types d'ego. Ce n'est pas tyrannique, ce sont des joueurs de groupes. Paul, c'est un joueur de collectif, Antoine aussi. On savait où on voulait aller et comment on voulait y aller. Des fois, je parlais à Paul et je lui disais : *"On doit tirer dans ce sens-là, parce que si tu tires dans ce sens-là, il y en a beaucoup qui vont suivre."* Antoine, il savait ce qu'il avait à apporter à ce groupe, il n'avait pas besoin de surjouer, il connaissait son rôle. On s'est réparti les rôles on a fait un vrai travail d'équipe.

Ce que vous nous décrivez depuis tout à l'heure, c'est l'histoire d'un groupe qui prend en main son destin.

Je pense que le coach a monté une équipe et qu'après, ce groupe-là, il doit se prendre en main. Une grande équipe, ce ne sont que des leaders. Être leader, c'est quoi ? C'est tirer dans le même sens. Pour moi, les leaders, c'est un faux débat. On s'est basés sur Évra. Mais il n'y a pas d'autres Évra. Par contre, il y a des joueurs qui sont capables de faire vivre ce groupe de l'intérieur.

"Faut pas non plus nous caricaturer comme étant l'équipe la plus moche de tous les temps ! Sur le style de jeu produit, les Belges, les Croates ont émis des critiques...

Pas du tout touché *(rires)*. On joue dans des clubs où il y a du super football, nous on n'était pas venus pour jouer, on était là pour gagner, pour détruire l'adversaire. On sait qu'on n'a pas fait le plus beau jeu du tournoi.

Être moche, ce n'est pas dérangeant ?

(Il montre la médaille.) Regardez si c'est moche ça *(rires)*. Non, non. Ça rejoint ce qu'on disait sur les ego, on s'en foutait d'être moches. C'était tout pour l'équipe.

Mais n'est-ce pas frustrant d'être laid ?

Faut pas abuser, on n'a pas été si laids que ça *(rires)*. Faut pas non plus nous caricaturer comme étant l'équipe la plus moche de tous les temps ! *(rires)* On était l'équipe la plus glaçante, oui, c'est ça, on était glaçants. On était des tueurs à sang froid. Quand je vois la finale contre la Croatie, c'est ça.

« IL FAUT RÉUSSIR À GARDER CETTE FAÇON DE PENSER POUR LE GROUPE ET NE PAS PENSER DE MANIÈRE INDIVIDUELLE. MÊME S'IL FAUT SE MENTIR À SOI-MÊME ET SE DIRE QU'ON N'A RIEN FAIT. »

Le jeu de tête de Varane fera mal durant cette Coupe du monde (ici contre l'Australie, 2-1).

« QUAND IL FAUT PARLER, JE SUIS LÀ, QUAND IL Y A DES MOMENTS DURS, JE SUIS LÀ. »

L'ADN de combattant que vous décrivez, est-ce ponctuel ou allez-vous l'étirer dans le temps ?
On s'est adaptés. Quand on est arrivés, on savait qu'on avait une équipe avec beaucoup de talents, avec des joueurs qui jouent au ballon, contre l'Australie, on a essayé de jouer au ballon, ça n'a pas marché. On s'est dit qu'on irait au plus efficace, au plus pressé. Ça ne nous a pas trop mal réussi *(rires)*. Mais cette équipe, elle est capable de tout faire. On a des joueurs tellement différents qu'on a les cartes en main. Là, c'était un choix. Ponctuel. Si on arrive à avoir plus de possession, de maîtrise et avoir cette solidité-là, on sera encore plus forts. Après, il ne faut pas s'enflammer et la priorité c'est l'humilité.
Ce qui a marqué les gens, avant et durant la compétition, c'est l'ambition de cette génération. L'ambition assumée. D'où vient-elle ?
Je pense qu'on est dans les plus grands clubs européens. La gagne au quotidien, cet esprit de compétition, on l'a. Pour nous, c'est juste pas possible de commencer une compétition en se disant qu'on va essayer de voir ce qui se passe. Toutes les générations qui sont là, on a vécu tous un échec en Espoirs. On a raté l'Euro 2016 d'un chouïa aussi. Là, on s'est dit : *"C'est bon, là, on veut gagner quelque chose."* C'est le travail de plusieurs années. Depuis que le coach est arrivé, il s'est passé quelque chose.
Quel est le rôle de Deschamps dans cette culture de la gagne ?
La chose la plus importante qu'il a pu faire avec ce groupe, c'est cet esprit : tout pour l'équipe. Ça fait des années que quand on vient en sélection c'est dans cet état d'esprit.
Il n'y a jamais eu besoin que les joueurs soient recadrés ?
C'est peut-être pour ça que vous avez cherché des leaders. On n'en avait pas besoin. Recadrer pour faire quoi ? *(rires)* Le danger à venir, peut-être, c'est de ne pas se faire assez mal pour le groupe. Mais, jusqu'à maintenant, pas besoin de recadrer.
On associe toujours une génération victorieuse à un nom... Ça a été Platini, Zidane. On fait quoi pour celle-ci ?
Bah, on met des photos de groupe *(rires)*. Il n'y a personne en une *(rires)*. On met la photo du bus où on célèbre la victoire. On l'a vu, c'est la génération tout pour l'équipe. On n'a pas besoin d'exister individuellement, on existe ensemble. C'est ça, la force de ce groupe. Et, surtout, c'est ça qu'il faut entretenir.
C'est dur d'entretenir ça ?
Bien sûr que c'est difficile. À Madrid, je l'ai vécu. Je sais à quel point c'est dur. Il faut réussir à garder cette façon de penser pour le groupe et ne pas penser de manière individuelle. Même s'il faut se mentir à soi-même et se dire qu'on n'a rien fait *(sourires)*. Après notre carrière, on regardera et on se dira qu'on a fait quand même des trucs bien (rires). Quand on a gagné la C1, la première chose que Zizou dit c'est : *"Bon, c'était bien, c'était très bien, mais c'est fini, là on a un autre défi "*.
À titre personnel, vous êtes-vous déjà senti aussi fort que lors de ce tournoi ?
En France, non *(sourires)*. C'est ma plus belle compétition. J'ai réussi à faire sous le maillot bleu ce que je fais depuis quelques années à Madrid.
Pourquoi maintenant ?
J'ai vingt-cinq ans. En France, on est souvent trop pressés. On ne peut pas demander à quelqu'un de vingt ans d'être un cadre de trente-cinq ans. Quand on arrive tôt comme ça, les attentes sont élevées. On va dire à Kylian que s'il ne gagne pas le Ballon d'Or l'année prochaine, ce n'est pas normal. On va bientôt l'engueuler *(rires)*.
Il est aussi précoce que vous...
Il est plus précoce que moi. Je suis marqué par son intelligence, sa maturité. Par son talent monstrueux.
Qu'est-ce que vous lui donneriez comme conseils ?
Quels que soient les événements, de continuer à garder son rôle pour l'équipe. Il aura certainement plus d'importance au fil des années, mais je lui dirais de ne pas surjouer, de continuer à faire ce qu'il sait faire, sans essayer d'en faire trop et de rester comme il est. Même si la place qu'il prend va grandir, qu'il reste focalisé pour l'équipe et sur son rôle pour l'équipe.
Est-ce l'un des joueurs les plus impressionnants que vous avez rencontrés ?
J'ai connu quelques extraterrestres. Je pense que c'est la première fois que je rencontre un extraterrestre jeune *(rires)*. Normalement, les extraterrestres, je les rencontre quand ils ont 25, 30 ans. Là, j'en ai rencontré un avant vingt ans. Là, tout va plus vite. Quand je parle tactique avec lui avant les matches, je n'ai pas le temps de finir les phrases, il a déjà compris. C'est assimilé.
Revenons à vous. Parvenir à ce niveau en bleu, est-ce une surprise ?
Non, je suis content de pouvoir exprimer mes qualités pleinement, avec mon style de jeu, ma personnalité, ma façon d'être, me montrer tel que je suis. J'arrive à un point où, dans chaque domaine, j'arrive à passer des caps importants.
L'Euro, où vous avez été absent (touché à une cuisse, il a dû déclarer forfait), a été une blessure profonde. En quoi cela vous a-t-il changé ?
Ça a été terrible mais vraiment terrible. Les gens qui sont à l'extérieur peuvent trouver ça fort, mais moi je l'ai vécu comme un deuil. C'était LE moment de ma carrière et c'est une blessure qui me rend plus fort mais qui m'a fait très très mal. À partir de ce moment-là, j'ai changé. Je ne vois pas plus loin qu'à très court terme, j'avais trop préparé ce moment-là, ça m'a fait trop mal.
Vous avez changé aussi votre manière d'aborder votre leadership. Comment avez-vous réussi à imposer votre personnalité ?
Parfois, on me demandait de jouer comme Ramos, de jouer comme un autre, d'être plus agressif, d'être plus ceci, plus cela. Alors que j'ai mon style de jeu, ça ne m'a pas trop mal réussi jusqu'à présent *(sourires)*. On a trop voulu me changer. C'est une fierté sur cette Coupe du monde, on m'a, entre guillemets, accepté comme je suis. On ne peut pas me demander d'être un autre.
On vous demandait d'être Ramos, vraiment ?
Et ça m'énerve. Est-ce qu'on demande à Ramos d'être quelqu'un d 'autre ? On le prend comme il est, Ramos. Et moi, aujourd'hui, on me prend comme je suis. Depuis que j'ai sept ans, on dit il est gentil, il est gentil, c'est revenu trop de fois. *(Son débit s'accélère.)* Mais il y a du caractère derrière. Oui, je suis gentil, mais il n'y a pas que ça. On ne peut pas faire la carrière que je fais, rester au Real Madrid sept ans, sans caractère. Ça n'existe pas ça, ce n'est pas possible. D'un seul coup, là, les gens se sont dit que j'avais montré du caractère, du répondant, mais, vous savez, j'ai connu des galères étant petit, puis en ratant l'Euro 2016, et je suis revenu plus fort. Aujourd'hui, ce caractère-là, il s'est vu, mais je l'ai eu depuis toujours. Quand il faut parler, je suis là, quand il y a des moments durs, je suis là. Quand à la mi-temps de la finale, il y a beaucoup de pression, avec un groupe jeune, et on a senti de la fébrilité, c'est moi qui dis : *« Les gars, restons positifs, on gagne 2-1, tout va bien. Même si on a pris le bouillon par moments, c'est fini, les 45 premières minutes sont passées »*. Ça, c'est ce que je suis. *(Il s'anime.)* Quand je vois un défi en face de moi, là, le caractère il se montre.
Vous avez expliqué que le Ballon d'Or n'était pas un objectif. Pourquoi ?
Je vis le foot comme un sport collectif. C'est pour ça que j'ai joué au foot quand j'étais petit, c'est ça que j'aime, c'est l'effort ensemble. Je ne cherche pas plus que ça la lumière. Le Ballon d'Or, ça met vraiment quelqu'un en avant. Si je l'ai, je ne vais pas le jeter (*(rires)*. Mais, quand je regarde ma carrière, je ne me dis pas qu'il faut que je le gagne sinon elle sera ratée. S'il arrive, c'est extraordinaire, magnifique.
Qui le mérite ?
Ça dépend des critères. Si c'est au niveau du palmarès, je me place très bien. Après, est ce que c'est ça ? C'est très difficile pour un défenseur. J'ai vécu des trucs de fou cette année, je ne suis pas à un truc de fou près *(rires)*.

Propos recueillis par Hugo Delom

« J'AI CONNU QUELQUES EXTRATERRESTRES. JE PENSE QUE C'EST LA PREMIÈRE FOIS QUE JE RENCONTRE UN EXTRATERRESTRE JEUNE. »
(À PROPOS DE MBAPPÉ)

Benjamin Pavard

« QUAND JE VOIS LE BALLON ARRIVER, MON CŒUR FAIT BOUM ! »

Quelques jours après ce titre, avez-vous pris conscience que votre vie ne sera jamais plus comme avant ?
Franchement, c'est le plus beau titre possible, ce n'est pas donné à tout le monde de le remporter. Même les plus grands joueurs comme Ronaldo et Messi n'ont jamais gagné une Coupe du monde. C'est quelque chose d'exceptionnel. Voilà, moi, j'ai 22 ans, être champion du monde, c'est magnifique. Je suis parfaitement conscient de tout ça. (Il s'arrête.) Après, c'est sûr que ma vie, elle change, elle va changer. Mais je ne vais pas changer pour autant. Je ne vais pas me dire O.K., je suis champion du monde, je vais être plus comme ci, plus comme ça. Je ne suis pas quelqu'un qui se la pète, qui prend les autres pour de la merde, je resterai toujours le même. Là, par exemple, j'aurais très bien pu dire je m'en fous de Jeumont ou des gens de la Sambre, mais ce n'est pas moi, ça. J'avais envie de faire plaisir aux gens qui m'ont soutenu, qui ont toujours été là pour moi.
Quel est le principal changement dans votre vie depuis dimanche soir ? Le regard des gens ?
Je vais à la station-service et je me fais prendre en photo (rires), c'est ça le principal changement. Je ne peux pas faire le plein ! Les gens me reconnaissent plus facilement. Me promener tranquillement dans la rue à Lille, ça va être pratiquement impossible. Ça donne des obligations, il faut faire deux fois plus attention à ce qu'on fait. Je ne vais plus pouvoir faire de blagues à voix haute (sourire), je vais me sentir écouté, observé.
Ce changement de vie, cela vous plaît ou au contraire vous le redoutez ?
Ça me plaît. Depuis toujours, c'est ancré en moi, je veux faire partie des meilleurs joueurs du monde. J'ai des objectifs élevés, j'ai la dalle, j'ai faim de titres. Ce n'est pas un titre mondial qui va me rassasier. Et les conséquences de ces objectifs-là, c'est quoi ? Une forme de célébrité. Les Ronaldo, les Messi, ils ne sont pas tranquilles.
Déjà, à mon niveau, je ne suis pas tranquille, mais au leur, je ne sais pas comment ils font.
Est-ce que vous vous étiez préparé à ça : passer du statut d'inconnu du grand public à celui de mascotte des Français ?
Oui, on me dit que je suis devenu le chouchou du public français (sourire). Mais je reste moi-même. Mes parents m'ont très bien éduqué. Je n'avais pas besoin d'être préparé à être ça. Aujourd'hui, je suis l'homme le plus heureux du monde.
Comment analysez-vous ce statut de « chouchou » ?
Je pense que c'est le but contre l'Argentine qui fait ça. Les gens m'ont découvert à ce moment-là. Ils ne me connaissaient pas du tout, et c'est normal. Il ne faut pas oublier que, l'an dernier, je jouais en D2 en Allemagne (à Stuttgart). Tout est allé très très vite. Et c'est grâce au coach Didier Deschamps, au staff, aux joueurs. Sans leur aide, leur confiance, je ne serais pas là aujourd'hui devant vous.

« TOUT EST ALLÉ TRÈS TRÈS VITE. ET C'EST GRÂCE AU COACH DIDIER DESCHAMPS, AU STAFF, AUX JOUEURS. SANS LEUR AIDE, LEUR CONFIANCE, JE NE SERAIS PAS LÀ AUJOURD'HUI. »

N'y a-t-il pas aussi une forme de simplicité, de naturel, quelque chose presque de « old school » chez vous qui plaît au grand public ?
Oui, on m'a souvent dit que j'avais un style années 80 (rires). Bon, sachez que j'écoute de tout comme musique : années 80 et rap. Pour répondre à votre question, on en revient à la manière dont j'ai été éduqué. Pourquoi je ferais la gueule ? La vie est belle, je suis champion du monde, je profite. Je pratique le sport que j'ai toujours rêvé de faire. Je suis en bonne santé, mes parents aussi, mes proches aussi. Ce n'est pas pour lâcher un cliché, mais il y a des gens handicapés, d'autres qui galèrent, des gens qui sont malades. C'est à eux que je pense quand je suis mort sur le terrain. À ceux qui n'ont pas la possibilité de marcher, de courir. Peut-être que les gens le sentent, ça. Il faut leur poser la question.
L'ampleur du phénomène autour de vous, vous l'aviez perçue en Russie ?
Franchement, non. Et même là, j'ai gagné la Coupe du monde mais je ne réalise pas forcément. On était éloignés, en Russie, c'était difficile. Des potes, mes parents, le maire de Jeumont aussi, m'envoyaient des photos sur l'atmosphère qui régnait en France et sur ce qu'il se passait autour de moi. Après mon but, le fait que les supporters fassent un chant en mon honneur, ça me touche forcément. J'étais « choqué » qu'on puisse faire ça pour moi. Je me suis dit qu'il se passait quelque chose. Mais le phénomène, je ne l'ai vraiment perçu qu'en arrivant.

La première fois que vous avez entendu votre chant, vous vous êtes dit quoi ?
Que je ne pensais pas avoir une chanson aussi vite (rires) ! On en revient à mon parcours : je viens d'arriver en équipe de France, je jouais en D2 il y a un an, et j'ai une chanson… Tous les joueurs n'en ont pas. Les paroles, j'aime bien, c'est pas mal. C'est vrai que personne ne me connaissait à ma première sélection (le 10 novembre contre le pays de Galles). J'ai bossé, je n'ai jamais baissé les bras, tout n'a pas été facile dans ma vie. Aujourd'hui, je suis épanoui et en plus, maintenant, j'ai une chanson (rires) !
Pourquoi cette frappe a-t-elle autant marqué les gens ?
Je crois que ça vient de sa trajectoire, plutôt impressionnante. Elle fait comme ça (il mime une courbe très prononcée). Les gens me parlent tout le temps de ça. C'est rare que je tente une telle frappe, même à l'entraînement. C'est un geste que j'aime bien, mais que je ne fais jamais. Je me suis senti un peu fautif sur le deuxième but argentin (à la 48e, il concède un coup franc puis couvre le buteur, Mercado). Il me fallait réagir, ne pas baisser les bras, montrer aux gens que j'avais un gros mental. Mon objectif, c'était de faire une passe décisive ou de marquer. Au moment de ma frappe, je me suis dit : il faut que je ne la prenne pas trop fort et que je la cadre. Et éviter que je tue un pigeon ! Ça a été une bouffée d'oxygène, ensuite, pour nous.

Décrivez-nous cette fameuse « frappe de bâtard »…
Quand je vois le ballon arriver, mon cœur fait boum, boum, boum. Au moment de réaliser le geste, je me couche au maximum tout en voulant laisser la balle en l'air. Après, je cours, je ne sais pas où aller (rires). La difficulté, ensuite, c'était de ne pas rester sur ce but, de rester dans le match. Mais ça m'a donné plus de confiance en moi. Et ce n'est que plus tard que j'ai réalisé : ce but-là, cette frappe-là, elle me restera à vie. Elle est en moi. Elle a changé ma vie. Tout le monde m'en parle. Toute ma vie, elle va me suivre. Toute ma vie, je vais kiffer. Dans vingt ans, quand on tapera « Pavard » sur YouTube, ça sera « but Argentine ». C'est quelque chose d'énorme d'être associé à ça, dans une compétition comme celle-là.
Didier Deschamps évoquait dimanche une part d'irrationnel dans ce but.
C'est possible. Moi, je me dis que si je ne m'étais pas senti fautif sur le deuxième but, je ne serais peut-être pas monté si haut. Il ne restait plus beaucoup de temps (il a marqué à la 57e). J'ai avancé, j'ai avancé. Mon adversaire (Di Maria) ne m'a pas suivi.
Lilian Thuram, lui aussi, avait été fautif sur le but croate lors de la demi-finale en 1998.
Je ne savais pas. Pouvoir, même sur une action ou sur un tournoi, être comparé à lui, c'est énorme. Je l'ai vu après la finale. C'est un modèle pour moi. Faire une carrière comme lui, je signe tout de suite. Un très très grand monsieur.

Depuis ce but, vous en avez rêvé la nuit de cette frappe ?
Là, c'est retombé. Ce dont je rêve en ce moment, c'est de la Coupe du monde. J'essaie de réaliser que je fais partie de cette deuxième étoile… Peut-être que je mettrai quelques années à m'en rendre compte. La frappe, elle est merveilleuse, mais j'espère qu'il y en aura d'autres pour prouver à tout le monde que ce n'était pas de la chance. Ce n'est pas donné à tout le monde de faire ça en Coupe du monde, mais la finalité, c'est la Coupe du monde. Ça, c'est le plus beau moment de ma vie, tout simplement.

« MOI, JE VEUX TOUT GAGNER : LA COUPE DU MONDE PLUSIEURS FOIS, LA C1, TOUTES LES COUPES POSSIBLES. J'AI ENVIE D'ÊTRE UN JOUEUR AVEC UN ÉNORME PALMARÈS. »

Benjamin Pavard face au gardien belge Thibaut Courtois, en demi-finale.

Les deux défenseurs latéraux de la France pendant la Coupe du monde n'étaient pas titulaires avant le début de la phase finale.

« SUR MON BUT, AU MOMENT DE RÉALISER LE GESTE, JE ME COUCHE AU MAXIMUM TOUT EN VOULANT LAISSER LA BALLE EN L'AIR. APRÈS, JE COURS, JE NE SAIS PAS OÙ ALLER (RIRES). »

Le match contre l'Argentine, Pavard y pensera encore dans vingt ans.

Avez-vous le sentiment d'avoir un destin à part ?
Ce que je sais, c'est que je suis toujours invaincu en équipe de France (sourire). Trente et un matches (en incluant les équipes de jeunes). J'espère prolonger cette série. Mon destin, oui, il est différent. Je ne marque jamais… (Il s'arrête.) C'est peut-être le destin. Franchement, je ne sais pas. Appelez ça comme vous voulez. Je n'ai pas les mots pour exprimer tout ça. Je suis encore ému. Ému d'avoir fêté ça avec les supporters sur les Champs. C'est fantastique. C'est peut-être la récompense de tout le travail que j'ai fait depuis tout petit, tous les sacrifices, ceux de mes parents aussi. Les kilomètres, les familles d'accueil… Mon agent (Joseph Mohan) me dit que j'ai un marabout. Il a toujours cru en moi. Il est comme un grand frère. Une personne que j'admire. Cette frappe, cette Coupe du monde, c'est aussi une récompense pour tous ces gens-là.
Au-delà de ce but, comment jugez-vous votre Mondial ?
Bon. Déjà parce que personne ne s'attendait à ce que je sois là. J'ai fait un bon Mondial à un poste (latéral droit) dont je ne suis pas spécialiste. J'ai beaucoup appris avec Djibril Sidibé. Le coach m'a également donné beaucoup de conseils. Défenseur axial ou de côté, je le perçois de la même manière : mon rôle, c'est d'abord de bien défendre. Après, apporter. Ce tournoi me permettra d'évoluer encore plus pour le reste de ma carrière.
Est-ce que vous vous êtes étonné ?
Non, parce que j'ai confiance en moi. Peut-être que les gens vont croire que je suis arrogant, mais je suis sûr de mon potentiel. On l'a vu, j'étais fautif sur le but argentin et je me suis rattrapé.
Face à Di Maria ou Hazard, vous vous êtes retrouvé en difficulté…
Franchement, ce n'est pas pour me donner des excuses, mais Eden Hazard, c'est le plus grand joueur contre qui j'ai joué, c'est extraordinaire. Je ne sais pas si les gens se rendent compte, il a un talent fou, un truc de malade. À Lille, je le regardais jouer, c'était déjà un truc de ouf, mais là, jouer contre lui, c'est encore plus impressionnant. C'est le meilleur dribbleur du monde avec Messi. Je n'ai pas douté ce jour-là, j'ai confiance en mes qualités, mais ça va tellement vite avec lui…
Est-ce que vos prestations ont fait évoluer le regard de vos coéquipiers sur vous ?
Oui. Surtout, ce qui est différent, c'est qu'il y a plus d'affinités, plus d'automatismes. On est restés un mois et demi ensemble, les joueurs ont appris à me connaître. Et ils m'ont tout de suite mis en confiance. C'est un groupe vraiment formidable. Après, quand tu joues et que tu es performant, tu n'es plus le petit, mais leur soldat, comme m'appelaient Adil Rami et d'autres.
Vous êtes Jeff Tuche ou le soldat ?
Jeff Tuche, franchement, c'est marrant. D'ailleurs, s'il lit cette interview, qu'il vienne manger des frites avec moi ! C'est le seul point commun que j'ai avec lui. Les cheveux, pas trop (rires). Quand j'avais répondu sèchement là-dessus en conférence de presse, c'était plus lié à la manière d'amener la question.
Pensez-vous être désormais installé en bleu ?
Je ne suis pas installé, non. Il faut que je continue à bosser pour garder cette place. La concurrence est grande. L'idée, c'est d'être performant en club et en sélection pour rester le plus longtemps possible. Mon statut, lui, a évolué : je ne suis plus le petit jeune qui vient d'arriver, je suis champion du monde maintenant.
Est-ce qu'une affirmation de votre statut en équipe de France passe par un changement de club ?
Je vais peut-être signer à Jeumont (rires).
– Le maire à proximité intervient : « Oui, on est sur les rangs » (rires) – Il y a beaucoup de clubs qui me veulent. Déjà, je vais partir en vacances.
Est-ce nécessaire de changer de club dès cet été pour progresser encore ?
Non, pas forcément. Je suis très bien dans mon club. Après, j'ai toujours dit que je voulais jouer la C1. Ça ne passe pas forcément par un départ cet été. On verra. Mais si j'ai une opportunité et que tout le monde s'y retrouve, pourquoi pas ?
À 22 ans, quand on a gagné la Coupe du monde, comment fait-on pour ne pas considérer qu'on a déjà réussi une grosse carrière ?
Il faut gagner, gagner, et encore gagner. Dans deux ans, il y a l'Euro, je veux le remporter. Moi, je veux tout gagner : la Coupe du monde plusieurs fois, la C1, toutes les Coupes possibles. J'ai envie d'être un joueur avec un énorme palmarès.
Là, on savoure et après, on repart au combat.

Propos recueillis par Hugo Delom

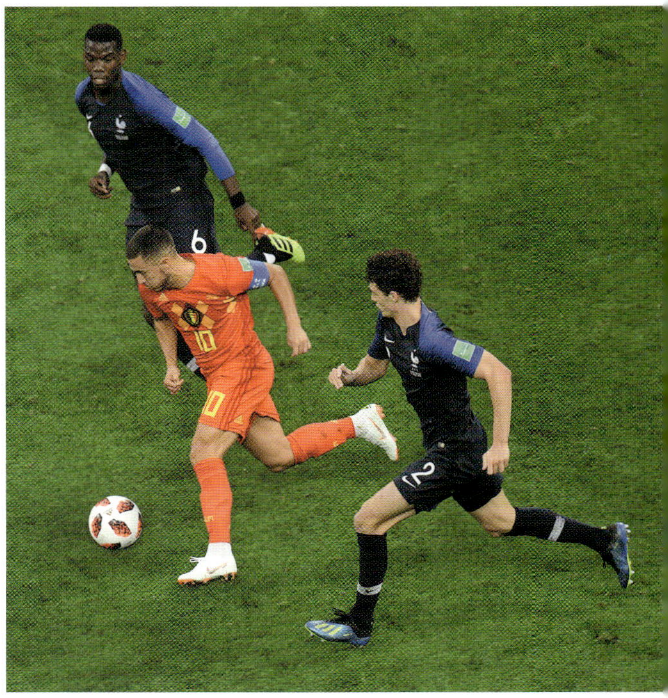
Aux prises avec Eden Hazard, en demi-finale face à la Belgique.

Adil Rami

« COMME SI J'AVAIS JOUÉ CHAQUE MATCH »

Votre vie a-t-elle vraiment changé ?
C'est chaud, c'est la folie. Écoutez, tout le monde me dit ça. Je ne sais pas comment je vais le vivre mais le regard des gens a changé, c'est sûr. Je suis mal à l'aise. Déjà, à la base, quand je marche et qu'on me regarde un peu trop je ne suis pas très bien, même si j'essaie de rester naturel. Ça fait bizarre, mais en même temps il y a tellement de gentillesse. C'est une dinguerie. Il y a trop de compliments, trop de gentillesse, trop de messages. Oh putain, c'est un truc de ouf !
C'est vrai que vous n'avez pas trop forcé en Russie (Rami est le seul joueur de champ à ne pas avoir disputé une seule minute de jeu).
Je vous jure que c'est comme si j'avais joué chaque match ! Tu puises mentalement, vous ne pouvez pas vous imaginer. Sur le banc j'étais à fond et les gars devaient me calmer parfois. Je n'arrivais pas à contenir mes émotions. Les mecs me disaient même : "Casse pas les couilles, tu me stresses !" C'était la folie sur le banc.

« LE TALENT, C'EST BIEN, MAIS SI TU NE COURS PAS POUR TON COÉQUIPIER, SI TU NE COUVRES PAS TON POTE QUI A PERDU LA BALLE OU QUI S'EST FAIT DRIBBLER, SI TU N'AS PAS CE DON DU SACRIFICE, L'ÉQUIPE N'IRA PAS LOIN. »

La joie d'un champion du monde à part entière.

Votre entraîneur, Didier Deschamps, a dit que vous seriez liés à vie maintenant. Y a-t-il un joueur avec lequel vous le serez encore plus ?
Non, c'est vraiment le groupe que j'ai kiffé. Il y a eu quelques beaux discours entre nous. On a un groupe WhatsApp. Et je vous jure, après les huitièmes et les quarts de finale, il y a eu des messages où on se disait déjà : "Peu importe ce qu'on va faire dans cette Coupe du monde, on n'oubliera jamais." Dès les huitièmes. Et certains répondaient : "Non, non, on kiffe, mais on va aller au bout."
Le déclic, est-ce l'Argentine ?
Après l'Argentine (4-3, en 8es), on a compris qu'on avait un style de jeu. Et que ce style convenait à tout le monde au final, les attaquants comme les défenseurs. Ce qu'on a montré contre les Argentins, c'est ce qu'on savait faire de mieux. Il y avait beaucoup de talents dans notre équipe. Et j'essayais comme d'autres de faire passer un message à certains. Le talent, c'est bien, mais si tu ne cours pas pour ton coéquipier, si tu ne couvres pas ton pote qui a perdu la balle ou qui s'est fait dribbler, si tu n'as pas ce don du sacrifice, l'équipe n'ira pas loin. On ne peut pas gagner une Coupe du monde uniquement avec le talent. J'ai vu des mecs qui se battaient les uns pour les autres. J'ai vu Paul (Pogba) qui a mis de côté ses passements de jambes pour défendre. Je l'ai vu dans notre surface dégager de la tête, je l'ai vu prendre Fellaini au duel en demi-finales contre la Belgique (1-0). C'est ça, le football.
Est-ce ce qu'a rappelé Deschamps après l'Australie (2-1, 1er match de groupe) ?
Oui, certains cadres aussi. Ce débrief a porté ses fruits. Ce groupe était super fort mentalement et finalement mature. Le coach nous a un peu tapé dessus à la réunion. On a vu le comportement des uns et des autres, ça marchait, ça dribblait, à la perte du ballon ça ne revenait pas. C'était de l'anti-football pur et ça sentait la défaite. C'est là qu'on s'est mis à courir les uns pour les autres.
Des attitudes qui semblaient plus naturelles pour un Griezmann ou un Giroud que pour d'autres.
Il y a en a qui ont dû se forcer, oui. Le petit pont, le grand pont, on t'apprend ça au quartier. Tout le monde kiffe. C'est beau à voir mais ça dure dix

Malgré aucune entrée en jeu durant la Coupe du monde, Adil Rami a fait corps avec le reste du groupe durant toute la compétition.

secondes. C'est mieux d'être champions du monde. Au final, on gagne le Mondial, car on s'est battus chaque match pendant quatre-vingt-dix minutes, parce qu'on a souffert.

Comme en finale face à la Croatie ?

On se doutait qu'on allait souffrir contre la Croatie. Et ce n'était pas plus mal qu'on joue loin de la France, c'est mon avis. Quand on a affronté le Portugal chez nous, en finale à l'Euro 2016 (0-1 a.p.), on pensait tous qu'on allait gagner. Parfois c'est bien d'avoir tes supporters derrière, mais si c'est pour n'être qu'à 90% en te disant que ça va passer grâce au public, ça ne marche jamais comme ça.

Vos journées n'étaient-elles pas trop longues en sachant que vous n'alliez pas jouer ?

Je n'attendais pas l'entraînement de l'après-midi. Je me levais à 8 heures du matin. Les plus anciens étaient déjà debout, comme Philippe Tournon (l'attaché de presse historique des Bleus, qui a pris sa retraite après le Mondial). Je prenais mon petit-déjeuner. Je remontais une heure dans ma chambre. Et à 10 heures j'étais en salle. Vous demanderez à Franck Raviot (l'entraîneur des gardiens) ou à Greg Dupont (le préparateur physique) qui étaient là. J'étais obligé, c'est dans ma mentalité. Je m'étais imposé une discipline.

Sauf le soir où vous avez gazé vos coéquipiers avec un extincteur à incendie et que tout l'hôtel s'est retrouvé évacué en pleine nuit…

On était assis dehors. Le coach était au téléphone en pyjama. Il est venu vers nous. Je me suis dit que j'allais en prendre plein la gueule. Et, d'un coup, il a fait demi-tour. Le lendemain matin, il me croise et me dit : "Oh le pompier, ça va ?" Ça m'a soulagé car j'avais une boule au ventre, quand même. J'ai aimé cette attitude. Au final, on a déconné jusqu'à 5 heures du matin avec cette histoire, ça chantait, il y avait de l'ambiance. Tout le monde m'a dit que j'étais un malade. Mais aujourd'hui on me remercie presque, ça reste un bon moment de cette Coupe du monde.

Comment avez-vous trouvé Deschamps lors de cette Coupe du monde ?

Je suis allé voir le coach lundi. Je trouve qu'il a changé et je lui ai fait passer le message. C'était important de lui dire ce que je ressentais. Je l'apprécie énormément, comme tout le groupe, car durant cette compétition j'ai beaucoup appris sur lui et de lui. Demain, si je veux devenir entraîneur, ça me servira. Il a mis des règles sur le plan défensif mais il nous a encouragés à prendre du plaisir, à oser, à frapper. "N'ayez peur de rien", nous disait-il. On était libres. Par le passé, j'ai eu des doutes sur lui, j'ai eu du mal à accepter son fonctionnement. Je le trouvais dur, strict. C'était stressant de jouer en étant scruté de la sorte et en sachant qu'il allait dire quelque chose qui n'allait pas sur mon football. C'est comme ça que je le voyais.

Vous auriez pu lui en vouloir cette fois aussi, car vous n'avez pas joué une seule minute…

Le jour où il est venu dans ma chambre avant la demi-finale de l'Euro 2016 contre l'Allemagne (2-0) pour me dire que je n'allais pas jouer, j'ai pleuré. Avant qu'il parte, il a vu que j'étais super triste. Je lui ai dit : "Coach, à la collation je vais sourire, je vais faire des blagues. Ne pensez pas que c'est parce que je m'en fous. C'est pour ne pas montrer à l'équipe que je suis triste et envoyer des mauvaises ondes." Je ne sais pas s'il me connaissait réellement. Et quand un coach doute de moi, je ne me sens pas bien. J'ai l'impression de passer pour un vicieux, pour quelqu'un de faux. Un entraîneur doit savoir que je suis prêt à 100%. Ça m'a fait mal à l'époque mais cette fois cela n'avait rien à voir. Il y avait une défense (Varane-Umtiti) qui marchait du tonnerre.

Propos recueillis par Vincent Garcia

POGBA-KANTÉ
LE MONDE EST À EUX

Ces deux-là ne perdent jamais un match quand ils sont titularisés ensemble.
Mais posséder dans son effectif le joueur de Manchester United (25 ans) et celui de Chelsea (27 ans), c'est un peu comme maîtriser le feu et la glace. Dans la montée en puissance du duo, il y a eu des choix forts de Didier Deschamps, le sélectionneur des Bleus. Le premier est le retour au 4-4-2 contre le Pérou (1-0, le 21 juin), qui a libéré Kanté de son rôle de sentinelle. «Il est dans l'énergie, approuve Gilles Grimandi, recruteur à Arsenal. Sa force, c'est sa mobilité.»
Un sentiment partagé par Alain Boghossian, champion du monde 1998: «Le restreindre à un rôle devant la défense était le gâcher. Alors qu'il aime se déplacer, coulisser, anticiper, changer de zone pour colmater.» Le deuxième est le passage de l'ancien Caennais dans l'axe gauche contre l'Argentine (4-3, le 30 juin) en huitièmes de finale pour bloquer Lionel Messi. Il s'y est installé, y compris contre la Belgique en demi-finales (1-0, mardi) pour gêner De Bruyne et les montées de Chadli, alors que c'est depuis toujours le côté préféré de Pogba. Mais le milieu de MU a trouvé à droite une relation privilégiée avec Kylian Mbappé, qui est une nouvelle force pour les Bleus. Et le staff a gardé ce fil conducteur.
«Ils se complètent bien car "NG" reste un maître de la récupération, un monstre pour couvrir le terrain, disait Blaise Matuidi hier. Paul a cette finesse technique, cette qualité de passes qui permet de faire des différences et servir vite les attaquants. » Boghossian est d'accord: «Avant, il recevait souvent le ballon dos au jeu. Là, ses partenaires arrivent à le trouver en bonne position, il a retrouvé la confiance, ça se voit.» Pogba était programmé pour réussir, Kanté a échappé d'abord à tous les radars.
Tout les oppose, leur parcours en pros, leur caractère, leur jeu, leur morphologie mais tout les a rapprochés durant ce Mondial, et surtout ce goût du travail défensif bien fait. «Ils ont trouvé une complémentarité durant la compétition qu'ils n'avaient pas montrée durant la préparation, remarque Alou Diarra, le finaliste de la Coupe du monde en 2006. C'est un milieu complet et il n'y a pas beaucoup d'équivalent au monde, même si j'aime bien aussi la paire croate. Il y a une vision du jeu, de la qualité dans les passes longues ou courtes, mais aussi du volume, de la puissance, du pressing. » Le genre de choses qui semblent naturelles pour Kanté, «même si, à l'Euro, il n'avait pas convaincu tout le monde dans le staff, c'est devenu une pièce inamovible», dixit Grimandi.
Le niveau actuel de Pogba était un peu moins évident à deviner. « Il y avait plus d'incertitudes, poursuit le recruteur d'Arsenal. Il a encore perdu quelques ballons faciles, parfois en début de Coupe du monde. Mais plus c'est dur, plus il élève son niveau de jeu et cela peut frôler l'excellence. Il devient alors intouchable. » Il faut se souvenir des débats qui existaient encore jusqu'au début de compétition sur les performances du joueur de MU. « Je joue mon rôle de milieu, disait-il vendredi. On me juge là-dessus maintenant et plus sur les passes décisives ou les buts. J'ai été critiqué contre l'Italie (3-1, le 1er juin en préparation) en jouant ce rôle, aujourd'hui, non.» En un peu plus d'un mois, notre regard a peut-être changé, mais le monde autour aussi. Nouveau système, nouvelle star mondiale avec l'émergence de Kylian Mbappé, qui lui enlève un peu de pression, et nouveau Pogba donc.
Entre sa conférence de presse encore un peu centrée sur lui-même en début de Mondial et son ode au collectif, on pourrait penser que le joueur a signé à l'Atlético de Madrid. «Défendre, ce n'est pas mon point fort, je ne suis pas N'Golo Kanté, mais je le fais avec plaisir, a-t-il assuré. J'ai pris en maturité. Antoine (Griezmann) me parle de mon positionnement sur le terrain, ça m'aide. L'équipe me fait grandir j'avance comme ça.» José Mourinho sera sûrement ravi de l'apprendre et on ne sait pas si cette nouvelle passion pour le travail de l'ombre tiendra sur une saison. «Ce n'est pas sa force principale, souligne Grimandi. Il veut peut-être véhiculer cette image parce qu'il a été critiqué là-dessus, sur une certaine facilité parfois.»
Durant cette compétition, Pogba, inspiré par son ami Griezmann et par l'abattage de Kanté à côté de lui, s'est en tout cas épanoui dans ce rôle. On l'a vu sur la pelouse lors de son duel avec Marouane Fellaini en demie. «Sur le terrain, il fait pas mal d'efforts et bosse pour le collectif, estime Samuel Umtiti. Il le fait beaucoup plus. Quand on a Kanté sur tous les ballons et quand on voit physiquement Pogba qui est là, ça nous allège un peu en défense.»
Ses discours dans le vestiaire, inspirés de Patrice Évra, «un exemple» pour lui, racontent la même histoire. Pogba y parle de grinta, de duels, de souffrance, d'humilité. Loin du côté bling-bling qu'on a pu lui coller parfois. Même un sélectionneur danois ne le reconnaîtrait pas. «J'aime ses paroles car ses mots sont suivis par des actes, estime Alain Boghossian. Ça se voit même physiquement, à ses coiffures, il s'est remis dans le rang. Ce sont des signes. Zizou était un mec très humble et il était aimé. Car si tu fais le taf sur le terrain, la lumière arrive et les gens t'aiment naturellement. Après Kanté, c'est l'humilité poussée à l'extrême.»
À la base, entre le timide «NG», que le groupe pousse à se mettre en avant – pour le faire «chier», se marre Umtiti – et l'exubérante «Pioche», peu de choses en commun. Mais difficile de ne pas s'entendre avec le gentil N'Golo, sauf lors des jeux de groupe. «Il a toujours été comme ça, timide, réservé sauf quand il joue aux cartes, sourit Pogba. On parle, on se donne des conseils. C'est un mec en or, très attachant. Chacun sa personnalité, mais je vis très bien avec lui. Même s'il est très moqueur et très tricheur. » Comme ça, tout de suite, on a du mal à l'imaginer. Mais on avait aussi du mal à croire que Pogba deviendrait un patron des Bleus aussi influent, simple et efficace. Ce duo est décidément plein de surprises. L'avenir est à eux.

Vincent Garcia

« KANTÉ A TOUJOURS ÉTÉ COMME ÇA, TIMIDE, RÉSERVÉ SAUF QUAND IL JOUE AUX CARTES. CHACUN SA PERSONNALITÉ, MAIS JE VIS TRÈS BIEN AVEC LUI. »

Paul Pogba

« ILS ONT TROUVÉ UNE COMPLÉMENTARITÉ DURANT LA COMPÉTITION QU'ILS N'AVAIENT PAS MONTRÉE DURANT LA PRÉPARATION. »

Alou Diarra, ancien international

Lucas Hernandez

« ON S'EST SENTIS COMME DES FRÈRES »

Inconnu dans son pays natal au printemps, le défenseur de l'Atlético a conquis le monde et la France en Russie.

Lucas, il vous tarde d'enfiler le maillot avec les deux étoiles ?
J'en ai déjà eu un en avant-première. Le staff nous l'a donné après la victoire à Moscou. Il est à la maison… sauf qu'on n'a pas notre nom dessus !
Justement, qu'avez-vous fait de vos maillots du Mondial ?
J'ai gardé les originaux, ceux avec lesquels j'ai joué. Le deuxième maillot, je l'ai offert à des personnes qui me sont chères : ma maman, mon grand-père, ma grand-mère, mon frère et mon oncle. Je n'en ai échangé que deux : le premier avec mon coéquipier José Gimenez contre l'Uruguay, le second avec mon ami Yannick Carrasco face à la Belgique. On se l'était promis.
Qu'allez-vous faire de tous ces maillots ?
Je vais tous les encadrer dans ma future maison, dans une pièce dédiée à tous mes trophées. Ce sera mon "petit" musée. Il y aura également un ballon que j'ai fait dédicacer par mes coéquipiers. Je mettrai également mes crampons de la finale. Et la réplique de la coupe du monde, bien entendu !
Vous l'avez déjà ?
La FFF a promis de nous en refaire une à tous. Elle doit faire la même taille et le même poids. Je vais la mettre bien en évidence à côté de la Ligue Europa et de la Supercoupe d'Europe.
Et l'originale, la vraie coupe du monde, l'avez-vous eue longtemps entre les mains ?
Sur le terrain, pas mal. Mais c'était la bataille pour l'avoir ! Elle a surtout tourné dans le vestiaire. Là, c'était de la folie. C'est d'ailleurs dans le vestiaire qu'il y a eu le plus d'émotions, les moments les plus forts. Puis à Istra, à notre retour au camp de base. Il y a eu plein de photos avec nos familles. Et une fête phénoménale ! Je passe les détails…
Allez…
Je n'ai pas dormi ! C'est ma mère qui a fait ma valise le lendemain avec ma grand-mère qui était là aussi. Mais je croyais surtout avoir perdu ma médaille… Au petit matin, je la cherchais partout dans les buissons et les jardins de l'hôtel. Heureusement, c'est ma maman qui l'avait récupérée dans la soirée. Je ne m'en souvenais plus…
Parmi les vidéos de cette soirée, on vous a notamment vu enlacer un sapin…
(Il se marre.) C'est Thomas (Lemar) qui l'a filmée. Tout le monde avait sa femme ou sa copine à Istra pour fêter ça, sauf moi. Ma petite amie était restée à Madrid car elle était enceinte. Je ne l'ai pas vue pendant plus de cinq semaines. Elle me disait au téléphone que j'avais intérêt à revenir avec la coupe, sinon je ne rentrais pas à la maison ! Le soir de la victoire, il fallait donc que je trouve quelqu'un pour danser. J'ai choisi ce petit sapin.
Cet été 2018 restera particulièrement mémorable pour vous…
Quinze jours après le titre, j'ai été papa pour la première fois. Un petit Martin. Champion du monde plus papa, ça change la vie. Je suis passé dans une autre dimension dans tous les domaines. Et avec d'autres responsabilités aussi. 2018 restera gravé. Je vais d'ailleurs bientôt me faire un nouveau tatouage sur la cheville avec cette coupe du monde.

« CE TITRE EST VRAIMENT CELUI D'UN GROUPE PLUS QUE CELUI D'UNE ÉQUIPE. »

Face au Belge Nacer Chadli, en demi-finale (1-0).

Le latéral des Bleus, lors de la finale contre la Croatie (4-2).

Commencez-vous à réaliser tout ce qui vous arrive ?
C'est encore bizarre comme sentiment. Il y a eu plusieurs étapes. Je m'en suis rendu compte petit à petit, mais sans doute pas encore totalement.
Ç'a commencé quand ?
Au coup de sifflet final contre la Croatie. Pendant la finale, j'étais tellement dedans, ultra concentré, que je ne savais même plus le score. Après, tout a défilé à une vitesse folle : la remise du trophée sous le déluge, le vestiaire, Istra, Paris, les Champs-Élysées, le palais présidentiel, et puis tout le monde est parti à droite, à gauche. Mais je pense qu'on va vraiment se rendre compte qu'on est entrés dans l'histoire bien plus tard. C'est ce que m'a affirmé le coach Simeone.
Que vous a-t-il dit exactement ?
Qu'on ne se rendait pas compte de ce qu'on avait fait et de ce qu'on allait devenir dans le foot avec Antoine (Griezmann) et Thomas (Lemar). Il nous a dit que d'immenses joueurs n'avaient jamais été champions du monde. Je le suis à vingt-deux ans. Mais j'ai encore faim !
Avec le Barça et le Real, l'Atlético est devenu le club des champions du monde en Espagne...
Il n'y avait jamais eu de joueurs de l'Atlético champions du monde. Là, il y en a trois d'un coup. On a fait une belle fête avec le public pour le premier match de Liga à domicile (NDLR : 1-0, face au Rayo Vallecano). Ce titre est aussi un peu le leur. De l'intendant au "Cholo", ils ont tous un petit bout de ma Coupe du monde. Je n'oublie pas d'où je viens et qui je suis. On n'est rien sans les autres. On l'a bien vu en Russie.
La France a impressionné plus par sa force collective que par ses individualités...
Dès le premier rassemblement, on s'est sentis comme des frères ! Cette sensation a grandi très vite et s'est renforcée au fil du temps. Il y a eu ce sentiment assez fort de ne faire qu'un. Ce titre est vraiment celui d'un groupe plus que celui d'une équipe. Les remplaçants n'ont jamais fait la gueule, toujours derrière nous, derrière le titulaire, à nous pousser. Il n'y a qu'à voir Adil (Rami). Zéro minute sur le terrain mais un rôle fondamental dans l'équilibre général. Il est autant champion du monde que tous les autres.

« DES GARS COMME OLIVIER GIROUD OU ANTOINE GRIEZMANN SONT SOUVENT SORTIS DE LEUR RÔLE POUR VENIR DÉFENDRE COMME DES CHIENS. »

Antoine Griezmann vous prépare une surprise à tous pour sceller votre amitié.
Il veut nous faire une bague, comme tous les champions dans les sports américains. Il a déjà fait faire un modèle. C'est bien lui, ça. Une super personne, un super joueur. Il veut qu'on reste à jamais liés entre nous. Son geste le résume bien.
Au-delà de cette cohésion, qu'est-ce qui a également fait votre force ?
On est jeunes et tous très ambitieux. On n'avait peur de rien. On n'avait pas d'a priori mais la certitude qu'on pouvait aller au bout. Ce n'était pas que des mots. Il y a eu aussi cette osmose rapide entre trois générations, les jeunes, les intermédiaires et les anciens. Grâce au staff, on a tous été sur la même longueur d'onde rapidement. C'était tous pour un, un pour tous ! Tirer dans le même sens, se battre pour le collègue. Pour beaucoup, on n'avait peut-être pas le groupe le plus talentueux, mais on avait l'âme, la volonté et la foi en nous et notre destin. On était des guerriers. Il n'y a qu'à voir des gars comme Olivier (Giroud) ou Antoine (Griezmann), qui sont souvent sortis de leur rôle pour venir défendre comme des chiens. C'est pour ça qu'il y a eu des jugements qui ont été cruels pour certains... On s'est battus à vingt-trois pour une chose : être

Souvenirs de Russie

... une image qui restera
« Mon centre pour Benjamin Pavard contre l'Argentine. Sa frappe est incroyable ! Je vis la suite de l'action par terre. Cette action reste gravée dans ma tête. Comme un ralenti... mais à vitesse réelle ! »
... un éclat de rire
« Le soir où Adil (Rami) nous a fait sortir de l'hôtel à Istra en dégoupillant un extincteur ! Cette scène prouve qu'on était contents d'être ensemble et de faire les cons. Adil nous a défoncés dans le couloir ! Plus j'y repense, plus j'en rigole. »
... une causerie marquante
« Les mots du coach avant le Pérou. Il nous a dit qu'il ne fallait avoir peur de rien, que si on était là, c'est qu'on le méritait. Ce match nous a fait changer. Il a lancé notre Coupe du monde. »
... une anecdote cachée
« Jusqu'à présent, j'avais toujours le 5 ou le 19 comme numéro. Quand je suis arrivé en équipe de France, j'ai hérité du 21. J'ai décidé de le garder. C'est désormais mon chiffre porte-bonheur ! En revenant à l'Atletico, j'ai demandé à le prendre. Ça tombait bien car Kevin (Gameiro) partait. »
... un maillot échangé
« Celui de mon ami Yannick Carrasco. On est vraiment liés. Comme il est en Chine, on ne se voit plus souvent. »
... un surnom
« Le Bœuf ! C'est comme ça que Presnel (Kimpembe) m'a surnommé. À cause de mon envie de tout défoncer sur le terrain. »
... un SMS
« Il y en a eu énormément. Mais ceux de ma famille m'ont toujours touché. En particulier un de mon frère Theo, qui m'a écrit quelque chose de très joli après la finale... »

À la lutte avec Nandez, contre l'Uruguay en quart de finale (2-0).

champions du monde. L'objectif, dans le foot, c'est de gagner. Pas par tous les moyens, mais avec ses moyens et en les optimisant au maximum. Le foot ne retient que les vainqueurs.

À quel moment le Mondial a-t-il tourné dans le bon sens ?

Le match contre l'Argentine est le gros tournant. On a gagné encore plus en confiance, surtout après être revenus à 2-2. Cette victoire, le scénario du match, le score (4-3), tout a marqué les esprits à l'extérieur et l'environnement général après le premier tour. Il n'y a pas que nous qui nous mettions à y croire. Mais nous, on n'avait pas besoin de ça. On sentait notre force, même si on avait peut-être besoin de ce degré de confiance en plus. L'Uruguay, puis la Belgique ont peut-être été moins durs dans des registres différents. Après, on a vraiment souffert face à la Croatie, mais c'était la finale. On avait tellement de motivation. On s'en foutait de savoir comment on allait jouer... il fallait gagner ! On voulait tellement cette deuxième étoile.

Que vous avez décrochée personnellement après seulement douze sélections...

Je suis arrivé en mars. Quatre mois plus tard, je suis champion du monde. Même moi, j'ai encore du mal à croire à ma trajectoire ! C'était presque inimaginable en début d'année. C'est pour ça que je savoure encore plus. Mon autre victoire, c'est que les gens, les Français, m'ont vraiment découvert. C'est une belle satisfaction personnelle.

Qu'insinuez-vous par là ?

Il y a eu des doutes émis sur moi.
Je l'ai senti. Déjà, parce que peu de monde me connaissait vraiment. Et puis, parce que les gens ont pensé que j'allais choisir l'Espagne. Je sais ce que je dois à ce pays où je suis arrivé petit, mais la France a toujours été mon maillot.
J'ai commencé en moins de seize ans en bleu. Dès les premiers matches en Russie, les gens ont vu ma motivation. Je crois qu'on m'a vite adopté parce que je ne triche pas. Je donne toujours tout. Pour moi, de me faire accepter comme ça et d'être reconnu dans le pays où je suis né, a été un autre gros défi. Je l'ai gagné aussi. J'ai prouvé que je méritais d'être là.

Et si on vous dit que vous êtes une révélation de ce Mondial...

(Il coupe.) Franchement, je me suis surpris moi-même ! Je n'imaginais pas être titulaire aussi vite. C'était ma première grande compétition internationale. J'ai prouvé que, même sans l'expérience, le mental pouvait vous emmener très loin. J'ai montré ce dont j'étais capable, que je n'avais peur de rien. Je n'ai jamais la pression.

Didier Deschamps a également pris un gros risque avec vous.

Il savait qui j'étais. Il connaît le ballon.
C'est vrai qu'il s'est peut-être un peu mouillé pour moi. Il m'a donné sa confiance comme titulaire. Je ne devais pas le décevoir.

Il a également fait évoluer votre style.

Il m'a pris pour mes qualités de défenseur.
Mais il m'a vite dit de tenter des choses, de prendre des risques offensivement. Même Diego Simeone m'a dit qu'il m'avait découvert sous un autre visage. Deschamps m'a libéré offensivement. J'ai appris plein de trucs avec lui. Chaque match, je me suis amélioré en Russie. Je crois même que mon meilleur a été en finale.

Avez-vous compris certaines critiques sur le style de jeu des Bleus ?

Le foot, à ce niveau, c'est la gagne. C'est optimiser ses forces pour aller au bout. C'est ce qu'on a fait, en marquant onze buts en quatre matches à élimination directe. C'est sûr qu'on n'a pas la culture de la possession de l'Espagne. Mais ils ont été sortis en huitièmes... La France, dans cette Coupe du monde, c'est le symbole de l'efficacité : solide derrière, forte dans son bloc et qui va à 2 000 à l'heure devant. On a joué parfaitement notre jeu. Bien défendre pour mieux attaquer. Notre identité, c'est l'efficacité. On a été plus efficaces que beaux. Mais le foot moderne, ce n'est plus la possession, c'est d'être hyper réaliste et de marquer plus que l'autre. Moi aussi j'aime le beau jeu, mais j'aime encore plus la victoire ! On a été champions du monde avec nos armes.

Propos recueillis par François Verdenet

« LE FOOT, À CE NIVEAU, C'EST LA GAGNE. C'EST OPTIMISER SES FORCES POUR ALLER AU BOUT. C'EST CE QU'ON A FAIT, EN MARQUANT ONZE BUTS EN QUATRE MATCHES À ÉLIMINATION DIRECTE. »

Kylian Mbappé

« JE M'ÉTAIS PROGRAMMÉ POUR GAGNER »

Tu as pensé à quoi, à qui, au coup de sifflet final face à la Croatie ?
Je n'ai pensé à personne, mais à une seule chose : la coupe ! J'allais enfin pouvoir la toucher, la prendre, la soulever. C'est juste pour ça que j'avais autant travaillé au cours des dernières semaines. Et j'étais pressé de la brandir même si, il faut être honnête, cela faisait quelque temps que je m'étais fait à cette idée.
Depuis combien de temps ?
Moi, depuis le début, j'étais convaincu que l'on avait tout pour aller au bout. Je l'avais même dit bien avant l'entame du tournoi, et certains prenaient ça pour de l'arrogance alors que c'était juste de la confiance. Et plus on a avancé dans la compétition, plus ça devenait presque une évidence car on montait en puissance. Au sein du groupe, on était très sûrs de notre force. Quand tu passes plus de cinquante jours ensemble, tu ne peux pas faire semblant.
À partir de quand t'es-tu dit : "Ça ne peut pas nous échapper" ?
Après le match de l'Uruguay, j'étais persuadé qu'on irait au bout. Bien sûr, c'est l'Argentine l'élément déclencheur de notre ascension. Mais le quart contre l'Uruguay a été le révélateur de notre force car on les a battus sur leurs points forts : ils étaient super habiles sur coups de pied arrêtés avec Godin, Suarez, Cavani et on marque sur un coup de pied arrêté (NDLR : Varane). C'est aussi une équipe très dangereuse sur les attaques rapides et on marque sur une attaque rapide (Griezmann). Comme on les a tués sur leurs propres atouts, on s'est dit : "Ouais, là, on va rentrer avec !"
L'Équipe a révélé que tu as disputé la demi-finale et la finale amoindri. Pourquoi l'avoir caché ?
Ça fait partie du jeu. Quand je me suis bloqué tout seul trois vertèbres la veille du match face à la Belgique, je n'ai pas paniqué. Grâce au super boulot de notre ostéo (Jean-Yves Vandewalle), j'ai pu retrouver 70 % de mes moyens. L'essentiel, en fait, était de ne surtout pas alerter nos adversaires car ils auraient pu en profiter pour m'attaquer sur cette zone sensible. C'est pourquoi, avec le staff et les joueurs, on a tout caché. Même pour la finale. Faut pas croire qu'une Coupe du monde se gagne tranquillement. Il faut aussi savoir serrer les dents… et ruser.

« FAUT PAS CROIRE QU'UNE COUPE DU MONDE SE GAGNE TRANQUILLEMENT. IL FAUT AUSSI SAVOIR SERRER LES DENTS… ET RUSER. »

On dirait que cette génération est sans complexe et habitée par une espèce de mentalité à l'américaine où tout est vite possible…
Au départ, personne ne voulait trop assumer cette ambition, mais, moi, cela ne me faisait pas peur de le dire : bien sûr que le groupe partait pour gagner. C'était bien plus que des paroles pour donner de l'espoir. J'y croyais à fond. Pour y arriver, on s'est donné tous les moyens. On a souffert, notamment durant la prépa, qui a été très dure. C'est pour ça aussi que durant les premiers matches on était un peu émoussés.
À t'entendre, ce sacre était une évidence. Est-ce pour cette raison que l'on ne t'a pas vu exulter sur la pelouse du stade Loujniki ?
Ce n'était pas de la pudeur car si j'avais dû pleurer de joie, je l'aurais fait, il n'y a aucune honte. Mais les larmes ne sont pas venues… Peut-être parce que je l'avais vu arriver depuis plusieurs semaines, je n'étais pas si étonné, en fait. On accomplissait un truc qui me semblait normal, presque prévu. Je m'y étais préparé. Mais j'étais super fier et heureux, hein ! Dans ces cas-là, il faut aussi respecter l'adversaire. Les Croates étaient à cinq mètres de moi quand j'attendais pour recevoir mon trophée (de meilleur jeune du tournoi). Je n'allais pas crier sur tous les toits.
Au moment où Hugo Lloris brandit la coupe, qu'est-ce que tu te dis malgré tout ?
"Ça y est, ça, c'est fait ! Tu es champion du monde." Mais j'avoue que, le soir même, je me projetais déjà sur la prochaine Coupe du monde. L'émotion et les sensations sont tellement fortes que tu as envie d'y goûter de nouveau le plus vite possible. Je veux revivre ça ! 2022, ce n'est pas si loin… Moi, ce qui

Sa capacité de dribble hors du commun, permet à Mbappé de se débarrasser d'un essaim de Belges en demi-finale.

me plaît, c'est de gagner, gagner. Plus tu gagnes, plus tu as envie de gagner encore. C'est une obsession qui m'a toujours fait avancer. Je n'ai pas du tout envie de me reposer sur mes lauriers. Je pense que 70 % des footballeurs, après une victoire en Coupe du monde, se disent que c'est la fin, la consécration. Pas moi. Je crois que c'est juste une nouvelle carrière qui commence maintenant.

C'est également une question d'âge, non ?

Forcément. Si j'avais bossé toute ma carrière et que je décrochais ce titre vers trente-deux ou trente-trois ans, certainement que je n'aurais peut-être pas le même discours. Mais là, je parle pour Kylian, quelqu'un qui a dix-neuf ans, qui monte, qui monte et qui n'a pas encore atteint le plafond. C'est une étape dans ma progression. Il m'avait fallu confirmer après mes premiers exploits en Ligue des champions avec Monaco. Il m'a fallu confirmer après mon transfert. Maintenant, il faut encore confirmer cette montée en puissance.

Après le coup de sifflet final, on met combien de temps avant d'atterrir ?

Moi, j'ai atterri assez vite parce que je savais depuis le début pourquoi je venais en Russie. Après le match, je me souviens avoir vu défiler toutes les images des sacrifices réalisés, depuis que je suis dans le foot, dont certains qui remontent à longtemps, longtemps... Le seul truc que j'ai eu un peu de mal à réaliser c'est lorsque nous sommes rentrés à Paris. Dans notre bus à impériale, c'était impressionnant avec tout ce bruit et ces gens. Je regardais et je me disais : "Ce n'est pas possible, ils ne sont pas tous venus pour nous ?" Mais, en dehors de ce défilé, je ne me suis pas laissé surprendre. J'étais venu pour la coupe et je repars avec.

Sais-tu dans les bras de quel joueur tu es tombé après le coup de sifflet final ?

(Il réfléchit plusieurs secondes...)
Ousmane Dembélé.

Ah oui, c'est vrai. C'est mon ami. On a à peu près le même âge, les mêmes centres d'intérêt. Je l'avais soutenu lors de ses débuts compliqués à Barcelone. Et quand, moi, à mon tour, j'ai connu un petit passage difficile à Paris, il m'a beaucoup appelé. On a des liens forts.

À quoi ressemble un vestiaire de champions du monde ?

Ça n'avait rien de trop intime car il y a vite eu les présidents qui sont arrivés : Poutine, Macron, Infantino... On a fait notre cri de guerre, il y a du champagne qui a volé et ç'a aussi beaucoup crié. Moi, j'ai tout regardé pour ne rien perdre. Dans ces moments-là, je n'aime pas prendre mon téléphone pour envoyer des messages ou faire des vidéos. C'est une perte de temps, il faut profiter de ces instants uniques. Ça, je ne le fais qu'après, une fois que je suis lavé et rhabillé, dans le bus, au calme.

Que t'a dit Emmanuel Macron ?

Il m'a félicité et m'a dit qu'il espérait que ça dure pour les quinze prochaines années. Sur le ton de l'humour, il a même réussi à placer qu'il faudrait que j'aille jouer un jour à Marseille. Je lui ai répondu que c'était irréalisable !

Qu'est-ce qui unit ou réunit un groupe composé de tempéraments aussi différents que ceux de Lloris, Kanté, Pogba ou Mendy ?

Le respect. C'est un vrai groupe avec une super ambiance et une belle mentalité. Les jeunes ont apporté leur insouciance, mais ont toujours su rester à leur place. On a toujours respecté le statut des aînés, pour tout ce qu'ils ont pu faire avant pour la sélection. À l'arrivée, si ça marche aussi bien, c'est également parce que les plus anciens ont tout fait pour nous intégrer, nous, les plus jeunes.

L'image renvoyée du groupe qui vivait bien n'est pas qu'un cliché pratique ?

Non, vraiment pas. Ce n'était pas pour cacher des problèmes. On s'entend tous vraiment bien. Si ça n'avait pas été le cas, après cinquante-cinq jours passés en commun, vous croyez qu'on serait encore restés ensemble si longtemps en soirée après le défilé sur les Champs ? Et je suis certain qu'on va se "textoter" pendant toutes les vacances pour rester en contact.

« BIEN SÛR, C'EST L'ARGENTINE L'ÉLÉMENT DÉCLENCHEUR DE NOTRE ASCENSION. MAIS LE QUART CONTRE L'URUGUAY A ÉTÉ LE RÉVÉLATEUR DE NOTRE FORCE CAR ON LES A BATTUS SUR LEURS POINTS FORTS. »

Contre l'Uruguay, en quart de finale, le jeune Français a souffert.

« COUPE DU MONDE OU PAS, JE SUIS QUELQU'UN DE TRÈS EXIGEANT. JE VAIS DONC CONTINUER À VISER HAUT, C'EST LA SUITE LOGIQUE DE MA PROGRESSION. »

Ta Coupe du monde aurait-elle été la même si aucun de tes potes – Dembélé, Mendy et Thauvin – n'avait été présent ?
Sur le terrain, oui. Car, moi, je me suis programmé pour gagner. Mais, en dehors, c'est sûr que ç'aurait été différent car j'ai passé beaucoup de temps avec eux et ils m'ont permis de penser à autre chose en attendant les matches. S'ils font partie de ceux qui ont peu joué, ils ont vraiment été super importants.
C'est le refrain classique que l'on entend souvent à la fin des compétitions...
Je ne vais pas mentir : je disputais ma première grande compétition et j'avoue que je croyais que c'était du vent quand on disait : "Le groupe, c'est important." Je pensais que l'on avait juste besoin de quatorze joueurs et que les autres étaient là pour faire de la figuration. Quand vous vivez ça de l'intérieur, vous avez une autre perception et vous vous rendez compte que les vingt-trois comptent vraiment. Et s'il y en a un qui lâche en chemin, il peut tuer le groupe. Là, personne n'a lâché ! Le coach a forcément fait en sorte que tout le monde se sente constamment concerné.
À l'image d'Adil Rami ?
Si Adil n'a pas du tout joué, ç'a été l'un des éléments moteurs du groupe. Je ne sais même pas s'il a fait un seul échauffement. Pourtant, je suis convaincu que c'est l'un des éléments les plus importants de l'aventure. Demandez aux vingt et un autres joueurs. Tous vous diront qu'Adil a été très bon dans ce qu'il avait à faire.
C'était quoi son job en dehors du terrain ?
Il apportait sa bonne humeur et son expérience. Dans un groupe aussi jeune, ça faisait du bien. Les jeunes l'écoutaient. C'est pour ça que j'avais réagi pour le défendre lorsqu'il m'avait blessé involontairement lors d'un entraînement. Pas de chance, ce jour-là, c'était ouvert à la presse... Quand j'ai vu toutes les critiques s'abattre sur lui, ça m'a fait de la peine car il ne les méritait pas.
Il n'y avait donc aucun élément tordu au sein de ce groupe, aucune erreur de casting ?
En tout cas, moi, je n'en ai vu aucun. Si je peux me permettre, le coach a constitué un super groupe. C'est quelqu'un de très intelligent qui avait tout analysé à ce niveau-là. Il savait qui pouvait apporter sur le terrain, qui pouvait apporter en dehors, qui pouvait apporter sur les deux. La configuration de sa liste a été excellente, sans fautes. Pour gagner une compétition, les super joueurs ne suffisent pas. À la Coupe du monde, il devait y en avoir une bonne trentaine, mais combien sont devenus champions du monde ? Pour aller au bout, il faut une vie de groupe saine. Sinon, il n'y a pas de secret : tu ne feras jamais l'effort pour le copain. À la moindre occasion tu te diras : "Qu'est-ce qu'il me veut celui-là, je ne vais pas aller courir pour lui !" À l'inverse, quand il existe des vrais liens, tu ne réfléchis même pas et tu te dis : "Tiens, je vais courir pour toi." Ce n'est pas plus compliqué que ça...
Sur le flanc droit, comment s'est bâtie ta relation avec Benjamin Pavard ?
J'ai essayé d'apprendre à connaître l'homme en dehors du terrain. C'est important de savoir comment fonctionne celui qui va être derrière toi, celui qui va te soutenir. Après, le joueur, je le connaissais. Depuis qu'il a fait son apparition dans le groupe, je l'ai regardé à la télé avec Stuttgart pour bien comprendre son jeu.
En passant presque deux mois avec Didier Deschamps, as-tu le sentiment d'avoir appris quelque chose sur lui ?
Du premier jour où je l'ai rencontré en mars 2017 à ce tournoi en Russie, il a toujours été le même avec moi. Mais j'ai un peu de mal à parler du coach car il a une image tellement froide et à l'opposé de qui il est vraiment... Ce n'est pas le technicien droit dans ses bottes, stoïque, qui ne dit rien. C'est au contraire quelqu'un de très proche de ses joueurs. De tous ses joueurs. Il ne parle pas qu'avec ses titulaires. Il passe du temps avec les vingt-trois. Il a régulièrement passé cinq minutes avec tout le monde. Aussi bien avec Hugo (Lloris), qui a fait six matches sur sept, qu'avec Adil, qui n'en a pas disputé un.
Tu l'avais juste à tes côtés durant les matches en raison de la proximité du banc avec ton couloir...
(Il rigole.) Oui, on a été voisins pendant toute la compétition. On était à cinq mètres l'un de l'autre. Donc, c'est moi qui prenais. J'y ai eu droit à tous les matches. (Il se marre.) Et en débriefing aussi (allusion à l'après-match de France-Australie qui avait occasionné une séance collective musclée de Deschamps au cours de laquelle les attaquants, et notamment Mbappé, avaient dégusté). Mais il sait qu'il peut taper sur moi. J'encaisse bien. J'ai compris que c'est pour mon bien et que c'est dans l'intérêt de l'équipe. Et s'il faut me taper dessus pendant quatre-vingt-dix minutes et que ça permet aux autres d'être tranquilles, pas de problème.
As-tu été touché par les critiques en début de compétition ?
Non, parce que je savais comment ça allait finir. Après, je sais que j'ai aussi commis des erreurs. Dès que je me suis concentré à nouveau uniquement sur le terrain, on a vu ce que ç'a donné. Je ne me suis pas inquiété car je m'étais programmé pour gagner. Je savais que les louanges allaient revenir.
Ça change quoi dans la vie d'un garçon de dix-neuf ans un titre de champion du monde ?
Rien ! Je vais rentrer au PSG avec toujours les mêmes exigences élevées. Il y a peut-être juste mon statut qui va évoluer au sein de l'équipe parce que j'ai montré des belles choses lors de ma première saison et que j'ai continué à la Coupe du monde. Je vais peut-être être accueilli "spécialement" par mes coéquipiers, mais rien d'autre...

En finale, Mbappé fera la différence en deuxième mi-temps.

Ce statut ne te donne pas envie de réclamer davantage, notamment en club ?
Coupe du monde ou pas, je suis quelqu'un de très exigeant. Je vais donc continuer à viser haut, c'est la suite logique de ma progression. Je sais que j'ai à vie une pancarte "champion du monde". Mais, pour moi, ça ne va rien changer. Les ambitions et les devoirs restent les mêmes. Je suis déjà préparé à la suite : au bout de deux matches moyens, je sais bien que mon statut de champion du monde sera oublié.
Lors de ta reprise avec le PSG, programmée aux alentours du 9 août, tu vas notamment retrouver Neymar. Tu as eu de ses nouvelles ces dernières semaines ?
Ça va peut-être surprendre, mais il m'a envoyé un message après chacun de mes matches. Et moi pareil pour les siens.
Ton nouveau statut peut-il créer un problème de leadership avec lui ?
Non, pas du tout, parce que notre relation est basée sur le respect et l'admiration réciproques. Il m'a dit qu'il était très content pour moi, et je le crois car c'est vraiment un bon mec. Je suis convaincu que pas grand-chose ne va changer au niveau de notre collaboration et de notre cohabitation. Les choses sont claires entre nous. C'est juste dommage que nos plans n'aient pas fonctionné.
Quels plans ?
On avait prévu de se retrouver en demi-finales. Mais comme les Brésiliens n'ont pas pu y aller, ils ont juste eu droit à quelques chambrages, rien de plus.
Es-tu conscient que plus rien ne sera comme avant ?
Bien sûr ! Et j'espère que plus rien ne sera comme avant. Ce que l'on a fait est historique. Il va falloir surfer sur ça pour continuer à aller encore plus haut et laisser une trace dans l'histoire du football. J'en ai très envie.
Ça passe par quoi ?
Gagner la Ligue des champions avec le PSG ! Ce serait une première dans l'histoire du club et je crois que ça pourrait être énorme également. De toute façon, un footballeur de haut niveau doit toujours avoir de gros défis à relever. Après une Coupe du monde, tu peux également viser une autre Coupe du monde ou un Euro.
Que vas-tu avoir à prouver d'autre maintenant ?
Montrer que ce n'est pas un hasard, que je ne suis pas l'élu d'un soir, tombé du ciel. Il faut asseoir notre domination. J'espère que c'est le début d'une belle histoire pour cette génération.
As-tu conscience que, désormais, sur les terrains, certains adversaires vont vouloir "se faire Mbappé" pour avoir leur petit moment de gloire ?
C'était déjà le cas la saison dernière après mon gros transfert. Ça va continuer, mais on s'y habitue. Et, franchement, ça ne me dérange pas car ça m'oblige à être meilleur et à réduire mon droit à l'erreur. Ça me rapprochera de la perfection que j'essaie de viser. Ce sera une nouvelle étape au cours de laquelle je vais aussi devoir mieux contrôler mes nerfs, même si j'ai mal dormi ou si je ne suis pas bien. À moi également de ne pas me laisser endormir. Je vais être attendu mais je veux aussi être attendu. Car il n'y a rien de plus beau que de vaincre ce genre de challenge.

« À MOI DE NE PAS ME LAISSER ENDORMIR. JE VAIS ÊTRE ATTENDU MAIS JE VEUX AUSSI ÊTRE ATTENDU. »

Et le challenge du Ballon d'Or, tu y penses ? Si tu étais à la place d'un juré de France Football, quels seraient les cinq que tu choisirais ?
Sur une année de Coupe du monde, l'impact du Mondial est énorme car c'est la plus grande des compétitions. Moi, et pas parce que ça m'arrange, je privilégierais le Mondial à la Ligue des champions même si, dans ma liste des favoris pour le Ballon d'Or, je mettrais forcément Cristiano Ronaldo. Il y aurait aussi Modric, Varane, qui a tout gagné, et Neymar, qui a fait une bonne Coupe du monde et ne doit pas être réduit à l'homme des plongeons. Pour compléter, je pense que je me mettrais aussi. Mais, quand on est amoureux du foot, c'est compliqué d'exclure Messi de cette liste.
Et si c'était le moment de démarrer un autre cycle, celui de l'après Ronaldo-Messi ?
Je pense que ça viendra. Mais est-ce que là c'est le moment ? Je crois que non. Tout le monde les dit vieillissants, mais ils mettent encore cinquante buts par saison et font gagner des titres à leur équipe. À la Juventus, je suis persuadé que Ronaldo va être très fort et leur permettre de passer un cap. Et le Barça reste le Barça. Bien sûr, ils ne sont pas là pour dix ans, mais pour l'instant il faut compter sur eux et ne surtout pas les enterrer.
Vas-tu tout couper pour oublier le foot durant tes vacances ?
Non, je vais continuer à regarder les matches amicaux, les recrutements, les ventes de mon club car j'ai envie de savoir où je vais mettre les pieds quand je vais revenir. Même si j'ai déjà une petite idée et que je suis certain que ça va être une belle année pour nous. La saison dernière, on a commencé à poser des bases avec l'arrivée de top joueurs comme Neymar, Dani Alves ou moi. On va continuer à créer cette équipe et c'est sûr que le recrutement de Buffon est extrêmement important. Quand je parlais de l'expérience précieuse d'Adil, Gianluigi, lui, va nous apporter un vécu que 90 % des joueurs n'ont pas.
C'est vrai que Nasser al-Khelaïfi t'a demandé ton avis pour le recrutement de l'été avant ton départ à la Coupe du monde ?
Je ne suis pas celui qui décide, mais c'est vrai qu'il m'a consulté. Et je lui ai redit que Kanté ferait du bien à notre équipe. J'en ai parlé à N'Golo pendant la Coupe du monde, mais sans abuser car je sais ce que c'est quand on vous lave le cerveau avec les transferts... À la fin, je lui ai juste mis quelques mots dans ses poches, qu'il a dû découvrir une fois rentré chez lui, pour bien faire passer le message. (Il rigole.)
Ça fait finalement deux étés de suite assez mouvementés pour toi après ton transfert à rallonge de l'an passé. À quoi ressemblerait un été idéal dans un an ?
Défiler partout dans les rues de Paris parce que l'on aura gagné la Ligue des champions et que l'on aura réussi le quadruplé national.

Propos recueillis par Pascal Ferré

LE « MESSI » C'ÉTAIT LUI

Ils étaient venus par milliers voir Lionel Messi. Ils ont vu Kylian Mbappé. Les torses bombés de fierté dans leur tunique albiceleste et les gorges déployées, les supporters de l'Argentine ont pourtant offert à la Kazan Arena de véritables airs de stade Monumental, l'antre de River Plate où joue la sélection nationale, à Buenos Aires. Longtemps avant le coup d'envoi, ils ont donné le ton et noyé leurs homologues français dans une ambiance à dresser le poil.

Dans cette atmosphère incandescente, Mbappé n'a toutefois pas attendu très longtemps avant de refroidir à lui tout seul, ou presque, la ferveur populaire argentine. Dans une rencontre qu'il a éclaboussée de son talent culotté, le Parisien l'a même fait à intervalles réguliers pour laisser un souvenir impérissable à tous. *« Mbappé a vécu un après-midi incroyable, il nous a fait beaucoup de mal,* reconnaissait Jorge Sampaoli, le sélectionneur de l'Argentine. *Il était extrêmement difficile à contrôler. On avait envisagé toute une série de choses qui pouvaient se produire, mais le football, ce n'est pas seulement en vidéo. Quand un joueur comme lui s'éclate comme il l'a fait, ça devient très difficile. »*

L'avenir dira si l'attaquant français deviendra un des plus grands joueurs de l'histoire. Une ambition qu'il assume et dont il a posé un jalon supplémentaire en devenant, à dix-neuf ans et six mois, le deuxième plus jeune joueur à marquer au moins deux buts dans un match de Coupe du monde depuis Pelé (dix-sept ans et huit mois) contre la Suède en 1958. *« C'est flatteur,* souriait celui qui a été logiquement élu homme du match. *Mais on va remettre les choses dans leur contexte : Pelé, c'est une autre catégorie. C'est bien de marquer dans un match comme celui-là.* [...] *Comme je l'ai toujours dit, il y a tous les meilleurs joueurs à la Coupe du monde. C'est l'opportunité de montrer ce qu'on sait faire et d'exprimer ses capacités. Il n'y a pas de meilleur endroit* (pour briller) *qu'à la Coupe du monde. »* Et sous les yeux de ses parents qui avaient fait le déplacement, l'ancien Monégasque en a parfaitement saisi l'occasion.

Très vite, à travers ses courses et ses dribbles éreintants, il a donné à la défense argentine un aperçu du supplice qui l'attendait. Une première accélération pour pousser Mascherano à la faute et offrir un bon coup franc à Antoine Griezmann qui trouvait la barre (8e). Puis une deuxième, juste géniale : lancé par Paul Pogba, Mbappé sortait une course de soixante mètres, sur laquelle il déposait toute la défense argentine avant d'être repris irrégulièrement par Rojo et offrait le penalty de l'ouverture du score à Griezmann (13e). *« Quand je le vois prendre le ballon, oui, je me dis qu'il peut aller au bout,* explique ce dernier. *Il a cette puissance, cette vitesse. Il a fait un match énorme. On a besoin d'un Kylian à ce niveau-là pour aller jusqu'au bout. J'espère qu'il va continuer comme ça et ça sera à nous de lui donner de bons ballons. »*

Les joueurs de l'équipe de France n'ont pas manqué de le faire dans une seconde période où Mbappé a exprimé toutes ses qualités de finisseur. D'abord du gauche à la suite d'un centre d'Hernandez cafouillé par la défense argentine (3-2, 64e). Puis du droit après un bon décalage de Giroud et une très belle séquence collective (4-2, 68e). Sans oublier une implication collective infaillible à la perte du ballon. *« On veut le voir épanoui,* appréciait son capitaine Hugo Lloris qui avait récemment souligné, sans le citer, la nécessité pour les jeunes talents français d'être concernés par les tâches défensives. *Kylian a fait les efforts nécessaires pour le collectif. Défensivement mais surtout offensivement où, dès qu'il a de l'espace, il est quasiment intenable. Il leur a fait mal. Il a été très agressif quand il le fallait. Il a aidé l'équipe à gagner et je pense même qu'il s'est révélé aux yeux du monde entier. »*

Mais c'est bien depuis la bouche de ses coéquipiers que les plus belles louanges se succédaient. *« Il continue à m'impressionner, c'est incroyable, pff...,* soufflait Blaise Matuidi. *C'est un joueur fabuleux et je suis content de l'avoir dans notre pays. C'est un joueur à part. S'il continue comme ça à battre des records de précocité, et il va continuer à le faire, ça va devenir un grand, un très grand joueur. »* Au point de s'offrir un destin à la Pelé ? *« Je l'espère,* osait Benjamin Pavard. *Il a toutes les qualités pour devenir un joueur fantastique. C'est déjà le top niveau international. »* Après s'être tu, les chœurs argentins l'ont parfaitement mesuré.

« IL S'EST RÉVÉLÉ AUX YEUX DU MONDE ENTIER. »
Hugo Lloris

Bilel Ghazi, avec Hugo Delom

Toucher de balle, vista, vitesse…
Que lui manque-t-il ?

Antoine Griezmann

« JUSQU'AU TROISIÈME MATCH, JE N'AVAIS PAS LES JAMBES »

Depuis le titre de champion du monde, l'attaquant des Bleus a « la banane tous les jours ». Il raconte son été bleu.

Près de deux mois après la finale de la Coupe du monde, quelle image vous en reste-t-il ?

Le moment où on la soulève. C'était magnifique. Je crois, en fait, qu'on ne réalise pas encore. Les petits détails nous aident : la deuxième étoile sur le maillot, les photos qu'on découvre dans les couloirs de Clairefontaine... Mais comme on ne s'est quasiment pas arrêtés, à peine vingt jours, on n'a pas le temps de réaliser.

Est-ce que cela a été difficile de déconnecter complètement après le titre ?

Je suis parti dix jours aux îles Turques et Caïques *(à l'est de Cuba)* avec ma femme et ma fille. Là, pas de télé, rien, le téléphone de côté, les réseaux sociaux aussi. J'étais vraiment dans ma bulle. Après, oui, tu es heureux, tu as la banane tous les jours.

Immense saison pour «Grizou», vainqueur de la Ligue Europa et de la Coupe du monde.

Avez-vous conservé un souvenir de la Coupe du monde ?

Tous les maillots manches longues de chaque match. Je vais les encadrer, comme je l'avais fait en 2014 et en 2016.

Avant d'évoquer vos retrouvailles avec les Bleus, il y a eu celles avec les Uruguayens de l'Atlético, Godin et Gimenez. Comment cela s'est-il passé ?

Vous savez que je m'entends vraiment bien avec eux. Ils m'ont remercié de ne pas avoir célébré mon but, ce qui était normal. Après ce quart de finale *(victoire 2-0)*, de toute façon, ils étaient pour nous... Les Espagnols, en revanche, on les a un peu chambrés *(il sourit)*. Sinon, tout le monde nous a félicités.

Surtout que la colonie française s'est épaissie à Madrid.

Oui, avec "TomTom" *(Thomas Lemar)* qui est arrivé, et Lucas *(Hernandez)*, qui a pris du poids dans le vestiaire. On a aussi un kiné français...

Votre coupure estivale a-t-elle été suffisante ?

(Il secoue la tête en signe de négation.) Normalement, à la fin de vos vacances, vous avez envie de reprendre. Là, ce n'était pas le cas. Physiquement, ça allait. Mais, mentalement, j'avais encore envie d'être en famille. Je suis quand même rentré plus tôt parce qu'il y avait la Supercoupe d'Europe *(victoire de l'Atlético de Madrid, 4-2 a.p. contre le Real Madrid)* et que je voulais la jouer *(il a été remplacé à la 57e minute par Angel Correa)*.

Comment se sont passées les retrouvailles à Clairefontaine ?

C'était exceptionnel. On était tous très heureux. Normalement, on "checke" pour se dire bonjour, mais là, c'étaient des gros câlins. Ça nous fait plaisir de voir les champions du monde mais pas seulement... Je ne sais pas si la vidéo de l'arrivée de Benjamin Lecomte *(à Clairefontaine)* est sortie sur le Twitter de la Fédé, mais c'était le bordel. On a chanté pour lui ce qu'on chantait dans le car à chaque fois qu'on gagnait en Russie. Si elle n'est pas sortie, je vais "voler" la vidéo et la montrer...

France-Argentine (4-3, en huitièmes de finale) a-t-il été un virage dans cette Coupe du monde ? Est-ce le match le plus fou que vous ayez joué en sélection ?

Le plus fou, oui, peut-être. Mais le déclic, c'était contre le Pérou *(1-0, deuxième match de la phase de groupes)*. Le premier match, contre l'Australie *(2-1)*, on était en 4-3-3 et ça n'a pas marché. On n'avait pas les jambes, ni confiance en notre jeu. Le coach décide de repasser en 4-4-2. C'était dur car le Pérou a fait un gros match. Mais on a bien défendu et on s'est dit qu'il fallait jouer comme ça jusqu'à la fin. L'Argentine, en revanche, nous a donné énormément de confiance.

« QUAND ON BAT LA BELGIQUE, JE ME METS À GENOU ET JE COMMENCE À PLEURER. LES GARS VIENNENT ME VOIR ET ME DISENT : *NON, MAIS ATTENDS, IL RESTE UN MATCH !* »

Le changement tactique a-t-il été le fruit de discussions entre le sélectionneur et vous ?

Non. Le coach savait qu'on était habitués au 4-4-2 et on n'avait pas le temps de s'habituer à une autre philosophie. On se sentait bien dans ce système et il a choisi de continuer comme ça.

En termes d'émotions, le match contre l'Argentine reste quand même un sommet, non ?

C'était incroyable, jusqu'à leur troisième but alors qu'on pensait que c'était fini. En plus, on jouait en Argentine *(du fait du nombre de supporters sud-américains présents dans le stade de Kazan)*... C'était un match comme on a envie de le voir à la télé.

Personnellement, à partir de quand avez-vous su que vous seriez champions du monde ?

Au coup de sifflet final après la Belgique *(1-0 en demi-finales)*. C'est pour ça que je pleure sur le terrain. Je me mets à genou et je commence à pleurer. Les gars viennent me voir et me disent : *"Non, mais attends, il reste un match !"* Moi j'avais confiance sur la façon dont on jouerait en finale, peu importait l'adversaire. Mais, après cette demi-finale, le stress a lâché. J'étais heureux.

Les Belges vous ont-ils énervé par leurs déclarations ?

Non. *(Il réfléchit.)* J'aurais dit pareil dans leur situation. Tu joues un match où tu as la possession et passes ton temps à attaquer. En face, tu as une équipe chiante, qui ne concède pas d'occase. Et tu prends un but sur coup de pied arrêté *(Umtiti)*, puis cette équipe se remet à défendre ... Oui, j'aurais dit pareil *(il se marre)*.

En finale, au côté de Luka Modric, son adversaire du Real Madrid durant la saison.

Cela ne traduit-il pas un manque de fair-play de leur part ?
Ce que Courtois a dit m'a gêné parce qu'il a joué pour "Cholo" (*Diego Simeone*), il sait comment ça se passe, il a gagné un Championnat d'Espagne comme ça. Sinon, ce sont deux styles de jeu différents. Il y a eu un temps pour Guardiola et son 4-3-3 offensif. Il y a désormais un temps pour ce type de 4-4-2.

Vous aviez conscience de ce que vous deviez améliorer ?
On savait très bien ce qui allait et ce qui n'allait pas. Après l'Australie, le coach a eu cette causerie qui nous a fait du bien. Nous, après, dans les couloirs des chambres, on a eu une causerie de presque toute l'équipe et on s'est aussi dit les choses.

Cette Coupe du monde a été celle de l'émergence de cadres et notamment de Paul Pogba. Êtes-vous d'accord ?
Oui, Paul est vraiment monté d'un cran dans le vestiaire. Il avait les mots justes, qui nous ont poussés. Hugo *(Lloris)*, "Raph" *(Varane)* et Blaise *(Matuidi)*, on savait qu'ils étaient là, mais Paul, oui, ça nous a plus surpris et ça nous a fait du bien qu'il parle comme ça.

En privé, avez-vous parlé avec lui pour lui dire que c'était bien ce qu'il faisait ?
(Il rigole.) Bah non parce que moi, à chaque fois qu'il parle, j'ai envie de rigoler. Paul est tellement habitué à la "déconnade" que ça me surprend. C'est pour ça que quand il parle, d'ailleurs, il ne me regarde jamais. Il sait que j'aurais un petit sourire et que lui peut rigoler à tout moment. Mais ça lui fait du bien et à nous aussi. Le "Piochy" qu'on a vu à la Coupe du monde, c'est celui que je connais. Il récupère des ballons et joue vite. Il a pris énormément de confiance pendant ce Mondial. Maintenant, il ne faut pas qu'il change et il ne faut pas que les commentaires sur lui évoluent. Il doit être comme NG *(Kanté)* : il récupère, il donne la balle aux offensifs.

Kanté vous a-t-il impressionné aussi ?
Oui ! Déjà, on le voyait aux entraînements. Celui qui est dans son équipe dans les jeux réduits, il gagne tout le temps. Du coup, tout le monde veut être avec lui… Le mec, au quotidien, il est tout timide, ne veut pas gêner. Et, sur le terrain, il n'aime pas perdre, donne tout. C'est d'ailleurs ça, je pense, qui ne l'a pas trop aidé en finale : il était mort, cuit. Parce qu'il court de partout alors que parfois, il devrait gérer.

Adil Rami a aussi eu un rôle précieux dans la vie de groupe, même s'il n'a pas joué. Il paraît qu'il manie bien les extincteurs d'ailleurs le soir… (*)
(Il se marre.) J'étais dans ma chambre en train de jouer à *Fortnite* et là, j'entends un bruit, tout le monde qui crie, les sirènes… Alors, je suis sorti et j'ai vu tout le monde déjà dehors. Mais oui, Adil a été bon. Il y a des joueurs qui ne jouent pas et boudent. Lui est toujours le premier à déconner pour maintenir une bonne ambiance dans le groupe.

« LE COACH A ÉTÉ FORT. IL A SORTI PAVARD ET HERNANDEZ DE NULLE PART, AU MOMENT OÙ PERSONNE NE S'Y ATTENDAIT. LE GROUPE QU'IL A CONSTRUIT VIT BIEN ET GAGNE. »

Le sélectionneur a été habile aussi, en ne s'énervant pas lors de cette soirée ?
Le coach a vu Adil et les cadres après, je pense, pour prévenir qu'il fallait quand même faire un peu attention. Adil s'est excusé auprès de tout le monde, le lendemain, à table, et même là, tout le monde a rigolé. C'est super bien passé. Le coach a su gérer les mauvais et les bons moments, ce qui lui a permis d'avoir un groupe qui donnait tout pour lui.

On a souvent loué la cohésion de ce groupe. Quelle est la part de responsabilité de Deschamps ?
Le coach a été fort. Il a sorti Pavard et Hernandez de nulle part, au moment où personne ne s'y attendait. Le groupe qu'il a réussi à construire, on l'a vu, vit bien et gagne.

« ON A ÉTÉ DOMINÉS PARFOIS MAIS ON A TOUJOURS SU RÉAGIR. IL FAUT ÊTRE TRANQUILLES MAIS SOLIDES, ÊTRE UN BLOC. »

Votre Coupe du monde, d'un point de vue personnel, a commencé doucement.
(*Il se marre.*) J'étais mort, complètement cuit, avec leur prépa physique (*mise en place par le staff des Bleus*)... Je sortais d'une saison où j'ai presque tout joué. J'avais peut-être besoin d'une mini-prépa. Jusqu'au troisième match, je n'avais pas les jambes. Contre le Danemark (*0-0*), je fais plus d'appels en profondeur, j'ai de meilleures sensations.
Vous montez en puissance ensuite. Avez-vous discuté avec le coach entre-temps ?
Avec le coach, on a parlé après chaque match en tête à tête pour faire le bilan. À chaque fois, je sentais qu'il avait énormément confiance en moi. Peu importe ce qui se disait. À ses yeux, j'étais toujours important.
Quel est selon vous votre meilleur match de la Coupe du monde ?
Je pense que des huitièmes jusqu'en finale (*victoire 4-2 contre la Croatie*), j'ai été bon par rapport à ce que le match exigeait. Contre l'Argentine, j'ai été précieux par mon repli défensif. Je me souviens d'un ballon que j'enlève à Messi dans la surface et là, je me dis, que ça y est, je suis bien, que ça va bien se passer. Face à l'Uruguay, j'ai été performant sur les coups de pied arrêtés puis j'ai pris le jeu à mon compte, comme je le fais en club. Garder la balle, gagner des fautes... Contre la Belgique, je pense que c'est là où j'ai été le meilleur. J'ai pris le jeu à mon compte et trouvé des passes entre les lignes dans des situations difficiles. Et défensivement, j'étais là.
Et en finale ?
J'ai été là dans les moments importants. À partir des huitièmes, je savais que tous les matches seraient pour moi. En fait, perdre les finales de C1 et de l'Euro m'a fait du bien quelque part. J'ai appris.
Cette année 2018 est-elle l'année la plus accomplie de votre carrière ?
Oui, je le pense. C'est la plus réussie. Il y a des saisons où j'ai marqué plus, mais au niveau des trophées, c'est la meilleure.

Avez-vous plus de pression maintenant que vous êtes champions du monde ?
Non, on a plus de confiance. On a été dominés parfois mais on a toujours su réagir. Il faut être tranquilles mais solides, être un bloc.

Propos recueillis par Damien Degorre

(*) La nuit de la victoire contre l'Argentine, le défenseur a déclenché un extincteur.

Entre les Danois Pione Sisto et Mathias Jorgensen, lors d'une des rares actions disputées de ce troisième match du la phase de groupes (0-0).

GRIEZMANN
7

L'association d'Antoine Griezmann avec Olivier Giroud, à défaut d'avoir été spectaculaire, a été d'une redoutable efficacité.

GRIEZMANN, DÉFINITIVEMENT À PART

Ce fut un instant à part, une séquence singulière. Le ciel de Moscou déversait des trombes d'eau. La finale de ce Mondial venait de prendre fin depuis cinq minutes. Et Antoine Griezmann, à quelques mètres de la ligne de touche, à proximité de ses parents et de ses proches, n'en finissait plus de pleurer. À cet instant, le gamin de Mâcon ressemblait vraiment à un enfant. *« La Coupe du monde, ce serait un rêve de gosse »*, répétait-il à l'envi de Clairefontaine à Istra. Le rêve était là. Et « Grizi » ne parvenait pas à exprimer son bonheur autrement que par ses larmes. Des yeux rougis comme il y a deux ans à Marseille face à l'Allemagne (2-0) en demi-finales de l'Euro.

Mais cette fois, le Madrilène, émoussé contre le Portugal en finale en 2016 (0-1, a.p.), a éclairé cette soirée russe de sa classe. À cet instant, il n'était pas question de bilan, ni même de prestation, juste d'émotions. Alors que ses coéquipiers s'empilaient dans une farandole magnifique, Griezmann profitait de l'instant, seul. Comme s'il voulait protéger cette séquence. Comme s'il voulait la placer à part. Seul Paul Pogba, son ami, celui qui n'a cessé de brandir de gentilles menaces – « *ne touchez pas* Grizi », vint le tirer, sur une accolade, de cette solitude émouvante. « La Pioche » ne devrait pas s'inquiéter car, depuis cette soirée moscovite, Griezmann n'est pas loin d'être intouchable.

Oui, le Madrilène, sans énergie, ni justesse au premier tour, a inquiété. Mais au final, son bilan de quatre buts, deux passes décisives ne trompe pas sur la profonde trace laissée. Il ne faut pas s'y tromper, s'il refuse d'endosser depuis toujours ce statut d'icône d'une génération : « AG » (61 sélections) a cela en lui aujourd'hui. Le meilleur buteur français d'un Euro (6 buts en 2016) et un attaquant décisif, par une passe décisive ou un but, à chacun des matches à élimination directe d'un Mondial - cette année - ne peut être autre chose.

Encore sept années devant lui pour gagner

Un joueur en capacité de faire évoluer son jeu en quelques semaines pour se muer en un symbole du combat et entraîner derrière lui un groupe ne peut définitivement pas être autre chose. C'est lui et Pogba qui ont installé le nouvel ADN de ce groupe 2018. Moins brillant, plus combattant. Vendredi, Griezmann avait repoussé la comparaison « Grizou = Zizou ». *« Moi, c'est plutôt* Grizi », avait-il souri. Le lien avec la légende des Bleus ne va pas s'éteindre avec cette finale. Deux premiers buts qu'il a construits de A à Z ou presque. D'abord sur ce coup franc qu'il provoque et qu'il frappe (18e). Puis sur ce penalty, un exercice avec lequel il s'est réconcilié (38e). *« J'ai essayé de rester dans ma bulle et j'ai utilisé ma nouvelle astuce sur les penalties. »* Il fut un précieux relais de Pogba sur le troisième (59e). Une prestation étincelante qui le place dans un monde à part.

Les avis divergeront mais par son influence sur cette génération 1993 (Pogba, Umtiti, Varane) ou les plus jeunes (Hernandez, Mbappé), Griezmann se rapproche des Platini et des Zidane. Il n'a ni le caractère de l'un ni le charisme de l'autre. Mais qu'importe. Griezmann repoussait encore l'analogie. Un sourire constant, deux vannes aux confrères uruguayens venus lui faire porter un drapeau, et cette longue embrassade avec un Didier Deschamps trempé, voilà pour les images laissées à Loujniki. « *Vous me connaissez, je préfère mettre en avant le collectif*, réagissait-il.Je suis fier de cette équipe. »

« NOS ENFANTS SERONT FIERS DE PORTER NOS NOMS. »

La prise de conscience de la trace laissée par son passage en bleu viendra plus tard. Seule cette phrase : *« Nos enfants seront fiers de porter nos noms »*, était une référence à l'histoire. À la sienne. Elle ne s'est pas achevée. À vingt-sept ans, Griezmann a encore sept années devant lui. Des Coupes d'Europe à gagner, deux Euros, un Mondial. Et un Ballon d'Or France Football qui ne serait pas volé. « Grizi » peut s'inscrire parmi les légendes. Et depuis cette année, il s'est réconcilié avec les finales.

Hugo Delom

Didier Deschamps

« LA FRANCE A ÉTÉ MEILLEURE QUE LES AUTRES »

Quelle image de la Coupe du monde conservez-vous en mémoire ?
La fin, quand Hugo lève la coupe, parce que c'est la consécration mondiale pour l'ensemble du groupe. Il y en a d'autres, avant, après, mais ce qui a été fantastique aussi, c'est le retour en France. De Roissy à l'Élysée, j'ai trouvé ça fabuleux en termes émotionnels.
Avez-vous été traversé par des doutes pendant ces deux mois ?
Je n'ai pas de doute. Je me pose plein de questions en revanche, avec le staff technique, avec Guy *(Stéphan, son adjoint)* encore plus. Comment voulez-vous donner de la confiance aux joueurs si le responsable montre ses doutes ? Pas de doute, non, des questions, oui, et à un moment, il faut choisir. Ma plus grande décision, je l'ai prise en mai, sur le choix des hommes qui est capital. Il suffit de tellement peu. Autant on peut parler d'un équilibre sur le terrain mais l'équilibre de vie, c'est du H24.

« GRIEZMANN EST ARRIVÉ CUIT APRÈS UNE LONGUE SAISON. ON LUI A REFAIT FAIRE UN TRAVAIL PHYSIQUE. ET IL FALLAIT QU'IL SE REMETTE DANS L'EXIGENCE AUSSI. »

Parlons d'équilibre du terrain : vous êtes passé d'un système en 4-4-2 en losange pendant la préparation à un 4-3-3 lors du premier match contre l'Australie (2-1). Qu'est-ce qui a motivé cette décision ?
Ce n'est pas un losange, ce n'est pas un 4-3-3, ce n'est pas un 4-2-3-1… C'est un équilibre à avoir entre les moments où on a le ballon et ceux où on ne l'a pas. Il y a des positionnements. Je n'ai jamais demandé aux trois attaquants d'être tout le temps dans l'axe. Je le leur ai dit : "S'il n'y a pas d'effort…" Même après, on était parfois plus en 4-3-3, parfois en 4-4-2. Ce n'est pas figé.
Avant le tournoi, les questions portaient plus sur la défense que l'attaque, puis le débat s'est inversé, avec une défense devenue très solide. Est-ce là votre signature, avoir su injecter deux jeunes latéraux méconnus du grand public (Pavard et Hernandez) ?
C'est leur mérite. Si je les prends, je sais pourquoi. Ils ne sont pas dans le même registre que d'autres, qui auraient pu y être. Parce que je sais qu'on peut avoir besoin de ce profil-là. Et puis, à partir du moment où ça va, je ne vais pas changer. Ils ont stabilisé la défense et même la charnière centrale.
Vous ont-ils surpris ?
Lucas *(Hernandez, 22 ans)*, depuis que je le suis, il joue comme un mec de trente ans. Il est à la bonne école avec certains dans son club (Atlético de Madrid). Et Benjamin *(Pavard, 22 ans)*, sur la qualité, pas de souci après ce qu'il avait fait avec nous en novembre.

À l'entraînement, bonne ambiance et sérieux sont de mise.

J'avais voulu le reprendre en mars pour mieux connaître l'homme. C'est son mérite d'avoir été à ce niveau-là. De là à ce qu'il frappe en pleine lucarne (contre l'Argentine, 4-3, en 8es)…
Guy Stéphan a salué votre causerie après l'Australie. Fut-elle un moment clé ?
Elle a duré 45 minutes et je n'ai pas dit que des choses agréables. J'ai ciblé tout le monde, mais évidemment un peu plus les offensifs. On n'y était pas. Personne. Ils ont réagi après. Mais si on restait comme ça, on n'y allait pas. Tu peux avoir toutes les qualités, si tu ne mets pas un état d'esprit… Ils ont eu cet état d'esprit-là ensuite. Il n'y a pas eu d'égoïsme. Raphaël Varane évoquait dans «L'Équipe» une équipe de tueurs à sang froid… *(Il acquiesce.)* Ah ! On fait mal à chaque fois. Le haut niveau, c'est de l'efficacité. Et on a été très efficaces.
Est-ce que le style compte ?
Il y a plus de probabilités de gagner un match avec la manière, ça c'est sûr. Après, c'est un rapport de forces. Moi je prépare mon équipe pour mettre l'adversaire le plus en difficulté. Mais si tu n'as pas le ballon, il faut aussi être en mesure de s'adapter à cette situation. On ne décide pas de défendre pour défendre. C'est l'adversaire qui nous y oblige. Après, on parle de nous comme d'une équipe défensive ? Eh ! L'équipe de France a marqué quatorze buts dont quatre en finale et onze dans la phase à élimination directe. En 2010, l'Espagne en a mis huit. La vérité, c'est que la France a été meilleure que les autres.
Les critiques extérieures vous ont-elles agacé ?
Non, je ne suis pas agacé parce que j'étais dans ma bulle, tranquille. Ça fait quarante-cinq ans que je n'ai

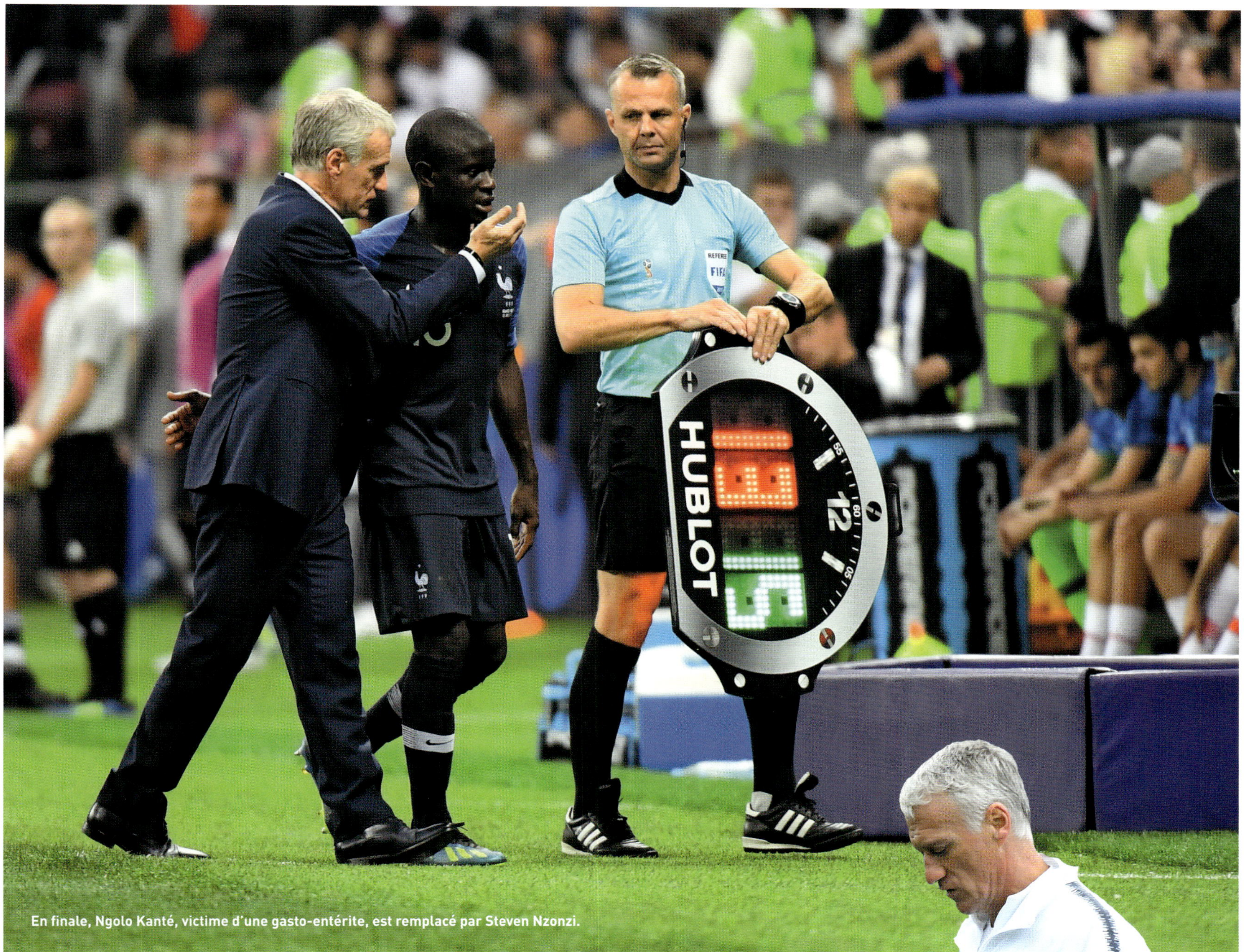

En finale, Ngolo Kanté, victime d'une gasto-entérite, est remplacé par Steven Nzonzi.

pas d'ongles, et vous voyez (*il les montre*), ils ont repoussé pendant la compétition. Je n'étais pas stressé. Je ne voulais pas savoir ce qui se disait, s'écrivait. Et je fais ça depuis l'Euro. Parce qu'une ligne blanche a été franchie à ce moment-là.

Qu'est-ce qui a été franchi ?

Tout ce qui a été dit et les conséquences que ça a pu avoir dans ma vie privée, c'est inacceptable. Inacceptable !

Vous évoquez les propos d'Éric Cantona (*)...

(*il coupe.*) Il y en a eu d'autres.

Mais il y a eu aussi des critiques cette année, notamment de Christophe Dugarry, sur RMC...

Ce n'est pas acceptable, ça. Il y a un minimum. J'accepte les critiques, elles font partie de ma vie. Mais, à un moment, il y a une escalade dans la violence verbale. Il faut penser aux gens qui sont dans notre entourage quand même.

Avez-vous reçu un SMS de Dugarry après la finale ?

Il ne faut pas exagérer non plus, non.

En revanche, Zinédine Zidane vous a félicité par SMS ?

Déjà, je lui en avais envoyé un après sa troisième victoire de suite en C1, pour le féliciter. Il m'a répondu. Et il m'en a envoyé un après la finale. Comme ce fut le cas avec d'autres de mes anciens partenaires.

« NGOLO KANTÉ, C'EST UN RAYON DE SOLEIL. C'EST DU BONHEUR. SI ON EN EST ARRIVÉ LÀ, IL Y EST POUR BEAUCOUP. TOUT LE MONDE L'ADORE. C'EST UN PETIT PHÉNOMÈNE. »

On a vu pas mal de joueurs de 1998 présents à Moscou, le 15 juillet.

C'est magnifique. Je sais qu'ils sont sincères. J'ai vu Liza, évidemment, mais il y avait Christian Karembeu, Laurent Blanc, Lilian Thuram, Marcel (Desailly)... Même Marcel, qui est comme un frère pour moi, je lui dis : *« Rentre dans le vestiaire. »* Il me répond : *« Mais Dédé... »* J'insiste : *« Mais tu plaisantes, non ? »* Les joueurs sont contents. Comme quand Jean-Pierre *(Papin)* est venu. Que les joueurs puissent lui rendre un hommage...Il le mérite. Après, qu'il y ait des jaloux et des aigris, il y en a toujours eu. Que j'en compte un peu plus maintenant, je vais m'y faire. Mais qu'on ne reste pas sur des clichés !

Didier Deschamps élève rarement le ton.
Mais il lui faut parfois recadrer son équipe.

Quand j'entends que Laurent Blanc n'a toujours pas digéré *(que Deschamps lui ait succédé chez les Bleus)*. Je vous le dis : c'est des conneries. Il sait très bien qu'à partir du moment où il ne continuait pas, un autre le remplacerait. Et je ne lui ai pas fait à l'envers. On s'apprécie. Il y a beaucoup de respect.

On a le sentiment que vous vous êtes davantage extériorisé pendant cette compétition, c'est le cas ?

J'arrive à 50 ans aussi. C'est la sagesse sûrement *(sourires)*. Des joueurs me l'ont dit aussi. Il y en a un notamment : Adil *(Rami)*. Gérer un groupe, c'est s'adapter. J'en ai un à la maison qui a le même âge qu'eux *(son fils, Dylan, 22 ans)*. Je sais comment il fonctionne. Moi, je suis plutôt dans la retenue. Mais quand je suis heureux, je suis heureux.

L'alarme incendie à 3 heures du matin, deux jours après la qualification pour les quarts, vous a rendu moins heureux en revanche, non ?

(il sourit.) Ça fait rigoler… Je n'étais pas spécialement content, c'est vrai, mais quand j'ai vu un peu de loin les vingt-trois, ensemble, et entendu dire : *« Oh, les gars, on est vingt-trois, ce n'est pas un plus que l'autre. »* Là, j'ai eu une lueur avant d'aller leur parler. Je me suis dit : *« Ça ne t'est pas arrivé à toi dans ta carrière de joueur de vivre une situation similaire ? »* Je suis arrivé, je les ai regardés et j'ai fait demi-tour. Je ne leur ai rien dit. Ils savaient avoir fait une boulette… Adil a eu très peur. Il m'a lancé : *« C'est moi coach ! »* Je lui ai dit : *« Oui, oui, je sais, pas besoin que tu me le dises, je sais que c'est toi. »* Voilà, ils avaient un moment de liberté, ils sont allés manger ensemble et ça prend un peu de temps pour aller à Moscou. Il y avait six jours entre les matches. Évidemment, là on en rigole parce qu'on a battu l'Uruguay *(2-0)*.

Avez-vous trouvé Pogba changé ?

Apaisé. Serein. Il savait pourquoi il était là. Il avait tout organisé pour que ça se passe comme ça jusqu'au bout. Et il s'est libéré d'un fardeau.

Lequel ?

Vous, la presse.

Griezmann est aussi monté en puissance, comme il l'avait promis. Il est arrivé cuit après une longue saison. On lui a refait faire un travail physique. Et il fallait qu'il se remette dans l'exigence aussi.

« OUI, J'AI UNE CHANCE : D'ÊTRE AU BON ENDROIT AU BON MOMENT. ASSEZ SOUVENT. TRÈS SOUVENT. »

Mbappé vous a-t-il surpris ?

Non, pas surpris. Mais être aussi important et efficace à dix-neuf ans, ça le classe hors norme. C'est quelqu'un d'intelligent. L'une des plus belles phrases qu'il ait dites pendant cette Coupe du monde, c'est : *« Je ne peux pas être le porte-parole de cette équipe. »* Avec toute sa qualité, il savait qu'il n'avait pas la légitimité par rapport à d'autres.

Le match contre l'Argentine aura-t-il été ce que vous avez vécu de plus fort émotionnellement ?

Il y en a eu quelques-uns quand même. L'Ukraine, au Stade de France, ce n'était pas mal non plus *(3-0, le 19 novembre 2013, au barrage retour de la Coupe du monde 2014)*. Il faut aller le chercher celui-là. Si celui-là n'existe pas, je pense que France - Argentine n'existe pas non plus *(il se marre)*.

À ce moment-là, vous dites-vous que c'est bon ?

(il rigole.) Non, je me dis qu'on est en quarts.

Quand vous dites-vous que vous allez le faire ?

Quand on est en finale.

Qu'est-ce qui vous le fait dire ?

C'est comme ça. C'est écrit. C'est le destin.

En finale, qu'est-il arrivé à N'Golo Kanté ? A-t-il été malade ?

Je ne sais pas. Ça m'est venu après le fait qu'il était un peu malade. Il n'était pas bien footballistiquement les deux jours avant. Ce qui était rare.

Jouer une finale aurait pu lui couper les jambes ?

Je ne sais pas. Il faudra lui demander, mais comme il ne s'exprime pas beaucoup *(il sourit)*. C'est terrible pour lui. Je le sors parce que je le vois mal. Ç'aurait été la même chose pour un autre. NG, c'est un rayon de soleil. C'est du bonheur. Si on en est arrivé là, il y est pour beaucoup. Au moment de son remplacement, je lui dis : *« NG, ça ne va pas ? T'étais fatigué ? »* Il me répond *(Deschamps prend une petite voix)* : *« Non, non, ça va coach ! »* Tout le monde l'adore. C'est un petit phénomène.

On a beaucoup parlé jusqu'à la caricature de la chance qui vous escortait aussi et vous en avez plaisanté lorsqu'un journaliste nigérian vous a posé la question. Ça vous fait rire ?

Je m'en fous. Il vaut mieux avoir de la chance dans la vie mais ce n'est pas ça qui m'a fait être champion du monde… Allez, OK, j'ai de la chance. Mais quand le ballon frappe le poteau en finale de l'Euro, j'ai de la chance ? Je n'ai pas de souci avec ma personne. Mais c'est très réducteur parce que ça passe par beaucoup de travail. Les résultats parlent d'eux-mêmes. Oui, j'ai une chance : d'être au bon endroit au bon moment. Assez souvent. Très souvent.

Allez-vous prolonger votre contrat au-delà de 2020 ?

On fera le point avec le président Le Graët. C'est un rapport de confiance. J'aime tenir mes engagements. Prolonger ? Ce n'est pas d'actualité.

Vous verriez-vous faire une carrière de sélectionneur à la Oscar Tabarez ou Joachim Löw (sélectionneurs de l'Uruguay et de l'Allemagne depuis 2006) ?

Je pense beaucoup aujourd'hui à Joachim Löw qui m'a d'ailleurs envoyé un courrier auquel j'ai répondu. La continuité, évidemment que ça a du bon. Je me sens très bien dans cette fonction. J'ai le privilège d'être au très, très haut niveau.

Propos recueillis par Damien Degorre et Jérôme Cazadieu

(*) Dans un entretien accordé au Guardian en mai 2016 Eric Cantona avait déclaré :« Benzema et Ben Arfa sont deux des meilleurs joueurs français et ne seront pas à l'Euro. Et pour sûr, Benzema et Ben Arfa ont des origines nord-africaines. Donc le débat est ouvert.»

FFF
eDF

LE FILS PRÉFÉRÉ

Deux coachs à vingt ans d'écart. Deux attitudes similaires.

Entre Aimé Jacquet et Didier Deschamps, de 1998 à 2018, la filiation est claire. Dans le jeu, le management, la résistance à la pression. Et la façon de gagner.

C'est une famille avec un arbre généalogique dont les vieilles branches remontent à la IVe République. Didier Deschamps serait le fils d'Aimé Jacquet, lui-même fils d'Albert Batteux et neveu de Jean Snella, deux hommes qui avaient eu une influence profonde sur le joueur Jacquet, à Saint-Étienne dans les années 1960. C'est surtout une famille, aujourd'hui, qui n'a pas l'air de vouloir dilapider l'héritage: sur ce plan-là, les Bleus de 1998 sont autant des fils de Jacquet que des enfants de la victoire. Dédé, fils de Mémé? Forcément. Peut-être même le fils préféré, pendant longtemps. Raymond Domenech, le troisième sélectionneur finaliste de la Coupe du monde, en 2006, est un autre fils de Jacquet, mais issu de l'autre famille, la famille de l'OL et de la DTN, où il fut respectivement son capitaine et son sélectionneur Espoirs. À sa nomination, en 2004, c'est Jacquet qui avait choisi Domenech. Après l'échec de l'Euro 2008, alors que Deschamps était prêt, candidat et libre, Jacquet avait encore choisi de soutenir Domenech. Mais parce que la victoire raconte toujours de plus belles histoires, l'idée de la filiation Jacquet-Deschamps, dans ce tableau, a toujours été très prégnante: elle tient au lien historique entre le sélectionneur et le capitaine des champions du monde, entre un pouvoir et une influence; elle tient, aussi, aux ressemblances entre leurs méthodes pour décrocher une étoile.

LE MANAGEMENT

Le groupe, centre du monde

Lors d'un point presse, le 12 juin, auquel participait notamment Jean-Michel Brochen (*le magazine L'Équipe*), Aimé Jacquet définissait ainsi la nature de ce lien: «*On a à peu près la même philosophie de foot et de vie. Donc notre relation était assez forte.*» Lorsqu'ils se sont croisés à Décines, le 9 juin, avant France - États-Unis (1-1), dont Jacquet donnait le coup d'envoi, ils ne s'étaient pas parlé depuis un an. Mais ils n'ont pas besoin de se voir pour se comprendre. Jacquet résumait la convergence de cette manière: «*On part d'un projet individuel pour aller vers un projet collectif, et seul ce projet collectif restera. On avait ça en commun avec Didier. [...] Associer les talents, ce n'est pas pareil qu'ajouter les talents. Dans une vie de groupe, il y a des choses intangibles. Et cet état d'esprit, celui qui ne l'a pas, il est éliminé tout de suite.*»

Le même renoncement à des joueurs majeurs

La principale filiation entre 1998 et 2018 est là, dans la construction souterraine et parallèle d'une force, pendant que montent, comme une distraction de l'essentiel, les débats sur les joueurs et les organisations changeantes. La stratégie est centrale, dans leur conquête, mais pas le jeu: la nuance aura été assumée par les deux sélectionneurs, avec la même volonté de privilégier la structure défensive, les mêmes priorités dans la construction du groupe. Mais, aussi, la même manière d'accorder quelques privilèges au génie en devenir en attendant qu'il puisse éclore. Mais alors que Jacquet aura dû patienter presque quatre ans avec Zidane, Deschamps n'a pas dû passer des mois entiers à convaincre son vestiaire et le monde médiatique que Kylian Mbappé méritait le privilège d'être le joueur le plus libre des onze. Le jeune Parisien a eu moins que ce qu'il voulait, mais plus que les autres. Et il a dû envoyer des signes tangibles de son implication défensive, comme Youri Djorkaeff avait dû le faire il y a vingt ans. On retrouve aussi, chez Jacquet et Deschamps, le même renoncement à certains joueurs majeurs du football français du moment (Cantona, Ginola, Benzema), même si les raisons diffèrent. Le rapport au groupe est peut-être, au fond, une différence: Jacquet, en 1998, avait des joueurs plus âgés, plus établis, qui ne lui rendaient pas forcément la vie facile. Mais Deschamps, en 2018, a d'autres difficultés, avec des générations qui n'ont pas les mêmes codes, qui vivent l'individualisation du football et de la performance, et qui ne sont pas éduquées à concevoir leur place et leur responsabilité dans l'équipe.

LE JEU

Une Coupe du monde se gagne en défense

De même, si la stratégie très défensive du France-Belgique (1-0) le rapproche de Jacquet, son choix est un peu moins contraint: Jacquet n'avait pas d'attaquants, ou presque, mais lui en a; Jacquet n'a eu à transformer personne, le temps de la compétition, parce que tout le monde était prêt, quand Deschamps a dû concevoir des mutations assez spectaculaires en temps réel, comme celle de Pogba. En 1998, Jacquet avait cédé à Deschamps, dit-on, le passage à trois milieux défensifs à partir des quarts, avec l'entrée en piste de Karembeu. On ne sait pas encore ce que Deschamps a cédé à ses leaders en Russie. Peut-être son losange très offensif et très déséquilibré de la préparation. Mais peut-être n'a-t-il rien cédé. Et il a fait comme Jacquet, en 1998, et comme il l'avait fait lui-même il y a deux ans, après avoir basculé en 4-2-3-1 à la mi-temps de France-Irlande (2-1): quand il a trouvé un système au milieu de la compétition, il n'en change plus. Cette fois, c'était dans le deuxième match, face au Pérou (1-0).

LES MÉDIAS

Les flèches viennent de 1998

Ce qui peut les séparer, objectivement, est le combat médiatique. Subjectivement, c'est moins sûr. Car même si Deschamps est peut-être le sélectionneur le moins critiqué depuis Platini, ça ne signifie pas qu'il l'ait bien vécu. Il lit tout, sait tout, et s'il ne l'entend pas, on lui rapporte, ce qui participe à le mettre en mode compétition et à préparer ses futures rancunes. Il a mal vécu l'approche du Mondial, surtout après un deuil qui a bouleversé son cercle familial. Rien de comparable, évidemment, mais il a ensuite été à nouveau blessé et mis sous pression : le *Complément d'enquête* ; l'idée que Zidane serait un recours ; les critiques d'anciens joueurs, de 1998 notamment, plus violentes que ce qui a été écrit, comme celles de Christophe Dugarry sur RMC Sport. Il n'a rien dit, rien montré, mais on saura tout à la fin, peut-être.

Vincent Duluc

LA CLÉ DESCHAMPS

Le voilà en très bonne compagnie, dans le cercle restreint des légendes de ce jeu, à la hauteur du Brésilien Mario Zagallo et de l'Allemand Franz Beckenbauer, «meilleurs techniciens» selon lui et qui ont, eux aussi, remporté la Coupe du monde comme joueur puis comme entraîneur. Vingt ans après avoir été le capitaine de la première équipe de France championne du monde, Didier Deschamps (49 ans) vient d'être le sélectionneur qui a guidé les Bleus vers leur deuxième étoile. Comme joueur ou comme technicien, l'idée du guide lui va très bien, lui qui a su fédérer ce groupe de jeunes «garnements» bourrés de talent, pour construire une équipe de combattants à son image. Un groupe qui ne «lâche rien», selon son expression préférée.

«Il a trouvé les bons mots et le bon équilibre, il mérite cette victoire», l'a félicité Hugo Lloris. Si «l'émotion n'est pas la même», comme le dit souvent l'ancien milieu défensif, elle était très forte, au coup de sifflet final. Il a partagé ces moments de joie avec ses joueurs, bien sûr, qui l'ont porté en triomphe. Après de longues et vibrantes accolades, il leur a dit que le monde avait changé et que le leur allait changer dès aujourd'hui et pour toujours. «Ils ne peuvent pas se rendre compte, a expliqué le coach tricolore après coup. Même s'ils prennent des chemins différents, ces vingt-trois joueurs seront liés à vie par cet événement. Ils ne seront plus les mêmes. Remporter la Coupe du monde, il n'y a pas d'équivalent dans leur métier.»

Liés, les champions du monde 1998 le sont. Unis, pas toujours, et le sélectionneur n'a pas très bien vécu quelques critiques venues de son propre camp avant la compétition, comme celles de Christophe Dugarry par exemple. Lui a la peau épaisse du dinosaure et beaucoup de critiques lui passent au-dessus.

Le technicien a changé de système tactique trois fois en quelques semaines, a trouvé la bonne formule contre le Pérou (1-0), au deuxième match, et a réussi à bâtir une équipe solidaire et accrocheuse à son image. Sans les atouts d'un Zidane ou d'un Platini, il est aujourd'hui au firmament du sport français et mondial. Sans les atouts d'un Zidane ou d'un Platini, il est aujourd'hui au firmament du sport français et mondial.

Vincent Garcia

LE TROISIÈME DE L'HISTOIRE

Mario Zagallo
Le Brésilien a compilé les prestigieuses aventures en Coupe du monde. C'est d'abord sur le terrain que l'ancien attaquant a remporté deux titres, en 1958 et 1962. Une fois passé sur le banc, il le décroche à nouveau en 1970 puis en 1994, en tant qu'adjoint cette fois. Mais il finit par s'incliner en tant que numéro 1, face aux Bleus (0-3), en 1998.

Franz Beckenbauer
L'ancien rugueux défenseur de la RFA soulève une première fois le trophée de la Coupe du monde en 1974, après un succès contre les Pays-Bas (2-1). Seize ans plus tard, il permet à l'Allemagne de l'Ouest de décrocher une troisième étoile, aux dépens de l'Argentine (1-0), trois mois avant la réunification de son pays.

Aimé Jacquet

« DESCHAMPS AVAIT UN TEMPS D'AVANCE »

Plus d'un tiers de vos joueurs de France 98 sont devenus entraîneurs. C'est une surprise ?
C'est surtout une fierté. Moi quand j'étais joueur je savais que ça finirait un jour, et je passais tous mes mois de juillet à préparer la suite, en passant mes diplômes d'entraîneur. Quand je suis devenu directeur technique national, une de mes priorités était de permettre aux joueurs de se former, de passer des diplômes. À ceux-là, dès 1999, je leur disais qu'il y aurait une fin et qu'il fallait se préparer. Mais pour certains, entraîneur, c'était loin, ils disaient qu'ils ne voulaient pas...
Parmi tous ces joueurs, quel est celui dont la destinée vous a le plus surpris ?
C'est Zizou. Il vient de donner une leçon de réalité, d'équilibre, en arrêtant après trois ans au Real. "Je ne peux pas mieux faire, avant que ça se termine mal, je me mets un peu en retrait". C'est phénoménal. Je n'aurai même pas eu l'esprit de faire ça moi.

« ON PART D'UN PROJET INDIVIDUEL POUR ALLER VERS UN PROJET COLLECTIF »

Avec Bordeaux, vous aviez tout gagné. Vous n'avez pas pensé à partir de vous-même ?
Ça s'est présenté, et je ne l'ai pas fait. Au bout de six ans, je suis allé voir le président (Claude Bez), je lui ait dit c'est pas mal ce qu'on a fait, faut peut-être en rester là. Mais bon il n'a pas voulu et je n'ai pas insisté (il sera limogé en 1989 par Bez, après neuf saisons, 3 titres de champions et 2 coupes de France). Alors ce qu'a fait Zizou c'est extraordinaire. Et je le comprends, parce que trois saisons magnifiques (deux et demi en fait), on ne mesure pas le combat que ça représente. Il n'a pas siffloté sur le banc, hein... Tu as des grands joueurs, il y en a une pléiade qui restent sur le banc, et ceux-là ils t'empêchent de dormir.
Vous ne l'imaginiez pas entraîneur ?
Pas du tout, et lui non plus d'ailleurs, il me l'avait dit.
Quel regard portez-vous sur son destin d'entraîneur ?
Une première chose, c'est que je suis très fier de lui parce qu'il s'est formé, qu'il a commencé avec la volonté d'apprendre. Il a suivi les diplômes, les formations, il n'est pas arrivé comme ça par hasard, comme cela arrive parfois. C'est la preuve de son intelligence.
Sa prise de confiance, l'affirmation de sa personnalité, de sa communication, c'est une surprise pour vous ?
Ça en revanche non, ce n'est pas surprenant. Car Zizou a toujours eu un intérieur très fort. Ça me marquait déjà beaucoup il y a vingt ans. Quand il disait quelque chose, ça ne venait pas par hasard, de nulle part. Ça m'avait impressionné chez lui. Il ne parlait pas souvent, mais quand ça se produisait il fallait bien l'écouter. Même l'entraîneur devait écouter.
Contrairement à Zidane, retrouver Didier Deschamps vingt ans après sur un banc, c'était une évidence ?
Oui tout à fait. Pour avoir un peu voyagé et contacté ceux qui l'avaient entraîné, un Marcello Lippi par exemple, on savait qu'il serait entraîneur. Que c'était un futur entraîneur de qualité. Comme joueur, Michel Platini avait un temps d'avance dans sa relation avec le ballon ; lui il avait un temps d'avance dans sa réflexion stratégique.
En quoi vos parcours de coaches sont-ils comparables ? Ou différents ?
La différence, c'est son bagage. Lui, il a eu un parcours fantastique de joueur, il a joué dans plusieurs pays, il a une carrière exceptionnelle, des acquis que je n'avais pas du tout. Moi j'étais un des plus mauvais à Saint-Étienne, et je ne suis jamais sorti de France. Lui il a fait Espagne, Italie, Angleterre. Il a côtoyé les grands joueurs, les grands entraîneurs. C'est une richesse totale. De ce côté-là il a le respect de tout le foot, des acteurs, mais aussi de l'environnement.
Et pour ce qui est de ce qui vous rassemble ? Deschamps c'est un fils spirituel ?
Ce serait présomptueux de penser ça. Je dirai que probablement, sûrement, on a à peu près la même philosophie de foot, et de vie. Donc notre relation était assez forte. On a quand on est technicien, du plaisir à discuter avec des joueurs qui posent des questions, qui parfois vous interpellent. C'est très enrichissant. C'est comme ça que notre relation a peu à peu évolué. Et qu'après une année où le capitanat à tourné en équipe de France, j'en ait fait mon capitaine.
Deschamps a repris votre terminologie sur la notion du groupe « au dessus de tout »...
C'est essentiel. Moi j'ai très vite compris que tout seul on ne va pas bien loin. Et cela avait été très fort. Si tu n'as pas d'impact sur le collectif, tu as perdu. On part d'un projet individuel pour aller vers un projet collectif, et seul ce projet collectif restera. Et ça on avait ça en commun avec Didier.
Vous êtes en contact ? Vous lui donnez des conseils ?
Vous n'y pensez pas. Jamais je ne me serai permis de lui donner un conseil. »

Propos recueillis par Jean-Michel Brochen

« COMME JOUEUR, MICHEL PLATINI AVAIT UN TEMPS D'AVANCE DANS SA RELATION AVEC LE BALLON ; DIDIER DESCHAMPS, IL AVAIT, LUI, UN TEMPS D'AVANCE DANS SA RÉFLEXION STRATÉGIQUE. »

GUY STÉPHAN, LA COUPE DU MONDE VUE DU BANC

L'adjoint de Didier Deschamps nous raconte de l'intérieur les étapes de la campagne de Russie.

France-Australie : 2-1 (1er tour, 16 juin)

« On a bien vu qu'il y avait un déséquilibre »

Paul Pogba incarne la continuité de cette équipe, son épine dorsale, au même titre que Lloris, Umtiti, Kanté, Griezmann, Giroud et même Varane, absent de l'Euro 2016 (blessé), mais qui est un cadre. Même s'il n'y avait que neuf joueurs de l'équipe de 2016 dans les 23, plus de la moitié des titulaires étaient les mêmes. Mais il y avait la volonté aussi d'élargir la palette tactique, d'avoir plus de solutions de rechange. Et de rajeunir. Les latéraux Pavard et Hernandez, Mbappé, Dembélé – même si cela paraît évident aujourd'hui –, il fallait oser les prendre. Contre l'Australie, on a d'ailleurs choisi une option (en alignant Dembélé et Tolisso, dans un 4-3-3 sans Giroud ni Matuidi) qui avait bien marché contre l'Italie en amical (3-1), à Nice. La volonté était d'utiliser toutes les armes qu'on avait, sur les plans offensif et défensif. Il faut commencer par dire que c'est un match qu'on a gagné. Et gagner un match international, aujourd'hui, c'est difficile. Demandez aux Espagnols et aux Allemands. Les équipes dites moyennes ont beaucoup progressé sur le plan défensif. C'était un match âpre, disputé, avec beaucoup de duels. Évidemment, on a aussi bien vu qu'il y avait un déséquilibre, que cela n'avait pas fonctionné comme on l'aurait souhaité. On a revu le match avec Didier dans l'avion de Kazan, on avait les stats. Un débriefing a été fait. Et quelques corrections... »

France-Pérou : 1-0 (1er tour, 21 juin)

« Le système qui avait fait notre force depuis l'Euro »

Le retour de Matuidi et Giroud dans l'équipe pour ce match, c'est un retour au système qui a été le plus utilisé depuis l'Euro, avec le repositionnement de Griezmann derrière l'attaquant de pointe, dans un 4-2-3-1. On n'avait jamais dit qu'on renonçait à ce qui avait fait notre force les mois précédents. C'est un système avec beaucoup plus de densité au milieu. À cet égard, le match contre la Colombie au mois de mars (perdu 2-3) nous a fait beaucoup de bien. Il nous a préparés à l'intensité, à la vitesse du jeu sud-américain, court, rapide, avec des joueurs teigneux, truqueurs, et un gros mental. On a souffert en seconde mi-temps. Mais la première demi-heure a conforté certaines de nos certitudes. C'était la preuve que ce système fonctionnait. Olivier Giroud n'a pas été récompensé par un but dans ce tournoi, mais il a beaucoup apporté dans son registre de joueur pivot, athlétique, capable de jouer dos au but et de bouger une défense, de faire des déviations. Son apport, autant sur le plan offensif que défensif, a été très important. »

Danemark-France : 0-0 (1er tour, 26 juin)

« Nzonzi s'est mis dans le coup, ça a compté après »

On est déjà qualifiés, mais on veut être premiers, non pas par rapport aux adversaires possibles, mais parce qu'on pense à la suite : si on a le bonheur d'aller en finale, de ce côté-là du tableau, on aura un jour de récupération en plus. Pour ce match, on a fait six changements. Quand on dit aux 23 joueurs qu'on a confiance en tout le monde, il faut mettre les actes en accord avec les mots. On savait aussi qu'entre le Danemark et le huitième de finale, il n'y avait que quatre jours. Donc, c'était important de faire reposer quelques joueurs, je pense à Umtiti, à Pavard, à Mbappé. Je ne suis pas sûr que Mbappé aurait eu les mêmes jambes contre l'Argentine s'il avait joué l'intégralité du match du Danemark. Ce match a aussi permis à Nzonzi de se mettre dans le coup, ça a compté après. Kimpembe a été saignant. C'étaient ces risques calculés. Après, il faut être indulgent par rapport à ce match contre une équipe qui a joué très bas et n'a pas trop voulu attaquer. Et, du coup, nous non plus. »

France-Argentine : 4-3 (huitièmes de finale, 30 juin)

Avant ce match, j'ai soufflé à l'oreille de Didier qu'en plus des causeries faites pour les 23, ce serait bien d'avoir une réunion avec les onze titulaires. On a mis ça en place à partir de là, la veille des matches. C'est intéressant parce qu'à onze, les joueurs s'expriment davantage. Le gros du truc quand on joue l'Argentine, c'est de bloquer Messi. Il n'y a pas eu de marquage individuel sur lui, mais on avait la volonté de couper les passes entre Mascherano, Banega et Messi. On a donc exercé une forte pression sur ses rampes de lancement. Et puis on voulait être présents dans sa zone, à un ou deux, pour l'enfermer, l'empêcher de reculer pour prendre de la vitesse. Ce match est probablement notre match le plus abouti collectivement. Avec bien sûr la performance de Kylian Mbappé. Ses qualités sont énormes. Et hors norme. Il a une vitesse de pied, il a une puissance, c'est-à-dire la force par la vitesse, et tout ça balle au pied. C'est du très haut niveau. J'ai vu des joueurs, des attaquants très adroits, mais avec cette vitesse de course, en restant capable de marquer, je n'en ai jamais vu. Après ce match-là, on ne pense plus à l'objectif présidentiel d'aller en demies. Dans l'esprit des joueurs, à partir de ce moment-là, ce qui s'installe, c'est la volonté d'aller au bout. »

Avant ce match, on a beaucoup travaillé les coups de pied offensifs. Mercredi 4 juillet, on avait passé du

« NOTRE MATCH LE PLUS ABOUTI, QUI A CHANGÉ L'ESPRIT DES JOUEURS. »

« CHACUN A RÉUSSI UN EXPLOIT À UN MOMENT DONNÉ. »

temps sur cette coordination entre celui qui frappe et celui qui ajuste sa course pour mettre la tête. L'idée, c'est qu'il y ait un tireur qui puisse mettre le ballon à peu près où il veut. Et que, dans la surface de réparation, il y ait des courses complémentaires, pour dérouter les défenseurs vers certaines fausses directions, alors qu'un joueur se prépare à courir là où ira le ballon. Ça a porté ses fruits (but de Varane). Le tireur, c'était Antoine Griezmann, qui s'est mis au service de l'équipe pendant ce Mondial. Il a eu un gros volume de jeu, il a travaillé. Et quand les autres l'ont vu travailler, ils ont travaillé aussi encore plus. Lorsqu'il est arrivé au stage, il n'était pas au top. C'est un de ceux qui ont joué le plus cette saison. Il fallait qu'il se repose un peu et qu'il se remette dans la compétition. Ça a été un peu plus long pour lui, mais il s'y est remis avec son talent et sa générosité dans l'effort. Et sa science du jeu. »

France-Belgique : 1-0 (demi-finales, 10 juillet)
« Un football qui fait mal, un football chirurgical »
On affrontait un adversaire de grande qualité, du très costaud. On a encore travaillé les coups de pied arrêtés, et ça a payé à nouveau (but d'Umtiti). Mais il y a aussi eu un arrêt de Lloris essentiel dans notre parcours. On ne sait pas ce qu'il se serait passé si on avait été menés 1-0. Quant à N'Golo Kanté, il a été très bon. NG a un éventail de qualités énorme. C'est un coupeur d'attaques et, en plus, il sait utiliser le ballon. Oui, on a été dominés en possession de balle. Mais le jeu de possession a montré ses limites dans ce Mondial. Nous, on a choisi de faire mal, d'avoir un jeu chirurgical. Cela signifie efficacité, perforation vers l'avant, capacité à frapper au but, sans avoir le pied qui tremble. Contre la Belgique, on a tiré 19 fois au but, et eux 9 fois. On a marqué 14 buts dans ce Mondial, 11 dans les matches couperets. L'Espagne 2010, avec son jeu flamboyant, c'était 8 en tout. Les critiques des Belges ? Il n'y a pas lieu de s'en offusquer. Ils étaient déçus, frustrés. Je pense que ça a un peu dépassé leurs pensées. »

France-Croatie : 4-2 (finale, 15 juillet)
On avait beaucoup appris de la finale de l'Euro. Dans la préparation du match, il fallait être concentré et pas contracté. Et Didier aussi avait appris. Je peux me permettre de le dire puisque j'ai douze ans de plus que lui. La défaite lui avait fait très mal, et il a mûri. Il a pris du recul, gagné en sérénité. On avait cinq jours de récupération, au lieu de trois à l'Euro, où on avait manqué de fraîcheur contre le Portugal. Face à une magnifique équipe de Croatie, très riche au milieu, cette finale a été la photographie exacte de ce que nous sommes. Une équipe qui défend bien, et qui fait mal, qui n'a pas besoin de 50 occasions pour marquer. Kanté était un peu moins bien depuis la veille. Il avait moins de fraîcheur. L'entrée de Nzonzi a été importante : il joue au ballon, il impose sa carcasse avec sérénité. Dans ce Mondial, chacun a réussi un exploit à un moment donné : Umtiti, Varane, Griezmann, Pogba, Mbappé, Lloris. C'est la force d'un groupe qui a mûri au fil des victoires, sérieux dans le travail, mais très joyeux, très musique, très danse. Maintenant, ils ont un mois pour apprécier, pour savourer. Je pense que c'est une équipe relativement jeune qui va encore grandir. Mais le plus dur va commencer pour eux, parce que, désormais, ils ont un statut à assumer. »

LES CHAMPIONS DU MONDE 2018

1 Benjamin PAVARD
Défenseur
22 ans, 1,86 m, 76 kg.
Club : Stuttgart (ALL) ; 12 sélections
Sa Coupe du monde : 6 matches,
540 minutes, 1 but

2 Benjamin MENDY
Défenseur
23 ans, 1,85 m, 75 kg.
Club : Manchester City (ANG) ; 8 sélections, 0 but
Sa Coupe du monde : 1 match, 40 minutes, 0 but

3 Samuel UMTITI
Défenseur
24 ans, 1,83 m, 81 kg.
Club : FC Barcelone (ESP) ; 25 sélections, 3 buts
Sa Coupe du monde : 6 matches, 540 minutes, 1 but

4 Adil RAMI
Défenseur
32 ans, 1,90 m, 90 kg.
Club : Marseille ; 35 sélections, 1 but
Sa Coupe du monde : 0 match, 0 minute, 0 but

5 Steve MANDANDA
Gardien
33 ans, 1,87 m, 82 kg
Club : Marseille ; 28 sélections
Sa Coupe du monde : 1 match, 90 minutes, 0 but

6 Hugo LLORIS
Gardien
31 ans, 1,88 m, 82 kg.
Club : Tottenham (ANG) ;104 sélections
Sa Coupe du monde : 6 matches, 540 minutes, 0 but

7 Alphonse AREOLA
Gardien
25 ans, 1,95 m, 95 kg.
Club : Paris-SG ; 0 sélection
Sa Coupe du monde : 0 match,
0 minute, 0 but

8 Steven NZONZI
Milieu
29 ans, 1,96 m, 89 kg.
Club : Séville FC (ESP) ; 9 sélections
Sa Coupe du monde : 5 matches,
141 minutes, 0 but

9 Presnel KIMPEMBE
Défenseur
22 ans, 1,82 m, 75 kg.
Club : Paris-SG ; 3 sélections
Sa Coupe du monde : 1 match, 90 minutes, 0 but

10 Djibril SIDIBÉ
Défenseur
25 ans, 1,84 m, 81 kg.
Club : Monaco ; 18 sélections, 1 but
Sa Coupe du monde : 1 match, 90 minutes, 0 but

11 Lucas HERNANDEZ
Défenseur
22 ans, 1,80 m, 75 kg.
Club : Atlético de Madrid (ESP) ; 12 sélections, 0 but
Sa Coupe du monde : 7 matches, 590 minutes,
0 but, 2 passes décisives

12 Corentin TOLISSO
Milieu
23 ans, 1,81 m, 81 kg.
Club : Bayern Munich (ALL) ; 14 sélections, 0 but
Sa Coupe du monde : 5 matches, 194 minutes, 0 but

13 Ousmane DEMBÉLÉ
Attaquant
21 ans, 1,78 m, 69 kg.
Club : FC Barcelone (ESP) ; 16 sélections, 2 buts
Sa Coupe du monde : 4 matches, 165 minutes, 0 but

14 Paul POGBA
Milieu
25 ans, 1,91 m, 87 kg.
Club : Manchester U. (ANG) ; 60 sélections, 10 buts
Sa Coupe du monde : 6 matches, 539 minutes, 1 but

15 Franck RAVIOT
Entraîneur des gardiens

16 Guy STÉPHAN
Entraîneur adjoint

17 Grégory DUPONT
Préparateur physique

18 Olivier GIROUD
Attaquant
31 ans, 1,93 m, 92 kg.
Chelsea (ANG) ; 81 sélections, 31 buts
Sa Coupe du monde : 6 matches, 540 minutes,
0 but, 1 passe décisive

19 Florian THAUVIN
Attaquant
25 ans, 1,80 m, 74 kg.
3 sélections, 0 but.
Club : Marseille ; 5 sélections, 0 but
Sa Coupe du monde : 1 match,
1 minute, 0 but

20 Thomas LEMAR
Attaquant
22 ans, 1,72 m, 62 kg.
Club : Monaco ; 13 sélections, 3 buts
Sa Coupe du monde : 1 match, 90 minutes, 0 but

21 Nabil FEKIR
Attaquant
24 ans, 1,73 m, 72 kg.
Club : Lyon ; 18 sélections, 2 buts
Sa Coupe du monde : 6 matches, 69 minutes, 0 but

22 Raphaël VARANE
Défenseur
25 ans, 1,91 m, 81 kg.
Club : Real Madrid (ESP) ; 49 sélections, 3 buts
Sa Coupe du monde : 7 matches, 630 minutes, 1 but

23 Antoine GRIEZMANN
Attaquant, 27 ans, 1,73 m, 73 kg.
Club : Atlético de Madrid (ESP) ; 61 sélections, 24 buts
Sa Coupe du monde : 7 matches, 570 minutes, 4 buts,
2 passes décisives

24 Didier DESCHAMPS
Sélectionneur

25 Blaise MATUIDI
Milieu
31 ans, 1,80 m, 74 kg.
Club : Juventus Turin (ITA) ; 72 sélections, 9 buts
Sa Coupe du monde : 5 matches,
336 minutes, 0 but

26 Kylian MBAPPÉ
Attaquant
19 ans, 1,78 m, 75 kg.
Club : Paris-SG ; 22 sélections, 8 buts
Sa Coupe du monde : 7 matches,
534 minutes, 4 buts

27 N'Golo Kanté
Milieu
27 ans, 1,68 m, 70 kg.
Club : Chelsea (ANG) ; 31 sélections, 1 but
Sa Coupe du monde : 7 matches,
595 minutes, 0 but

Données arrêtées au 31 juillet 2018.

FFF
PMU
Orange

Un ouvrage réalisé par les éditions Solar et *L'Équipe* à partir des articles
publiés dans le quotidien *L'Équipe* et ses Hors-Séries et dans *France Football*
(entretiens avec Aimé Jacquet, Lucas Hernandez et Kylian Mbappé).

SOLAR
EDITIONS

Direction : Jean-Louis Hocq
Direction éditoriale : Jean-Philippe Bouchard
Assistant d'édition : Maxime Lafon
Fabrication : Emmanuelle Laine
Maquette : Guillaume Arduré
Photogravure : Chromostyle

L'ÉQUIPE

Édition : Laurence Gauthier, avec Jean-Christophe Bassignac.
Iconographie : Stéphane Cabaret et Cyril Vuilly.

Crédits photographiques
© photos *L'Équipe* : Daniel Bardou, Patrick Boutroux, Michel Deschamps,
Alain De Martignac, Bernard Desprez, Bruno Fablet, Franck Faugère, Jean-Louis Fel,
Didier Fèvre, Marc Francotte, Pierre Lablatinière, Pierre Lahalle, Nicolas Luttiau, Richard Martin,
Bernard Papon, Jean-Claude Pichon, Aléxis Réau.
Sauf :
p. 21 Marck Lech / Offside / Presse Sports
p. 61 Onze / Icon Sport

© 2018, Éditions Solar
Tous droits de traduction, d'adaptation et de reproduction par tous procédés, réservés pour tous pays.

ISBN : 978-2-263-15972-5
Code éditeur : S15972
Dépôt légal : novembre 2018

Solar un département d'Édi8
Imprimé en France par Pollina - 86917

L'ÉQUIPE

1,60 € lundi 16 juillet 2018 73e année N° 23 365 France métropolitaine @lequipe

COUPE DU MONDE 2018 finale

UN BONHEUR ÉTERNEL

France 4-2 Croatie

Les héros de 1998 ne sont plus les seuls champions du monde français. Au bout d'une finale pleine de rebondissements, les Bleus de Paul Pogba, Kylian Mbappé et Antoine Griezmann écrivent leur propre légende, celle d'une équipe et d'un pays en pleine communion. PAGES 2 À 44

Franck Fife / AFP Photo

JAUNE JAUNE JAUNE

POUR DÉGUSTER UN RICARD BLEU, UNE MAURESQUE OU UNE TOMATE IL SUFFIT D'AJOUTER UN TRAIT DE SIROP DE MENTHE BLEUE, D'ORGEAT OU DE GRENADINE.

SIMPLE COMME RICARD

RICARD SAS AU CAPITAL DE 54 000 000 EUROS – 4-6, RUE BERTHELOT 13014 MARSEILLE – 303 656 375 RCS MARSEILLE – BETC

L'ABUS D'ALCOOL EST DANGEREUX POUR LA SANTÉ, À CONSOMMER AVEC MODÉRATION.

M 00105 - 716 - F: 1,60 €

ALL 2,40 € - ANT 2,10 € - AUT 3,10 € - BEL/LUX 2,10 € - CAN 4,70 $C - CH 2,90 FS - ESP/AND 2,30 € - G B 2,10 £ - GR 2,70 € - GUY 3,10 € - ITA 2,40 € - MAR 17 MAD - NL 2,40 € - PORT CONT 2,60 € - REU 2,10 € - TUN 3,50 DIN